MEMÓRIA, PUNIÇÃO E JUSTIÇA
Uma Abordagem Interdisciplinar

0103

G267m Gauer, Ruth M. Chittó.
　　　　Memória, punição e justiça: uma abordagem interdisciplinar / Ruth M. Chittó Gauer, Giovani Agostini Saavedra, Gabriel J. Chittó Gauer. – Porto Alegre: Livraria do Advogado, 2011.
　　　　176 p.; 23 cm.
　　　　Inclui bibliografia.
　　　　ISBN 978-85-7348-753-4

　　　　1. Direito penal. 2. Direitos fundamentais. 3. Direitos humanos. 4. Pena (Direito). 5. Justiça. 6. Memória (Filosofia). 7. Violência. 8. Neuropsicologia. I. Saavedra, Giovani Agostini. II. Gauer, Gabriel J. Chittó. III. Título.

　　　　　　　　　　　　　　　　　　CDU　343.2
　　　　　　　　　　　　　　　　　　CDD　341.3

　　　Índice para catálogo sistemático:
　　　1. Direito penal　　　　　　　　　343.2

(Bibliotecária responsável: Sabrina Leal Araujo – CRB 10/1507)

Ruth M. Chittó Gauer
Giovani Agostini Saavedra
Gabriel J. Chittó Gauer

MEMÓRIA, PUNIÇÃO E JUSTIÇA
Uma Abordagem Interdisciplinar

Porto Alegre, 2011

©
Ruth M. Chittó Gauer
Giovani Agostini Saavedra
Gabriel J. Chittó Gauer
2011

Capa, projeto gráfico e diagramação
Livraria do Advogado Editora

Revisão
Rosane Marques Borba

Direitos desta edição reservados por
Livraria do Advogado Editora Ltda.
Rua Riachuelo, 1338
90010-273 Porto Alegre RS
Fone/fax: 0800-51-7522
editora@livrariadoadvogado.com.br
www.doadvogado.com.br

Impresso no Brasil / Printed in Brazil

Sumário

Apresentação 7
1. Transcendendo a Dicotomia Razão *vs.* Emoção 9
2. Memória, experiência do corpo e a abordagem neuropsicológica 17
3. Lembrança, Ressentimento e Luto: sobre a temporalidade da memória 33
4. A Dimensão Simbólica da Memória 48
5. A Estética da Temporalidade: memória e intuição na Ciência e na Arte 66
6. Alguns Aspectos da Fenomenologia da Violência 74
7. Sociabilidade *vs.* Violência: pressupostos filosóficos e psicanalíticos de uma teoria crítica da punição e da justiça 92
8. A Teoria Tradicional dos Direitos Humanos e dos Direitos Fundamentais 106
   8.1. Positivação dos Direitos Humanos 110
   8.2. Legitimação Tradicional dos Direitos Humanos 115
   8.3. Crítica da Teoria Tradicional dos Direitos Humanos 122
9. Memória, Reconhecimento e Justiça: fundamentos de uma Teoria Crítica dos Direitos Humanos e dos Direitos Fundamentais 132
   9.1. A Dimensão Democrática da Teoria Crítica dos Direitos Humanos e dos Direitos Fundamentais 132
   9.2. Teoria Crítica da Constituição 151
   9.3. Além do Esquecimento: por uma crítica ética da violência 162

Bibliografia 169

Apresentação

O presente trabalho se insere no espírito de pesquisa interdisciplinar do Programa de Pós-Graduação em Ciências Criminais (Mestrado e Doutorado) da PUCRS. Afinal, ele tem se distinguido, desde sua criação em 1997, pelo espírito de inovação na abordagem dos problemas relacionados ao sistema penal e à violência em sentido amplo. Sua vasta produção acadêmica tem como nota distintiva a marca da integração das ciências criminais com diferentes áreas em termos de construção de novos conhecimentos e novas linguagens. Sem descurar de sólida reflexão epistemológica, o Programa se integra às visões contemporâneas de marcantes e rápidas modificações na lógica de produção interdisciplinar do saber, no qual novos influxos são criativamente contabilizados no *corpus* teórico.

Beneficiados, portanto, por este ambiente propício para o desenvolvimento de pesquisas interdisciplinares, os autores da presente obra, Ruth M. Chittó Gauer, Giovani Agostini Saavedra e Gabriel J. Chittó Gauer, reuniram seus grupos de pesquisa vinculados ao CNPq, por ocasião do recebimento da bolsa do *Programa de Apoio à Integração entre Áreas (PRAIAS)* da PUCRS, em 2009, num esforço conjunto de compreensão interdisciplinar do tema do presente livro, ou seja: as relações entre Memória, Punição e Justiça.[1]

A partir dos debates contínuos em seminários, encontros dos grupos de pesquisa e também nas conversas informais, foi amadurecendo o corpo de ideias que apresentamos agora, pela primeira vez de forma sistemática, à comunidade acadêmica. A aproximação do tema a partir da psicologia e da medicina, mais especificamente da neurologia, foram desenvolvidas por Gabriel J. Chittó Gauer (capítulos 1 e 2). As análises históricas e antropológicas (capítulos 3, 4, 5 e 6) foram levadas a cabo por Ruth M. Chittó Gauer e, por fim, o estudo jurídico-filosófico (capítulos 7, 8 e 9) ficou a cargo de Giovani Agostini Saavedra.

---

[1] Os autores aproveitam o espaço desta apresentação para agradecer à PUCRS pelo suporte oferecido ao desenvolvimento da nossa pesquisa através do financiamento do programa PRAIAS.

Os autores entendem que o presente livro comemora o fim de uma jornada que é ao mesmo tempo novo ponto de partida. E não poderia ser diferente: todo o conhecimento produzido reinicia debates que produzem novos conhecimentos. Somente pensadores totalitários com delírios de onipotência poderiam ter a pretensão de, com um livro, esgotar o conhecimento e chegar ao fim da história. Desejamos ao leitor, portanto, uma boa leitura e esperamos que as ideias apresentadas aqui sejam semente de novas e profícuas inspirações democráticas!

Ruth M. Chittó Gauer
Giovani Agostini Saavedra
Gabriel J. Chittó Gauer

1. Transcendendo a Dicotomia Razão *vs.* Emoção

A ciência, tradicionalmente, partiu da premissa de que decisões sensatas provêm de uma "cabeça fria" e de que emoções e razão jamais se misturam. As questões vinculadas à passagem da sensibilidade à racionalidade constituem-se no fundamento do paradoxo moderno cuja dualidade ainda permanece em muitos campos do saber. Lembranças, percepções, emoções e esquecimentos não podem ser explicados racionalmente, pois são planos de consciência diferentes. Foi com base nessas premissas que por muito tempo se discutiu a questão da memória. A perspectiva largamente difundida era de que existiam sistemas neurológicos diferentes para a razão e para a emoção. Porém, como os problemas vinculados à memória dizem respeito tanto às emoções como à razão, muitas pesquisas foram e vêm sendo realizadas objetivando comprovar diferentes hipóteses. Entre os pesquisadores que se destacam na área do estudo do Sistema Nervoso Central (SNC) e que direcionam suas pesquisas para essa problemática, bem como para a questão da memória, Antônio Damásio[2] se destacou através de estudos realizados em pacientes com uma lesão cerebral específica, pois, ao detectar correlações neurológicas bastante sugestivas, demonstrou que a emoção deve ser vista como um componente integral da maquinaria da razão.

Antônio Damásio sugere que certos aspectos do processo da emoção e do sentimento são indispensáveis para a racionalidade. As emoções e os sentimentos, juntamente com a oculta maquinaria fisiológica que lhes é subjacente, auxiliam-nos na assustadora tarefa de fazer previsões relativamente a um futuro incerto e planejar as nossas ações de acordo com essas previsões. O caso de Phineas Gage, relatado pelo autor, foi marcante para o século XIX, pois, pela primeira vez, tornou evidente uma ligação entre uma lesão cerebral específica e uma limitação da racionalidade. Com base neste caso, lesões do lobo frontal têm sido associadas ao desenvolvimento de comportamento antissocial impulsivo. Phineas

---

[2] DAMÁSIO, Antônio R. *O Erro de Descartes:* Emoção, Razão e Cérebro Humano. Portugal: Publicações Europa-América, 2000.

Gage trabalhava na construção de estradas de ferro nos Estados Unidos, em meados do século XIX. Era descrito como equilibrado, meticuloso e persistente quanto aos seus objetivos, além de profissional responsável e habilidoso. Em um acidente durante explosões de rotina para abertura de túneis nas rochas da região, Phineas Gage foi atingido por uma barra de ferro que transfixou seu crânio, entrando pela face esquerda, abaixo da órbita, e saindo pela parte superior da cabeça. Surpreendentemente, ele permaneceu consciente após o acidente, sobreviveu às esperadas infecções no seu ferimento e dois meses após o mesmo, estava recuperado, sem défices motores e com linguagem e memória preservadas. A sua personalidade, no entanto, havia se modificado completamente. Phineas Gage transformou-se em uma pessoa impaciente, com baixo limiar à frustração, desrespeitoso com as outras pessoas, incapaz de adequar-se às normas sociais e de planejar o futuro. Daquele momento em diante, não conseguiu estabelecer vínculos afetivos e sociais duradouros ou fixar-se em empregos. O caso apresentado por Antônio Damásio, na obra acima citada, abre para inúmeros questionamentos.

A partir do infortúnio de Phineas Gage, relatos de caso e estudos retrospectivos de veteranos de guerra vêm mostrando a associação entre lesões pré-frontais – mais especificamente lesões nas porções ventromediais do córtex frontal – e a observação clínica de comportamento impulsivo, agressividade, jocosidade e inadequação social. "Psicopatia adquirida" é o termo que tem sido frequentemente utilizado para descrever a mudança de personalidade observada em decorrência de danos cerebrais em regiões pré-frontais.[3] Esses dados levaram à sugestão de que um comprometimento do funcionamento do lobo frontal ventromedial poderia contribuir para problemas relacionados ao controle de impulso e personalidade antissocial.[4] Damásio sugere que a razão humana está dependente não de um único centro cerebral, mas de vários sistemas cerebrais que funcionam de forma concertada ao longo de muitos níveis de organização neuronal.[5]

Um segundo tema central da obra deste autor é a emoção. A essência de um sentimento, que é o processo de viver uma emoção, não é uma qualidade mental ilusória associada a um objeto, mas sim a percepção direta de uma paisagem específica: a paisagem do corpo. Através de seus estudos com pacientes neurológicos, identificou que a experiência dos

---

[3] BROWER, M.C.; PRICE, B.H. *Neuropsychiatry of frontal lobe dysfunction in violent and criminal behaviour: a critical review*. In: J Neurol Neurosurg Psychiatry, 71(6):720-6, 2001.

[4] DAMÁSIO, Antônio R. *O Erro de Descartes: Emoção, Razão e Cérebro Humano*. Portugal: Publicações Europa-América, 2000.

[5] DAMÁSIO, Antônio R. *O Erro de Descartes*: Emoção, Razão e Cérebro Humano, p. 15.

sentimentos se encontrava diminuída por lesões no (SNC), o que levou o autor a pensar que os sentimentos não são intangíveis nem ilusórios. Ao contrário da opinião científica tradicional, descobriu-os tão cognitivos como qualquer outra percepção; eles se mostraram o resultado de uma curiosa organização fisiológica que transformou o cérebro no público cativo das atividades teatrais do corpo. Ficou claro que emoção e sentimentos constituem a base daquilo que os seres humanos têm descrito desde há milênios como alma ou espírito humano.

Outro ponto a ser considerado é que, se para Damásio o que determina que os indivíduos realizem atos antissociais é a dificuldade – por problemas neurológicos – de ligar razão com emoção, para a psicanálise, são as precárias vivências infantis, onde a agressão está associada ao prazer. Nesta situação, o paciente se sente vítima de maus-tratos e agressão por parte dos mesmos indivíduos que são fonte de prazer, gratificação e sobrevivência. Acreditamos que se faz necessário pensar que tanto problemas neurobiológicos quanto psicológicos podem ocasionar manifestações antissociais. Para além destas afirmativas, faz-se necessário considerar tanto problemas de conexão entre razão e emoção, quanto vivências violentas associadas ao prazer, que são, por sua vez, comprovadamente problemas encontrados em pessoas com vários tipos de transtornos. Ambas as afirmativas não são excludentes.

Uma hipótese que se pode levantar é a de que esta não conexão também se dê devido ao desenvolvimento do mecanismo de cisão – que com certeza envolve aspectos psiconeurobiológicos. Para preservar o ambiente psíquico da contaminação destas vivências terroríficas precoces, criam-se mecanismos de desconexão que, como a cardiomegalia, seriam compensatórios, em um primeiro momento, mas acabam por prejudicar o funcionamento psíquico. Neste sentido, um estudo demonstrou que crianças com dois anos de idade que tinham observado abuso doméstico apresentavam sinais de Transtorno de Estresse Pós-Traumático, tais como alterações no padrão de sono, ansiedade excessiva, indiferença emocional e agressividade.[6] Se considerarmos que os principais componentes da personalidade são formados nos primeiros anos de vida, e que as vivências infantis desfavoráveis, mesmo que de pequena intensidade, contribuem para problemas na vida adulta, o que podemos esperar quando nos deparamos com vivências tão deletérias como o espancamento, o abuso sexual e as mais diferentes formas de negligência por parte daqueles de quem a criança depende? Vários estudos demonstram que crianças que foram abusadas e negligenciadas apresentam um risco aumentado

---

[6] NIEHOFF, D. *The Biology of Violence*. New York: The Free Press, 1999.

de serem presas por um crime violento quando adultas.⁷ Tais dados evidenciam como as vivências infantis negativas podem ser prejudiciais tanto em nível neurofisiológico como para o funcionamento cerebral, tanto em termos das identificações e da formação da personalidade destes indivíduos. Vários estudos indicam que um número razoável de crianças agredidas tornou-se um adulto agressor. A propósito, cabe lembrar observações tão distintas, porém com um conteúdo semelhante, como o mecanismo de identificação com o agressor descrito por Anna Freud, ou a observação por estudiosos do comportamento animal de que macacos que são vítimas de agressão tendem a se tornar agressores.

Uma das abordagens feitas por Damásio, relacionada com as anteriores, é a perspectiva de que o corpo, tal como é representado no cérebro, pode constituir o quadro de referência indispensável para os processos neurais que experienciamos como sendo a mente, ou seja, os nossos mais refinados pensamentos, as mais sensíveis sensações e as nossas melhores ações, as nossas maiores alegrias e as nossas mais profundas mágoas usam o corpo como instrumento de aferição. Porém, é importante lembrar que Freud já afirmava que a estruturação do nosso aparelho psíquico dependia e iniciava com a percepção do nosso corpo e com a diferenciação entre o que sou eu e o que não sou eu. Importante ressaltar que tanto em Freud, como em Damásio podemos detectar uma análise que dicotomisa corpo e mente, própria do paradoxo moderno. A memória está no corpo como um todo. Como veremos mais adiante, desde Bergson, podemos pensar os nossos músculos, nossa pele como roupagens do cérebro.⁸ Nesse sentido, pode-se afirmar que Henri Bergson foi um dos filósofos precursores a dar pistas importantes para que se pudesse pensar o deslocamento do cérebro da caixa craniana para o corpo como um todo.

Damásio afirma que a mente existe dentro de um organismo integrado e para ele, as nossas mentes não seriam o que são se não existisse uma interação entre o corpo e o cérebro. Essa integração ocorreu durante o processo evolutivo, o desenvolvimento individual e o momento atual. Afirma o autor que a mente teve primeiro de se ocupar do corpo, caso contrário nunca teria existido. De acordo com a referência de base que o corpo constantemente lhe fornece, a mente pode então ocupar-se de muitas outras coisas, reais e imaginárias. Essa ideia, de acordo com

---

⁷ WINDOM, C. S. e MAXFIELD, A. A prospective examination of risk for violence among abused and neglected children. In: *Annals of the New York Academy of Sciences*, v. 794, 1996, p. 224-237.

⁸ Ver, principalmente: BERGSON, Henri (1859-1941). *Matéria e Memória*. 2. ed. São Paulo: Martins Fontes, 1999.

Damásio,⁹ encontra-se ancorada nas seguintes afirmações: 1) O cérebro humano e o resto do corpo constituem um organismo indissociável, formando um conjunto integrado por meio de circuitos reguladores bioquímicos e neurológicos mutuamente interativos; 2) O organismo interage com o ambiente como um conjunto, ou seja, a interação não é exclusivamente nem do cérebro, nem do corpo; 3) As operações fisiológicas que denominamos por mente derivam desse conjunto estrutural e funcional, e não apenas do cérebro: os fenômenos mentais só podem ser comprometidos no contexto de um organismo em interação com o ambiente que o rodeia. As vicissitudes da vida influenciam nossa vida psíquica e estas influências alteram nosso funcionamento neurobiológico e do corpo como um todo, como a produção aumentada de glicocorticoides e da atividade do Sistema Nervoso Simpático. Estas alterações podem afetar o funcionamento dos vários sistemas corporais, como o imunológico.¹⁰

A afirmativa do autor, de que a mente teve primeiro de se ocupar do corpo, caso contrário nunca teria existido, pode ser questionada. Nada garante que ocorreram, num primeiro momento, funções cerebrais desconectadas do corpo. Bergson, no início do século XX, em *Matéria e Memória*, procura mostrar o abismo existente entre o corpo e a mente, fruto do que ele denominou dualismo vulgar (dicotomia) entre corpo e espírito, o qual criava uma barreira intransponível entre a percepção e memória física e moral, assim como toda e qualquer dualidade, como duplicatas um do outro. O autor se coloca, para analisar a memória, em uma posição que lhe permitiu tentar ultrapassar o arco hermenêutico entre o real e o ideal.¹¹

Damásio, investigando perturbações da memória, da linguagem e do raciocínio em diferentes seres humanos com lesões no sistema nervoso central (SNC), tornou a ideia de que a atividade mental, dos seus aspectos mais simples aos mais sublimes, requer um (SNC) e um corpo propriamente dito notoriamente inescapável. Nesta perspectiva, o amor, o ódio, a bondade, a crueldade, a solução planificada de um problema científico ou a criação de um novo artefato, todos eles têm por base os acontecimentos neurais que ocorrem dentro de um cérebro, desde que este cérebro tenha estado e esteja nesse momento a interagir com o seu corpo. A alma respira através do corpo, e o sofrimento, quer comece no corpo

---

⁹ DAMÁSIO, Antônio R. *O Erro de Descartes*: Emoção, Razão e Cérebro Humano. Portugal: Publicações Europa-América, 2000, p. 18.

¹⁰ GAUER, GJC; RUMJANECK, VD. *Psiconeuroimunologia*. In: CATALDO NETO et al. *Psiquiatria para Estudantes de Medicina*. Porto Alegre: EDIPUCRS, 2003.

¹¹ BERGSON, Henri (1859-1941). *Matéria e Memória*. 2ª ed. São Paulo: Martins Fontes, 1999, p. 263-265, 275.

ou em uma imagem mental, acontece na carne. Não por acaso, segundo Paviani, Merleau-Ponty critica os conceitos e enunciados metafísicos que sustentam uma determinada concepção filosófica e científica, ao buscar os motivos que estão na gênese dos dualismos metafísicos efetivados pelo realismo e pelo intelectualismo, criticados por Ponty, na *Phénoménologie de la percepcion*, mas ainda subsistentes nos conceitos mistos como corpo--objeto, corpo-sujeito, corpo-linguagem.[12] O autor salienta: "a busca dos 'motivos', antes mesmo das causas últimas ou dos princípios, explorando os limites do corpo através da noção de 'carne' e da linguagem encarnada na realidade que se dá num só golpe como visível e invisível, em termos da visão de ciência e da filosofia 'normal' pressupõem um novo paradigma filosófico".[13]

Da mesma forma pode ser criticada outra perspectiva, defendida por muito tempo, de que o cérebro possuía partes especializadas que davam origem a funções mentais distintas. O debate prolongou-se por mais um século e em certa medida, subsiste até hoje. Porém, o fato de que existe uma interação entre mente e corpo e de que a vida mental é indissociável de um SNC íntegro está longe de ser uma ideia nova. Sob este aspecto, Damásio esta conduzindo suas pesquisas com base em afirmativas já explicitadas desde o final do século XIX. Entretanto suas reflexões para a questão são relevantes e trazem contribuições para o tema principalmente para o campo da neurologia, pois está mais preocupado em desvendar outros mistérios do cérebro, fixando-se sobre o órgão distanciando-se, em sua especialização, do corpo como uma totalidade.

De acordo com o autor, alguns preferem esconder-se atrás da ideia de que tudo está interligado entre si e de que a mente e o comportamento emergem dessa conexão caótica, de uma forma que a neuroanatomia dificilmente poderia revelar. Damásio afirma que estão enganados os que acreditam nessa posição, principalmente porque, em média, cada neurônio possui cerca de 1.000 sinapses, embora alguns possam ter 5.000 ou 6.000. Isso pode parecer um número muito elevado, especialmente quando consideramos o fato de existirem 10 bilhões de neurônios e mais de 10 trilhões de sinapses. Desta forma, selecionando-se alguns neurônios no córtex cerebral, verificar-se-á que cada neurônio se comunica com um pequeno grupo de outros neurônios, mas nunca com a maioria ou todos os restantes. As principais consequências deste arranjo são as seguintes:

---

[12] PAVIANI, Jaime. "A reflexão dialética e a fé perceptiva em Merleau-Ponty". In: *Fenomenologia Hoje*. SOUZA, Ricardo T. OLIVEIRA, Nythamar. (orgs.). Porto Alegre: EDIPUCRS, 2001, p. 269.

[13] Idem, ibidem.

1) O que um neurônio faz depende do conjunto dos outros neurônios vizinhos no qual o primeiro se insere;

2) O que os sistemas fazem depende de como os conjuntos se influenciam uns aos outros numa arquitetura de conjuntos interligados; e,

3) O contributo de cada um dos conjuntos para o funcionamento do sistema a que pertence depende da sua localização nesse sistema. Vários são os níveis de Arquitetura Neural: neurônios, circuitos locais, núcleos subcorticais, regiões corticais, sistemas e sistemas de sistemas. O SNC é um supersistema de sistemas. Cada sistema é composto por uma complexa interligação de pequenas regiões corticais e núcleos subcorticais, que por sua vez são constituídos por circuitos locais, microscópicos, formados por neurônios, todos eles ligados por sinapses.[14]

Neste sentido, Damásio refere que: "a distinção entre doenças do cérebro e da mente, entre problemas neurológicos e psicológicos ou psiquiátricos, constitui uma herança cultural infeliz que penetra na sociedade e na medicina. Reflete uma ignorância básica da relação entre o cérebro e a mente. As doenças do cérebro são vistas como tragédias que assolam as pessoas, as quais não podem ser culpadas pelo seu estado, enquanto que as doenças da mente, especialmente aquelas que afetam a conduta e as emoções, são vistas como inconveniências sociais nas quais os doentes têm muitas responsabilidades".[15] Concordamos que os organismos simples, mesmo aqueles com uma única célula e sem cérebro, executam ações de forma espontânea ou em resposta a estímulos do ambiente, isto é, produzem comportamento. À medida que os organismos adquirem maior complexidade, as ações determinadas pelo SNC necessitam de um maior processamento. Embora nem todas as ações sejam deliberadas, muitas constituem respostas simples da qual o movimento reflexo é um exemplo: um estímulo produzido por um neurônio que leva outro neurônio a agir. Os grupamentos nervosos podem apresentar muitos passos que intervêm nos circuitos que fazem a mediação entre o estímulo e a resposta e, ainda assim, não possuírem uma mente, caso não satisfaçam uma condição essencial: possuírem a capacidade de exibir imagens internamente e de ordenar essas imagens num processo chamado pensamento. Aqui reside o centro da neurobiologia como concebe o autor: "o processo por meio do qual as representações neurais, que são modificações biológicas criadas por aprendizagem num circuito de neurônios, se transformam em imagens nas nossas mentes; os processos que permitem que modifi-

---

[14] Sempre que o autor se refere a sistemas, são macroscópicos, e os circuitos são microscópicos.

[15] DAMÁSIO, Antônio R. *O Erro de Descartes*: Emoção, Razão e Cérebro Humano, p. 60.

cações microestruturais invisíveis nos circuitos de neurônios (em corpos celulares, dendritos e axônios, e sinapses) se tornem numa representação neural, a qual por sua vez se transforma numa imagem que cada um de nós experiência como sendo sua".

2. Memória, experiência do corpo e a abordagem neuropsicológica

Bergson afirmava, já no final do século XIX, que a percepção é memória, ou seja, a análise resgata elementos anteriormente apresentados, desenvolvendo-os e discriminando-os, para, posteriormente, compreendê-los em sua unidade.[16] Afirma o autor: "Tudo deve se passar, portanto, como se uma memória independente juntasse imagens ao longo do tempo à medida que elas produzem, e como se nosso corpo, com aquilo que o cerca, não fosse mais umas dessas imagens, a última que obtêm a todo o momento praticando um corte instantâneo no devir em geral. Nesse corte, nosso corpo ocupa o centro".[17] Esta afirmativa do autor parece estar presente em reflexões de vários autores que escreveram sobre o tema após Bergson. O passado sobrevive sob duas formas distintas: em mecanismos motores e em lembranças independentes. Para o autor: "o reconhecimento de um objeto presente se faz por movimentos quando procede do objeto, por representações quando emana do sujeito". Com esse enfoque, o autor descentraliza o cérebro, desloca do seu local no corpo, centrado no interior da caixa craniana, e o coloca em todo o corpo: nossas percepções se dão pela pele, ela capta e envia mensagens ao SNC, este processa simultaneamente e redistribui pela rede neural.

Há que lembrar que possuímos várias memórias. Para Bergson, "poderíamos representar-nos ao menos duas memórias teoricamente independentes. A primeira registraria, sob forma de imagens-lembranças, todos os acontecimentos de nossa vida cotidiana à medida que se desenrolam; ela não negligenciaria nenhum detalhe; atribuiria a cada fato, a cada gesto, seu lugar e sua data. Sem segunda intenção de utilidade ou de aplicação prática, armazenaria o passado pelo mero efeito de uma necessidade natural". Tomamos consciência desses mecanismos (motores) no momento em que eles entram em jogo, e essa consciência de todo um

---

[16] BERGSON, Henri (1859-1941). *Matéria e Memória*. Op. cit.

[17] Idem, p. 83-95.

passado de esforços armazenado no presente é ainda uma memória, mas ainda uma memória profundamente diferente da primeira, sempre voltada para a ação, assentada no presente e considerando apenas o futuro. Dessas duas memórias, das quais uma imagina e a outra repete, a segunda pode substituir a primeira e frequentemente até dar a ilusão dela. O registro, pela memória, de fatos e imagens únicos em seu gênero se processa em todos os momentos da duração. Segundo o autor, "como as lembranças aprendidas são mais úteis, repara-se mais nelas".[18]

A lembrança espontânea é imediatamente perfeita; o tempo não poderia acrescentar nada à sua imagem sem desnaturá-la; ela conservaria para a memória seu lugar e sua data. Ao contrário, a lembrança apreendida sairia do tempo à medida que a lição fosse mais bem compreendida; ela se tornaria cada vez mais impessoal, cada vez mais estranha à nossa vida passada. Seu papel (o da repetição) é simplesmente utilizar cada vez mais os movimentos pelos quais a primeira se desenvolve, organizar esses movimentos entre si e, montando um mecanismo, criar um hábito do corpo. Esse hábito, aliás, só é lembrança porque me lembro de tê-lo adquirido; e só me lembro de tê-lo adquirido porque apelo à memória espontânea, aquela que data os acontecimentos e só os registra uma vez. Das duas memórias que acabamos de distinguir, a primeira parece, portanto ser efetivamente a memória por excelência. A segunda é antes o hábito esclarecido pela memória do que a memória propriamente. O autor refere que "os nervos aferentes trazem ao cérebro uma excitação que – após ter escolhido inteligentemente seu caminho – transmite-se a mecanismos motores criados pela repetição, mas, ao mesmo tempo em que se desenvolve esse processo de percepção e adaptação que resulta no registro do passado sob forma de hábitos motores, a consciência retém a imagem das situações pelas quais passou sucessivamente, e as alinha na ordem que elas sucederam".

A lembrança espontânea, que se oculta certamente atrás da lembrança adquirida, é capaz de revelar-se por clarões repentinos: mas ela se esconde, ao menor movimento da memória voluntária. O passado parece efetivamente armazenar-se, conforme havíamos previsto, sob essas duas formas extremas: de um lado, os mecanismos motores que o utilizam; de outro, as imagens-lembranças pessoais que desenham todos os acontecimentos dele com seu contorno, sua cor e seu lugar no tempo. Dessas duas memórias, a primeira é verdadeiramente orientada no sentido da natureza; a segunda, entregue a si mesma, iria antes a sentido contrário: "A primeira conquistada pelo esforço, permanece sob a dependência de nossa vontade; a segunda, completamente espontânea, é tanto volúvel

---

[18] BERGSON, Henri. *Matéria e Memória*. Op. cit., p. 89, 90, 91, 92, 96

em reproduzir quanto fiel em conservar. O único serviço regular e certo que a segunda pode prestar à primeira é mostrar-lhe as imagens daquilo que precedeu ou seguiu situações análogas à situação presente, a fim de esclarecer sua escolha". O "ato concreto pelo qual reavemos o passado no presente é o reconhecimento".

A afirmativa: a "percepção de uma semelhança é antes um efeito da associação do que sua causa", leva-nos a pensar que a lembrança só surge uma vez reconhecida a percepção desenvolvida através de todos os sentidos. É necessário, portanto devolver ao cérebro, sob forma de combinação entre movimentos ou de ligação entre células, o que se havia anunciado inicialmente como uma associação entre representações. "Reconhecer um objeto usual consiste, sobretudo, em saber servir-se dele". Não há percepção que não se prolongue em movimento. Perceber acaba não sendo mais do que uma ocasião de lembrar.[19]

Em geral, para remontar o curso de nosso passado e descobrir a imagem-lembrança conhecida, localizada, pessoal, que se relacionaria ao presente, um esforço é necessário, pelo qual nos liberamos da ação a que nossa percepção nos inclina: esta nos lançaria para o futuro; é preciso que retrocedamos no passado. Nesse sentido, o movimento tenderia a afastar a imagem. Todavia, por outro lado, ele contribui para prepará-la. Pois, se o conjunto de nossas imagens passadas nos permanece presente, também é preciso que a representação análoga à percepção atual seja escolhida entre todas as representações possíveis. Os movimentos efetuados ou simplesmente nascentes preparam essa seleção, ou pelo menos delimitam o campo das imagens onde iremos colher. Poderíamos, portanto, dizer que os movimentos que provocam o reconhecimento automático impedem por um lado, e por outro favorecem o reconhecimento por imagens. Em princípio, o presente desloca o passado. Mas, justamente porque a supressão das antigas imagens resulta de sua inibição pela atitude presente, aquelas, cuja forma poderia se enquadrar nessa atitude, encontrarão um obstáculo menor que as outras; e, se, a partir de então, alguma delas for capaz de superar o obstáculo, é a imagem semelhante à percepção presente que irá superá-lo.

Numa primeira aproximação, a função global do cérebro é a de estar bem informado sobre o que se passa no resto do corpo, em si próprio e sobre o meio ambiente que rodeia o organismo, de modo a que possam ser adquiridas acomodações de sobrevivência adequadas entre o organismo e o ambiente. Desta forma, se não tivesse havido o corpo, não teria surgido o cérebro.

---

[19] BERGSON, Henri. *Matéria e Memória*. Op. cit., p. 95, 97, 99, 108.

As representações (dis)posicionais constituem o nosso depósito integral de conhecimento e incluem tanto o conhecimento inato como o conhecimento adquirido através da experiência. Bérgson afirma que "meu conhecimento da matéria não é nem subjetivo, como e para o idealismo inglês, nem relativo, como deseja o idealismo Kantiano. Não é subjetivo porque não estava nas coisas, mas em mim. Não é relativo porque não há entre o 'fenômeno' e a 'coisa' a relação da aparência a realidade, mas simplesmente a da parte ao todo. O autor ao analisar a teoria da 'percepção pura' afirma: a percepção precisa ser atenuada e complementada. Enquanto nos atermos à sensação pura, fica difícil afirmar que estejamos tratando do espírito".[20] A teoria da memória que constitui o foco do trabalho do autor se constitui ao mesmo tempo: análise teórica e a verificação da percepção pura. Os estados cerebrais que acompanham a percepção não são nem causa nem sua duplicata, pois que a percepção está para seu condicionante fisiológico assim como a ação virtual para a ação começada e para o que não podíamos estabelecer através de fatos, já que tudo se passa em nossa hipótese como se a percepção resultasse do estado cerebral. O autor desenvolve em sua teoria, portanto, como funciona a percepção.

Assim, à medida que progredimos da infância para a idade adulta, o *design* dos circuitos cerebrais que representam o nosso corpo em evolução e a sua interação com o mundo parece depender tanto das atividades em que o organismo se empenha como da ação de circuitos (bio) reguladores inatos, à medida que os últimos reagem a tais atividades. Estas interações ambientais e individuais podem ser identificadas num estudo de Morgan *et al.* (1993). Nele, ratos foram condicionados ao comportamento de congelamento quando escutavam um som que inicialmente foi associado a um estímulo doloroso. Os ratos do qual o setor médio do córtex pré-frontal foram removidos continuaram a apresentar o comportamento, mesmo quando este não era mais necessário. Porém, nos ratos com um córtex intacto foi possível o aprendizado gradual de que o som ameaçador do passado já não devia ser temido no presente.[21] O que evidencia a inadequação de se conceber cérebro, comportamento e mente em termos de natureza *versus* educação, ou de genes *versus* experiência. Os nossos cérebros e as nossas mentes não estão em branco quando nascemos. Contudo, não são na sua totalidade, geneticamente determinados. Esta só pode ser obtida sob a influência de três elementos: a estrutura exata; a atividade individual e as circunstâncias nas quais a palavra final cabe ao meio am-

---

[20] BERGSON, Henri. *Matéria e Memória*. Op. cit., p. 269 , 272, 274, 276, 277

[21] MORGAN, M. A. *et al.* (1993). Extinction of emotional learning: Contribution of prefrontal cortex. In: *Neuroscience Letters*, v. 163, p. 109-113.

biente humano e físico (assim como ao acaso) e às pressões da auto-organização que emergem da complexidade do sistema.

O perfil imprevisível das experiências de cada indivíduo (variação da potência sináptica dentro dos sistemas neurais) forma o *design* dos circuitos, através da reação que desencadeia nos circuitos inatos e nas consequências que tais reações têm no processo global de modelação de circuitos. Os circuitos não são apenas receptivos aos resultados da primeira experiência, mas repetidamente flexíveis e suscetíveis de serem modificados por experiências contínuas.

Existem circuitos que permanecem estáveis e informam a "coluna vertebral" das noções que construímos sobre o mundo interior e sobre o mundo exterior. A suscetibilidade à modificação indiscriminada teria criado indivíduos incapazes de se reconhecerem uns aos outros e desprovidos do sentido da sua própria biografia. Um exemplo desta estabilidade é o estado conhecido como *membro fantasma* nos casos de amputados.

O cérebro necessita de um equilíbrio entre os circuitos cuja fidelidade de disparo é volátil e os circuitos que são mais resistentes à mudança. Os circuitos que nos ajudam a reconhecer o nosso rosto no espelho, hoje, sem qualquer surpresa, têm sido sutilmente alterados para acomodar as modificações estruturais que a passagem do tempo tem imposto e esse rosto.

Estes mecanismos reguladores asseguram a sobrevivência ao acionarem uma disposição para excitar alguns padrões de alteração do corpo (um impulso), o qual pode ser um estado do corpo com um significado específico (fome, náusea), uma emoção identificável (medo, raiva) ou uma combinação de ambos. Damásio refere que: "Não é apenas a separação entre mente e cérebro que é um *mito*. É provável que a separação entre mente e corpo não seja menos fictícia. A mente encontra-se incorporada, em toda a acepção da palavra, e não apenas cerebralizada".[22] Esta afirmativa foi também defendida por Bérgson no final do século XIX, em sua tese de doutorado na Sorbonne: *Ensaio sobre os dados imediatos da consciência* e em *Matéria e memória*, escrito em 1896. Porém, é somente na obra mais sistemática do autor, *A evolução criadora*, escrita em 1907, que se pode observar a defesa da criatividade e da irredutibilidade da consciência ou o espírito contra toda tentativa reducionista de matriz positivista. O autor tenta superar o arco hermenêutico entre o *real* e o *ideal*. Na defesa do espírito há uma peculiaridade, ao se buscar entender plenamente a vida concreta da consciência, pois que o autor faz seus os resultados da ciência e não minimiza a presença do corpo e a existência do universo material.

---

[22] DAMÁSIO, Antônio R. *O Erro de Descartes*: Emoção, Razão e Cérebro Humano, p. 133.

Em *A consciência e a vida*,[23] o autor afirma: "É o cérebro que nos presta o serviço de manter nossa atenção fixada na vida; e a vida, ela, olha para frente; ela somente se volta para traz na medida em que o passado pode auxiliar a esclarecer e preparar o futuro". Mais adiante, ele explica a função do cérebro na operação da memória: "ele não serve para conservar o passado, mas primeiramente para velá-lo, depois para deixar transparecer o que é praticamente útil".[24]

Um dos exemplos de interação mente-corpo é que a tristeza e a ansiedade podem alterar de forma notória a regulação dos hormônios sexuais, provocando não só mudanças no impulso sexual, mas também mudanças no ciclo menstrual. A perda de alguém que se ama muito leva ao embotamento do sistema imunológico, pode-se morrer de desgosto na realidade, tal como na poesia.[25]

A influência no sentido inverso, a de substâncias químicas do corpo no cérebro (tabaco, álcool, drogas) alteram o seu funcionamento, alterando, desse modo, também a mente, dando origem a estados de depressão, euforia ou de mania. Os processos de pensamento podem ser retardados ou acelerados; a profusão de imagens evocadas pode diminuir ou aumentar; a criação de novas combinações de imagens pode ser favorecida ou bloqueada. Da mesma forma que a capacidade de concentração num determinado conteúdo mental varia em concordância.

O que se verifica é que dependemos de mecanismos biológicos de base genética altamente evoluída, assim como de estratégias suprainstintivas de sobrevivência que se desenvolveram em sociedade – transmitidas por via cultural – as quais requerem consciência, deliberação racional e força de vontade, para sua aplicação. Daí por que a fome, o desejo e a raiva não prosseguem para a alimentação desenfreada, a violência sexual e o comportamento homicida. Este tema preocupou tanto Descartes como Freud, para referir apenas dois nomes. Em *As Paixões da Alma*, Descartes sustenta que o controle das inclinações animais através do pensamento, da razão e da vontade é o que nos torna humanos. A criação de um superego que integraria os instintos nos ditames sociais foi a formulação encontrada por Freud em *O Mal-Estar na Civilização*, superego esse que se encontrava liberto do dualismo cartesiano, ainda que de modo algum tenha sido explicitado em termos neurais. A tarefa que se apresenta hoje

---

[23] BERGSON, Henri. A consciência e a vida. In: *Os Pensadores*. São Paulo: Abril Cultural, V. XXXVIII, 1974, p. 103.

[24] BERGSON, Henri. *A consciência e a vida*, p. 103

[25] GAUER GJC; RUMJANEK, V. Psiconeuroimunologia. In: Cataldo Neto A, Gauer GJC, Furtado NR. *Psiquiatria Para o Estudante de Medicina*. Porto Alegre: EDIPUCRS, 2003.

aos neurocientistas é a de estudar e compreender as estruturas cerebrais necessárias para se ter um conhecimento cabal dessas regulações. Não visa a reduzir os fenômenos sociais a fenômenos biológicos, mas antes a pesquisar e a debater a forte ligação entre eles, ou seja, a compreensão destes fenômenos requer não só a biologia e a neurologia, mas também as humanidades e as ciências sociais.

Existem nas sociedades humanas convenções e regras éticas que são transmitidas através da socialização e da educação. Os neurocientistas entendem que há um trilho constituído por conexões entre neurônios, ligando as representações neurais da sabedoria que incorporam os meios para implementar essa sabedoria, ou seja, encontram-se ligados à representação neural dos processos biológicos inatos de regulação.[26] Não querendo isto dizer que o amor, a compaixão, a honestidade e outras características humanas louváveis são apenas resultado de uma regulação neurobiológica que é orientada para a sobrevivência, ou a negação do altruísmo e a anulação do livre-arbítrio. O quadro que se estabelece é o de um organismo que surge para a vida dotado de mecanismos automáticos de sobrevivência e ao qual a educação e a aculturação acrescentam um conjunto de estratégias de tomada de decisão socialmente permissíveis e desejáveis, os quais, por sua vez, favorecem a sobrevivência e servem de base à construção de uma pessoa. Ao nascer, o cérebro humano inicia o seu desenvolvimento dotado de impulsos e instintos que incluem não apenas um *kit* fisiológico para a regulação do metabolismo, mas também dispositivos básicos para fazer face ao conhecimento e ao comportamento social.

As emoções e os sentimentos constituem aspectos centrais da regulação biológica, sugerindo que estabeleçam uma ponte entre os processos racionais e os não racionais, entre as estruturas corticais e subcorticais. Deve-se diferenciar as emoções que experienciamos na infância, para as quais um mecanismo pré-organizado seria suficiente, e as emoções que experienciamos na fase adulta, as quais gradualmente foram se alicerçando sobre as fundações daquelas emoções iniciais. As emoções iniciais serão chamadas aqui de primárias, e as emoções adultas, de secundárias. As emoções primárias são as emoções inatas, pré-organizadas e dependem da rede de circuitos do sistema límbico. Sentir os estados emocionais, o que equivale a afirmar que se tem consciência das emoções, oferece-nos flexibilidade de resposta com base na história específica das nossas interações com o meio ambiente. Embora sejam necessários os mecanismos inatos para iniciar o processo, os sentimentos oferecem-nos algo extra.

---

[26] GAUER GJC; RUMJANEK, V. Psiconeuroimunologia. In: Cataldo Neto A, Gauer GJC, Furtado NR. *Psiquiatria Para o Estudante de Medicina*. Porto Alegre: EDIPUCRS, 2003.

Exemplo: a reação emocional como fuga rápida de um animal feroz. No ser humano, o processo não termina com as alterações corporais que definem uma emoção; o ciclo continua, e o passo seguinte é a sensação da emoção, a percepção da relação entre objeto e estado emocional do corpo. Questionar-se-ia: por que fazer intervir a consciência nesse processo se já existe um meio de reagir de forma adaptativa em termos automáticos? A resposta é que a consciência proporciona uma estratégia de proteção alargada, permite pensar com antecipação e prever a probabilidade da sua presença num dado meio ambiente de modo a conseguir evitar antecipadamente ao fato, em vez de ter de reagir à sua presença numa emergência.

Mas o mecanismo das emoções primárias não descreve toda a gama de comportamentos emocionais, mas constitui, sem dúvida, o mecanismo básico. Seguem, no desenvolvimento de um indivíduo, mecanismos de emoções secundárias que ocorrem assim que começamos a ter sentimentos e a formar ligações sistemáticas entre categorias de objetos e situações, por um lado, e emoções primárias, por outro. As estruturas no sistema límbico não são suficientes para sustentar o processo das emoções secundárias. A rede tem de ser ampliada e isso requer a intervenção dos córtices pré-frontais e somatossensorial.

Ao sabermos da morte de uma pessoa querida, o coração pode acelerar, a boca ficar seca, a pele empalidecer, aumentar a tensão dos músculos do pescoço e das costas, enquanto o rosto desenha uma máscara de tristeza. Ou, ao se encontrar um velho amigo, o coração pode bater mais rápido, a pele corar, os músculos descansam e formar uma expressão feliz com as alterações dos músculos do rosto. Em qualquer caso, registram-se mudanças numa série de parâmetros relativos ao funcionamento das vísceras, musculatura esquelética e glândulas endócrinas. As respostas emocionais provêm de representações de disposições adquiridas e não inatas, embora as disposições adquiridas precisem das inatas para se expressar aquilo que as disposições adquiridas incorporam.

Em doentes com lesões pré-frontais, o processamento emocional que se encontra prejudicado é do tipo secundário. Esses doentes não conseguem gerar emoções relativas às imagens evocadas por determinadas categorias de situações e estímulos, não podendo, por isso, sentir. Podem, no entanto, sentir emoções primárias, e por esse motivo, o seu lado afetivo, pode, à primeira vista, parecer intacto (apresentam medo se alguém grita inesperadamente ou se suas casas sofrem um tremor de terra). Já os doentes com lesões no sistema límbico apresentam uma diminuição tanto das emoções primárias quanto das secundárias.

A emoção, portanto, é a combinação de um processo avaliatório mental, simples ou complexo, com respostas disposicionais a esse processo, na sua maioria dirigida ao corpo, resultando num estado emocional do corpo, mas também dirigidas ao próprio cérebro, resultando em alterações mentais adicionais.[27] A especificidade dos sistemas neurais dedicados à emoção tem sido estabelecida a partir de estudos sobre lesões cerebrais específicas. Na perspectiva de Damásio, as lesões do sistema límbico limitam o processamento das emoções primárias, e as lesões nos córtices pré-frontais limitam o processamento das emoções secundárias. O grau de especificidade pode ser avaliado através das limitações da sua expressão em casos neurológicos. Quando um acidente vascular cerebral destrói o córtex motor no hemisfério esquerdo do cérebro, o doente sofre uma paralisia facial direita, os músculos não funcionam e a boca tende a ser puxada para o lado que se move. Se pedirmos ao doente que abra a boca, isso apenas aumentará a assimetria. No entanto, quando o doente sorri espontaneamente, o sorriso é normal, simétrico. Isso ilustra o fato de o controle motor de uma sequência de movimentos relacionados com a emoção não se situar no mesmo local que o controle de um ato voluntário. O movimento relacionado com a emoção é desencadeado em outra região do cérebro, ainda que o palco do movimento, o rosto e sua musculatura, sejam o mesmo.

O autor não utiliza indistintamente os termos *emoção* e *sentimentos*, porque todas as emoções originam sentimentos, mas nem todos os sentimentos provêm de emoções. Chama estes, que não provêm de emoções, de *sentimento de fundo*. Para *sentir* uma emoção, é necessário que os sinais neurais das vísceras, dos músculos e articulações e dos núcleos produtores de neurotransmissores, ativados durante o processo da emoção, atinjam determinados núcleos subcorticais e o córtex cerebral. Os sinais endócrinos e outros de natureza química chegam também ao sistema nervoso central através da corrente sanguínea, entre outras vias. Esse processo de acompanhamento contínuo, esta experiência do que o corpo está fazendo enquanto pensamentos sobre conteúdos específicos continuam a desenrolar-se e são a essência do sentimento, ou seja, se uma emoção é um conjunto das alterações no estado do corpo associadas a certas imagens mentais que ativam um sistema cerebral específico, a *essência do sentir* de uma emoção é a experiência dessas alterações em justaposição com as imagens mentais que iniciaram o ciclo. Significa dizer que o sentimento depende da justaposição de uma imagem do corpo com outra imagem. O substrato de um sentimento completa-se com as alterações nos proces-

---

[27] DAMÁSIO, Antônio R. *O Erro de Descartes*: Emoção, Razão e Cérebro Humano, p. 153.

sos cognitivos que são induzidos simultaneamente por substâncias neuroquímicas.

Por fim, acrescenta o autor que a percepção de que a definição concreta de emoção e sentimento em termos cognitivos e neurais não diminui a sua beleza ou horror, ou o seu estatuto na poesia e música. Compreender como vemos ou como falamos não desvaloriza o que é visto ou falado. Compreender os mecanismos biológicos subjacentes às emoções e aos sentimentos é perfeitamente compatível com uma visão romântica do seu valor para os seres humanos.[28]

A noção intrigante é a de que, apesar das manifestas diferenças entre os exemplos em matéria de tema e nível de complexidade, existe um fio condutor que os une a todos, um núcleo neurobiológico comum. Diante dos dilemas que nos vemos confrontados diariamente, para resolver cada impasse, existem duas possibilidades distintas. A primeira baseia-se na perspectiva da razão nobre da tomada de decisão, que é a do senso comum, parte do princípio de que estamos nas melhores condições para decidir e somos o orgulho de Platão, Descartes e Kant quando deixamos a lógica formal conduzir-nos à melhor solução para o problema. Para essa concepção racionalista, para se alcançar os melhores resultados, as emoções têm de ficar de fora, o processo racional não deve ser prejudicado pela paixão.

Nesta perspectiva, os diferentes cenários são considerados um a um, efetuando-se uma análise de custos/benefícios de cada um deles. Dado que a maior parte dos problemas tem muito mais de duas alternativas, a análise torna-se cada vez mais difícil à medida que se avança nas deduções. Se esta for a única estratégia, a racionalidade não vai funcionar. Na melhor das hipóteses, a decisão levará um tempo enorme superior ao aceitável;[29] e, na pior, pode nem chegar a uma decisão porque se perderá nos meandros do cálculo. A atenção e a memória de trabalho possuem

---

[28] DAMÁSIO, Antônio R. *O Erro de Descartes*: Emoção, Razão e Cérebro Humano, p. 177.

[29] O autor cita o caso de um paciente seu, com lesões pré-fontais ventromedianas, quando da marcação da próxima consulta. O autor apresentou duas datas possíveis, com alguns dias de diferença. O doente pegou sua agenda e começou a consultar o calendário, durante meia hora, o doente enumerou razões a favor e contra cada uma das datas: compromissos anteriores assumidos, proximidade de outros compromissos, possíveis condições meteorológicas, envolvia-se numa lista infindável e numa comparação infrutífera de opções e consequências possíveis. Após muita disciplina para escutar tudo aquilo sem mandá-lo calar-se, o autor acabou por lhe dizer que viesse na segunda das duas datas. A resposta foi calma e pronta: "Está bem" e foi-se embora. Este comportamento exemplifica os limites da razão pura, e também as consequências de não se ter mecanismos automatizados de tomada de decisão (DAMÁSIO, Antônio R. *O Erro de Descartes*: Emoção, Razão e Cérebro Humano, p. 204).

uma capacidade limitada, não será possível reter na memória as muitas listas de perdas e ganhos que necessita consultar para as comparações. A representação de fases intermédias, que deixou em suspenso e precisa inspecionar para traduzi-las simbolicamente a fim de prosseguir as inferências lógicas, irá desaparecer da memória. Além da limitada capacidade da memória, mesmo com papel e lápis para pôr o conhecimento necessário, as estratégias do raciocínio normal estão repletas de deficiências podendo radicar na ignorância ou deficiente uso da teoria das probabilidades e da estatística. No entanto, apesar de todos estes problemas, os nossos cérebros são capazes de decidir bem, em segundos ou minutos, consoante a fração de tempo considerada adequada à meta que pretendemos atingir. Para conseguir com regular êxito essa tarefa prodigiosa, terão de efetuar com algo mais do que a razão pura. A questão do tempo seria outro ponto importante par analisarmos o funcionamento humano. No entanto, cabe ao menos citar a questão da aceleração para lembrarmos que ela altera todo o funcionamento neuropsicológico e fisiológico humano.

Um estudo recente[30] propõe que a abelha possui um sistema neurotransmissor que usa provavelmente a octopamina e que não é muito diferente da dopamina. Quando a recompensa (néctar) é detectada, o sistema pode comunicar tanto o sistema visual como o sistema motor, e assim alterar o comportamento básico destes. Como resultado, na próxima vez que aparecer aquela cor, o sistema motor tende a pousar na flor dessa cor e provavelmente a abelha encontrará o néctar. Na verdade, a abelha estará fazendo uma escolha, não consciente e não deliberada, que usa um mecanismo automático que incorpora valores naturais específicos, uma preferência. Ao atuarem a um nível consciente, os estados somáticos devem marcar os resultados das respostas como positivos ou negativos, levando assim a que se evite ou que se prossiga uma determinada opção de resposta. Podem, no entanto, funcionar de uma forma oculta, fora da consciência. Este mecanismo seria a fonte daquilo a que chamamos *intuição*, o misterioso mecanismo através do qual chegamos à solução de um problema *sem* raciocinar, com vista a essa solução. A perspectiva do autor é a de que não há necessidade de aplicar o raciocínio a todo campo das opções possíveis. Há uma pré-seleção que é levada a efeito, umas vezes de forma oculta, outras não. Um mecanismo biológico efetua a pré-seleção, examina os "candidatos" e permite que apenas alguns se apresentem a um exame final.

Conforme referido anteriormente, Damásio sugere que os sentimentos exercem uma forte influência sobre a razão, que os sistemas cerebrais

---

[30] Estudo realizado por Montague, Daylan e Sejnowski: DAMÁSIO, Antônio R. *O Erro de Descartes*: Emoção, Razão e Cérebro Humano, op. cit., p. 198.

que são necessários aos primeiros se encontram enredados nos sistemas necessários à segunda, e que estes sistemas específicos estão interligados com os que regulam o corpo. Os sentimentos parecem depender de um delicado sistema com múltiplos componentes que é indissociável da regulação biológica; e a razão parece, na verdade, depender de sistemas cerebrais específicos, alguns dos quais processam sentimentos. Desta forma, pode existir um elo de ligação, em termos anatômicos e funcionais, da razão aos sentimentos e destes ao corpo. É como se estivéssemos possuídos por um impulso que tem origem no cerne do cérebro, atravessa outros níveis do sistema nervoso e, finalmente, emerge quer como sentimento, quer como influências não conscientes que orientam a tomada de decisão. A razão, da prática à teórica, assenta provavelmente neste impulso natural através de um processo que faz lembrar o domínio de uma técnica ou de uma arte.

Salienta ainda, que o preocupante é a tentativa de explicar sentimentos ou comportamentos irracionais através de causas sociais superficiais ou unicamente através da ação dos neurotransmissores, que são duas explicações que predominam no discurso, na tentativa de corrigir problemas pessoais e sociais com drogas médicas e não médicas. Há uma falta de compreensão da natureza das emoções e da razão. Damásio sustenta, portanto, que a concepção de organismo humano e a relação entre emoção e razão que emerge dos resultados discutidos sugerem que o fortalecimento da racionalidade requer que seja dada uma maior atenção à vulnerabilidade do mundo interior.

A função atribuída às emoções na criação da racionalidade tem implicações nas questões atuais relativas à educação e à violência. Salienta o autor que os sistemas educativos poderiam ser melhorados se insistissem na ligação entre as emoções atuais e os cenários de resultados futuros. Argumenta ainda que a exposição excessiva das crianças à violência, na vida real (noticiários e ficção audiovisual) desvirtua o valor das emoções na aquisição e desenvolvimento de comportamentos sociais adaptativos.

Damásio relembra que não seria possível deixar de invocar Descartes como símbolo de um conjunto de ideias a respeito do corpo, do cérebro e da mente que, de certa forma, continuam a influenciar as ciências e as humanidades no mundo ocidental.[31] A preocupação é dirigida tanto à noção dualista com a qual Descartes separa a mente do cérebro e do corpo. Qual foi então o erro de Descartes?[32] Poder-se-ia iniciar por um protesto e censura por ter convencido os biólogos a adotarem, até hoje, uma

---

[31] DAMÁSIO, Antônio R. *O Erro de Descartes*: Emoção, Razão e Cérebro Humano, p. 253.

[32] Idem, ibidem.

mecânica de relojoeiro como modelo dos processos vitais. Talvez isso não fosse justo, logo Damásio começa então pelo *"penso, logo existo"*, que surge pela primeira vez na obra *O Discurso do Método* (1637). Considerada literalmente, a afirmação ilustra exatamente o oposto daquilo que o autor acredita ser verdadeiro sobre as origens da mente e da relação entre a mente e o corpo. A afirmação sugere que pensar e ter consciência de pensar são os verdadeiros substratos de existir. Descartes via o ato de pensar como uma atividade separada do corpo. No entanto, antes do aparecimento da humanidade, os seres eram seres. Existimos e depois pensamos e só pensamos na medida em que existimos, visto o pensamento ser, na verdade, causado por estruturas e operações do ser. Descartes procurava uma fundação lógica para a filosofia e, portanto, afirmava: "Por isso eu soube que era uma substância cuja essência integral é pensar, que não havia necessidade de um lugar para a existência desta substância e que ela não depende de algo material; então, este 'eu', quer dizer, a alma através da qual sou o que sou, distingue-se completamente do corpo e é ainda mais fácil de conhecer do que este último; e, ainda, que não houvesse corpo, a alma não deixaria de ser o que é".[33]

É este o erro de Descartes: a separação abissal entre o corpo e a mente, entre a substância corporal (divisível, com volume, com dimensões e funcionamento mecânico) e a substância mental (indivisível, sem volume, sem dimensões e intangível). O seu erro consiste na sugestão de que o raciocínio, o juízo moral e o sofrimento proveniente da dor física ou agitação emocional poderiam existir independentemente do corpo, ou seja, a separação das operações mais refinadas da mente para um lado, e da estrutura e funcionamento do organismo biológico para o outro. Salienta que se a mente pudesse ser separada do corpo, talvez fosse possível compreendê-la sem que se recorresse à neurobiologia, sem necessidade de saber neuroanatomia, neurofisiologia e neuroquímica. É paradoxal que muitos investigadores em ciência cognitiva que julgam serem capazes de investigar a mente sem qualquer recurso à neurobiologia, não se considerarem dualistas. A divisão cartesiana moldou a forma como a medicina ocidental aborda o estudo e o tratamento da doença.[34] É curioso pensar

---

[33] DESCARTES, R (1637). *The Philosophical Works of Descartes*, volume I, p. 101. *Apud* DAMÁSIO, Antônio. *O Erro de Descartes*: Emoção, Razão e Cérebro Humano, p. 255.

[34] Nos três últimos séculos, o objetivo da biologia e da medicina tem sido a compreensão da fisiologia e da patologia do corpo. A mente, em grande parte, tem sido relegada para o campo da religião e da filosofia, e mesmo depois de ter se tornado o tema de uma disciplina específica, a psicologia, só recentemente lhe foi permitida a entrada na biologia e na medicina. A medicina, dando ênfase à subespecialização, tem demorado a aperceber-se de que aquilo que as pessoas sentem em relação ao seu estado físico é um fator principal no resultado do tratamento.

que Descartes contribuiu para a alteração do rumo da medicina, ajudando-a a abandonar a abordagem orgânica da mente-no-corpo que predominou desde Hipócrates até o Renascimento.

A ideia geral de Damásio é, portanto, a de que a compreensão da mente humana requer a adoção de uma perspectiva do organismo; que não só a mente tem de passar de um *cogitum* não físico para o domínio do tecido biológico, como deve também ser relacionada com todo o organismo que possui cérebro e corpo integrados e que se encontra plenamente interativo com um meio ambiente físico e social. O autor afirma que a concepção de mente incorporada não renuncia aos seus níveis mais refinados de funcionamento: aqueles que constituem a sua alma e o seu espírito. Estes são os estados complexos e únicos de um organismo. Uma tarefa difícil é a percepção da complexidade, fragilidade, finitude e singularidade que nos caracterizam, mas talvez melhor do que deixar o erro de Descartes por corrigir.

A redução das emoções pode constituir uma fonte igualmente importante de comportamento irracional. Esta ligação aparentemente ilógica entre ausência de emoções e comportamento anômalo pode ensinar-nos muito sobre a maquinaria biológica da razão. Para isso, Damásio recorre à abordagem da neuropsicologia experimental, cuja finalidade é a de explicar a forma como certas operações cognitivas e as suas componentes estão relacionadas com os sistemas neurais e as suas componentes. A neuropsicologia não se ocupa com a descoberta da *localização* cerebral de um dado sintoma ou síndrome.

A preocupação fundamental foi a de verificar se as observações sobre Elliot se repetiam com outros doentes. Até 1993, Damásio estudou doze doentes com lesões pré-frontais deste tipo e em todos os casos foi encontrada uma associação entre deficiência na tomada de decisões e perda de emoções e sentimentos. A capacidade da razão e a experiência de emoções estão reduzidas em conjunto, e as suas limitações sobressaem num perfil neuropsicológico em que a atenção, a memória, a inteligência e a linguagem parecem tão intactas que nunca poderiam ser invocadas como explicação das falhas dos doentes na sua capacidade de juízo. Essa diminuição concomitante da razão e dos sentimentos não surge somente após lesões pré-frontais, pode surgir da lesão de outras regiões cerebrais específicas e sugerem uma interação entre os sistemas subjacentes aos processos normais e da razão. Os comportamentos de certos doentes submetidos a *leucotomia* (lobotomia frontal) que nunca tinham sido normais, passaram a ser anormais de maneira diferente. A ansiedade extrema deu lugar à calma extrema, as emoções pareciam estagnadas, os doentes pareciam não sofrer, as ideias obsessivas ou delirantes estavam em sossego, a força motriz do doente para responder e agir, por mais errada que fosse, estava silenciada.[35]

Salienta o autor que, à época, os doentes com transtornos mentais receberam algum benefício com a cirurgia, pois uma maior deficiência em termos de tomada de decisão talvez fosse mais fácil de suportar do que a ansiedade descontrolada. Por mais inaceitável que seja uma mutilação cirúrgica do cérebro, nos anos 30 o tratamento típico para tais doentes envolvia o seu enclausuramento em instituições mentais e a administração de doses massivas de sedativos. Somente no final dos anos 50 que começaram a aparecer os psicofármacos e a revolução que trouxeram para o tratamento das doenças mentais. Estudos recentes evidenciam que estes medicamentos possuem uma função neuroprotetora, sendo que em longo prazo medicamentos como o Carbonato de Lítio previnem a perda neuronal em pacientes psiquiátricos.[36] Havia, no entanto, uma versão muito mais destrutiva que a *leucotomia*, era a *lobotomia frontal*, que provocava lesões extensas e produzia mutilações desnecessárias.

O raciocínio quanto à tomada de decisões, emoções e sentimentos diminuídos podiam aparecer sozinhos ou como resultado de lesões em outras regiões: setor do hemisfério cerebral direito que contém áreas responsáveis pelo processamento de sinais emitidos pelo corpo, outra região incluía estruturas do sistema límbico, como a amígdala. Um exemplo, trazido por Damásio foi o caso do juiz do Supremo Tribunal americano, William O. Douglas, que sofreu em 1975 um acidente vascular no hemisfério direito. A ausência de deficiência na linguagem era um bom presságio para o regresso ao seu cargo. Douglas saiu do hospital contra a opinião dos médicos; fazia-se transportar até o Tribunal ou para compras desgastantes e para banquetes. Atribuía sua hospitalização a uma "queda" e repudiava a paralisia do lado esquerdo como um mito. Quando foi forçado a admitir em uma conferência que não conseguia andar, fugiu da questão dizendo que "andar tem pouco a ver com o trabalho no Tribunal". Ainda assim, convidou os jornalistas para darem um passeio a

---

[35] O autor faz referência ao caso de um paciente que sofria de nevralgia do trigêmeo, considerada uma doença intratável e refratária, o que ocasiona uma dor lancinante desencadeada por qualquer toque na pele, o que fazia com que o paciente permanecesse imóvel, todo dobrado na cama em profundo sofrimento. Dois dias após a intervenção cirúrgica o doente estava jogando cartas com um colega de internamento e foi questionado sobre as dores ao que respondeu: *"as dores são as mesmas, mas sinto-me bem"*, ou seja, a operação não tinha afetado a imagem da alteração local da região do corpo servida pelo nervo trigêmeo, mas eliminou a reação emocional que faz parte da dor, terminara o sofrimento, a sua expressão facial, a voz, era de um estado agradável.

[36] KAPCZINSKI, F; QUEVEDO, J; IZQUIERDO, I. *Bases Biológicas dos Transtornos Psiquiátricos*. Porto Alegre: ARTMED. 2004.

pé com ele no mês seguinte. Em outra ocasião, perguntado pelo visitante como estava sua perna esquerda, disse-lhe que tinha marcado gols de 40 m de distância com ela e que tinha intenção de assinar contrato com um time de futebol. Além disso, Douglas não observava as convenções sociais com os outros juízes e com os funcionários do Tribunal. Mesmo após ter sido demitido, comportava-se como se não tivesse sido demitido. Desta forma, os anosognósticos possuem, além da paralisia, uma deficiência no raciocínio e na tomada de decisões, e uma deficiência nas emoções e nos sentimentos.

Em suma, parece existir um conjunto de sistemas no cérebro humano consistentemente dedicado ao processo de pensamento orientado para um determinado fim (raciocínio) e à seleção de uma resposta (tomada de decisão) com ênfase especial sobre o domínio pessoal e social. Esse mesmo conjunto de sistemas está também envolvido nas emoções e nos sentimentos e dedica-se em parte ao processamento dos sinais do corpo. Conclui o autor acerca dos sistemas neurais:

1) Estes sistemas encontram-se certamente envolvidos nos processos da razão, ou seja, na planificação e na decisão;

2) Um subconjunto destes sistemas está associado aos comportamentos de planificação e de decisão que poderiam ser incluídos na rubrica de pessoais e sociais. Estes sistemas estão relacionados com o aspecto da razão habitualmente designado por racionalidade;

3) Os sistemas identificados desempenham um papel importante no processamento das emoções;

4) Esses sistemas são necessários para se poder reter na mente, por um período longo, a imagem de um objeto que já não se encontra presente.

Portanto, o corpo e o cérebro formam um organismo indissociável. O cérebro recebe sinais não apenas do corpo, mas também de partes da sua própria estrutura, as quais recebem sinais do corpo. A parceria cérebro-corpo interage com o ambiente como um conjunto, não sendo a interação só do corpo ou só do cérebro. Porém, os organismos complexos como os humanos fazem mais do que interagir, mais do que gerar respostas espontâneas ou reativas que no seu conjunto são conhecidas como comportamento. Eles geram respostas internas, algumas das quais constituem imagens (visuais, auditivas, somatossensoriais) que são a base para a mente.

3. Lembrança, Ressentimento e Luto: sobre a temporalidade da memória

Se for sobre esta ambição da memória que a história se apoia, é às suas fraquezas e aos seus abusos que a história deseja levar remédio e correção. O termo mesmo "remédio" orienta em direção a uma consideração terapêutica. A memória, com efeito, é uma função frágil. A confissão desta vulnerabilidade nos é imposta pelo espetáculo que dá o exercício coletivo e público da memória em muitas regiões do mundo. Tudo se passa como se aqui houvesse muita memória e lá bastante memória. A psicanálise nos habituou ao uso de categorias patológicas ou quase patológicas, tais como ferimentos, traumatismos, no próprio campo da memória. Referimo-nos aqui a dois notáveis ensaios de Freud: *Lembranças, repetições, perelaborações, Luto e Melancolia*.

Eles são interessantes tanto quando tomados isoladamente, quanto em relação um com o outro. O primeiro discorre sobre a tendência compulsiva do paciente para repetir o traumatismo sob a máscara de sintomas e a tendência de passar ao ato – que Freud chama de "trabalho de lembrar" – que é o início mesmo da cura a favor da experiência da transferência. O segundo apresenta a tendência autodestrutiva da "melancolia" e o "trabalho do luto", que consiste em se desprender do objeto perdido de amor (ou de ódio) e a se reconciliar interiormente com sua perda. Podemos relacionar as duas noções, de trabalho de lembrar e de trabalho do luto, e sugerir que o trabalho da história também pode ser compreendido como uma projeção do plano da economia das pulsões ao plano do trabalho intelectual deste duplo trabalho de lembrança e de luto. Para além desta relação, é fundamental ressaltar a categoria mais importante para pensar a memória: a perlaboração. Lyotard refere que "o trabalho da perlaboração é dedicado a pensar no que, do acontecimento e do sentido de acontecimento, nos é escondido de forma constitutiva, não apenas pelo pressuposto anterior, mas também por estas dissensões do futuro que são o pro-jecto, o pro-grama, a pro-spectativa, e mesmo a pro--posição e o propósito de psicanalisar".[37]

Lyotard enfatiza que nesse texto curto, mas memorável de Freud, trata-se da técnica psicanalítica, em que Freud distingue repetição, rememorização, e perlaboração.[38] A primeira seria originária da neurose ou da psicose, resultante de um "dispositivo" que permitiria que o desejo inconsciente se realizasse, organizando toda a existência do sujeito como drama. Para tanto, Freud utiliza como modelo o Mito de Édipo. O "dispositivo" do desejo formulado pelo oráculo de Apolo estabelece desde logo os acontecimentos maiores com que Édipo irá se deparar no decurso de sua história. Contrariamente à rememorização, a perlaboração seria definida como um trabalho sem fim e, portanto, sem vontade: sem fim, no sentido de não ser guiado pelo conceito de um objetivo, mas não sem finalidade. É, portanto, neste gesto duplo, em direção ao anterior e ao posterior, que reside a concepção de reescrita.[39]

Embora Lévi-Strauss tenha afirmado, em suas conclusões sobre identidade, que esta "é uma entidade abstrata sem existência real, muito embora seja indispensável como ponto de referência",[40] não é exagero dizer que, para a maior parte dos homens, a humanidade é, enquanto ponto de referência coletiva, um espaço em branco no mapa das suas emoções. Este aspecto leva a considerar, necessariamente, o fato de que o planejamento de organizações, que contemple apenas a racionalidade e os elementos racionais, pode-se revelar altamente inoperante. Há, no entanto, uma variável a levar em conta: assim como as transformações de relações profissionais são substituíveis nas sociedades complexas, é possível enquadrar nesse modelo, ao menos idealmente, a permuta da própria nacionalidade. Mas para isso, é fundamental que se trate de sociedades nas quais o indivíduo é, pelos mais variados fatores, muito atomizado. Nesses casos, sua singularidade, elevada a um plano de destaque, faz com que a decisão sobre suas relações se encontre ao nível do eu.

Mas não é somente com a fragilidade afetiva da memória que a história se confronta, mas com os abusos ligados à manipulação da história. Os distúrbios da identidade estão para além do patológico e devemos considerar aquilo que se pode apelar para o uso da memória, como lembra o título da *Segunda Consideração Intempestiva*, de Nietzsche: "as vantagens e inconveniências da história para o uso da vida". Certamente, o mau uso

---

[37] LYOTARD, Jean-François. *O inumano*. Lisboa: Editorial Estampa, 1990, p. 35-39.

[38] Idem, p. 35-36.

[39] Idem, p.39.

[40] STRAUSS, Claude Lévi. (org.) *La Identidad*. Paris: Grasset. 1977, p. 11-39.

da memória pressupõe a fragilidade e a vulnerabilidade que acabamos de dizer. Mas o que está mais precisamente em jogo no plano deste pragmatismo é a fragilidade de identidade a qual, como a memória que nela é um componente, se junta tanto no plano coletivo como no plano pessoal.

Os abusos do mau uso da memória, via de regra, têm a ver com os distúrbios da identidade dos povos. A questão da identidade constitui, por si só, um problema. Pode-se afirmar que a crise de identidade, em primeiro lugar, liga-se com o tempo, mais precisamente, na manutenção de si através do tempo. Uma segunda fonte de abuso prende-se à competição com outros, às ameaças reais ou imaginárias para a identidade, os momentos em que aquelas são confrontadas com a alteridade, com a diferença. A esses ferimentos fortemente simbólicos, junta-se uma terceira fonte de vulnerabilidade: o lugar da violência na formação das identidades, principalmente coletivas. No plano dos abusos da memória, reencontra-se sempre a conexão da memória com a violência. Desta maneira, não existe nenhuma comunidade histórica que não tenha nascido de um relatório que se pode atribuir sem hesitação, a guerra, os massacres, as revoluções, entre outros eventos violentos. O que nós comemoramos sob o título de acontecimentos fundadores são, essencialmente, atos violentos legitimados após o golpe por um Estado de Direito. O que foi glória para uns pode ter sido humilhação para outros. A celebração de um lado pode corresponder à execração do outro. Assim são guardados nos arquivos da memória coletiva os ressentimentos. Isto que vai além da fragilidade ligada às noções freudianas de compulsão, de repetição e de melancolia, é o caráter acertado, deliberado de instrumentalização da memória. Há certo consenso de que o ressentimento se encontra ligado à dor vinculada ao rancor, à inveja, ao sofrimento, entre outras angústias. Esses sentimentos, entre outros, refletem diferentes conflitos que trazem ansiedade e refletem o que desejamos ou rejeitamos.

Podemos afirmar que o ressentimento se constitui em uma das dimensões da condição humana. O ato de sentir ou o efeito de sentir-se, próprio dos seres humanos refletem a sensibilidade e ao mesmo tempo a faculdade de conhecer as diferentes dimensões, moral, intelectual, psicológica, do ser humano. A ideia de ressentimento pode ser pensada a partir da premissa proposta pelo autor[41] quando diferencia "*ideia e conceito;* este distingue-se daquela como objeto do pensamento racional: é abstrato, discursivo, completamente integrado no interior de sua esfera, comunicável por meio de palavras sem outras mediações. A ideia ao contrario, é absolutamente intuitiva e apesar de se referir a uma infinidade de coisas particulares é todavia perfeitamente determinada. Apesar de tudo, ideia

---

[41] VECCHIOTTI, Icilio. *Schopenhauer*. Lisboa: Edições 70, 1990, p. 40, 41.

e conceito têm entre si uma notável afinidade. Enquanto a ideia é a unidade dispersa na pluralidade através do espaço e do tempo, o conceito é a unidade reconstruída pela pluralidade, através da actividade abstractiva da razão: esta pode chamar-se *unitas post rem,* aquela *unitas ante rem.*" Tudo isto é o bastante para indicar, apesar da oposição contrária de Schopenhauer, a estrutura, no fim das contas, racional que o filósofo coloca na base de uma e de outra: um grave problema é saber onde começa e acaba este caráter racional. O sentir e ressentir constitui-se em uma pluralidade difícil de ser identificada, vincula-se a um conceito e também a uma ideia, tal como referido pelo autor.

O ressentimento é vinculado a uma atitude mental causada por certas emoções relacionadas aos afetos e constituem-se em componentes das emoções dos seres humanos. A repressão a esses sentimentos poderá criar condições para o ressentimento. Há um número significativo de autores que priorizaram suas pesquisas sobre o ressentimento, os antropólogos que vincularam cultura e personalidade – prioridades clínicas *versus* prioridades antropológicas – permitem pensar sobre as diferentes formas de manifestações dos ressentimentos. O autor[42] refere que as "novas" tendências dos antropólogos ligados às interpretações da cultura e personalidade revelam que "Los miembros del movimiento de cultura y personalidad han crecido em um meio hostil a la teoria diacrônica, que o lês inducido a crer que la imposibilidad de desarrollar uma teoría ya estaba demonstrada o, al menos, lês impedido reconocer la obligación que tenían de considerar la posible importancia de su propria para esas cuestiones". A escola personalidade e cultura produziu um exemplo de análise comparada. Autoras como Ruth Benedict e Margaret Mead priorizaram o relativismo, o que permitiu fértil diálogo com a psicologia. Esta escola possibilitou ainda estabelecer a relação entre a cultura e as personalidades individuais. As culturas podem minimizar ou acentuar, ignorar ou maximizar certos sentimentos como o ódio, a inveja, a malícia os impulsos para discriminar ou desprezar, que acentuam ou não os ressentimentos.

Schopenhauer,[43] nos pequenos escritos filosóficos, lembra uma passagem de Homero "que declarava ser a ira mais doce do que o mel. Porém não só à ira, mas também o ódio, que está relacionado àquela como a doença crônica para a ajuda, nos entregamos com amor". Ainda lembra

---

[42] HARRIS, Marvin. *El desarollo de la teoría antropológica.* México: Siglo Veintiuno, 1985, p. 401.

[43] SCHOPENHAUER, Arthur. In: *Os Pensadores.* São Paulo, Abril Cultural, 1974, v. XXXI, p. 103.

o autor:[44] "a pior feição da natureza humana permanece o deleite pela desgraça alheia, porque estreitamente aparentada à crueldade, se distingue propriamente desta apenas como a teoria da prática, e localizando-se precisamente onde deveria ser o lugar da compaixão, que como seu oposto, constitui a verdadeira fonte de toda genuína justiça e amor pela humanidade". O ódio ao semelhante provoca o medo da condenação divina. As diferentes religiões, da antiguidade aos dias atuais, condenam os sentimentos vinculados ao ódio e demais ressentimentos. No pensamento cristão, os pensamentos ligados ao ódio são condenados de forma veemente.

Encontramos a ideia força que configurou o pensamento cristão sobre a decisão da vida após a morte emitida por um Deus Juiz, divulgado por uma competente pastoral do medo, cujo poder clerical reforçou essa crença. Não podemos deixar de lembrar que a justiça predominava sobre a misericórdia e detinha um poder tão eficaz que causava um medo paralisante, pois o destino de todo cristão estava no poder de julgar desse Deus único e implacável em relação ao destino da cristandade. Para o autor,[45] "a literatura da época e, mais particularmente, o teatro parecem realmente ter exercido nesse domínio um papel de exutório, ou melhor, de *catharsis*. Os psiquiatras, com efeito, mostraram que um escritor pode sublimar sua tentação ao suicídio criando uma obra onde essa tentação tenha livre curso". Há várias interpretações sobre a tristeza coletiva da época medieval, e a busca que o autor[46] chamou de "mal-estar profundo, mais profundo que um desencantamento agudo associado ao olhar pessimista sobre o mundo", revelava uma melancolia propicia ao suicídio. Nesta atmosfera obsessiva que permitiu a manutenção de temores muito antigos no Ocidente, é que levou ao paroxismo um discurso em que estão conjugados medos, culpas, ameaças, ódio e esperanças. Para o autor,[47] "quando o pensamento obsessivo se instaura no indivíduo ou em uma coletividade, o risco é tanto mais ameaçador e exaltado quanto mais fraco alguém se sente a luta contra os adversários parece mais desigual". Os numerosos sermões protestantes que anunciam o fim próximo do mundo como uma perspectiva atemorizante para os pecadores representava ao mesmo tempo um horizonte exultante para os eleitos. Para o autor, as pregações (com exceções) afastaram-se do esquema minimalista e não

---

[44] SCHOPENHAUER, Arthur. Op. cit., p. 104.

[45] DELUMEAU, Jean. *O pecado e o medo. A culpabilização no Ocidente*. Volume I, Bauru: Editora da Universidade Sagrado Coração, (EDUSC), 2003, p. 353.

[46] Idem, ibidem.

[47] Idem, p. 371.

profetizou nenhum reino de Deus sobre a terra. Eles abriam diretamente para a explosão do julgamento final. O que se encontra na premissa dessas ameaças acompanhadas de grande esperança para os predestinados era um grande medo oriundo de um sombrio diagnóstico sobre o presente e uma enorme descrença no futuro. A historiografia,[48] percebe cada vez melhor esse aspecto escatológico da Reforma Protestante que, entretanto, não deixa de surpreender. Alguns humanistas associaram o elogio da renascença das letras e das artes com a convicção de que tudo ia de mal a pior e que o fim do mundo estaria muito próximo. Tal convicção diz respeito à maioria dos reformadores a exemplo de Lutero que pregava o fim da história e a aproximação do dia do julgamento final.

Algumas técnicas foram utilizadas ao longo da história para reprimir os sentimentos negativos. Observamos, por exemplo, como o autor[49] analisa que um longo argumento sobre o rigor com que foi aplicado na Europa ocidental e central com tanto vigor e, sobretudo com tanto método, o discurso e a prática sobre a vigilância, o esquadrinhamento e o enquadramento para tornarem os indivíduos mais cristãos, mais dóceis e mais morais. Se o rigor do discurso sobre a punição por uma pastoral punitiva e pesada constituiu uma das causas da descristianização, poderíamos afirmar que o aumento do medo levou ao aumento da punição. Os constrangimentos impostos por uma ordem moral rígida, aliado à organização do estado moderno, a partir do século XVII, e, com ele uma autoridade civil, a qual, ao lado do poder eclesiástico, passou a ter um papel fundamental na vida social, conduziram a diminuição do poder punitivo de um Deus cuja cólera se manifestou na sua "justa vingança" onde o inferno representava o castigo eterno imposto por um Deus que fazia cumprir a justiça com atos que refletiam a vingança do "justo". A racionalização dos desejos e suscetibilidades estéticas freadas no período medieval passou a desempenhar outros papéis na modernidade. Lovejoy[50] refere que o problema psicológico geral levantado pela sugestão de que as filosofias dos homens são geradas não pela elaboração da lógica, ou supostamente lógicas, das premissas aceitas, mas por anseios emocionais, por idiossincrasias do temperamento pessoal ou por problemas sociais e por outros problemas práticos de uma conjuntura histórica particular. A visão do autor nos conduz a pensar que o ódio, em suas diferentes manifestações, se inclui como um problema idiossincrático embora possa ser tratado de forma racionalizada.

---

[48] DELUMEAU, Jean. *O pecado e o medo.* v. II, op. cit., p. 372.

[49] DELUMEAU, Jean. *História do medo no Ocidente.* op. cit., p. 413

[50] LOVEJOY, Arthur O. *A grande cadeia do ser.* São Paulo: Palíndromo, 2005, p. 295-296.

Podem-se detectar inúmeras formas de ressentimento entre elas a condição de determinados segmentos sociais que são classificados hierarquicamente como inferiores e por esse motivo se colocam como discriminados. A reação à descriminação ou ao preconceito pode se manifestar como ressentimento; a atribuição de valores e juízo de valor acompanhados de hostilidade sobre determinadas ações culturais e a repressão destas ações geram emoções como o ódio que levam ao ressentimento.

A história e a memória dos ressentimentos estão via de regra ligados a hostilidades praticadas historicamente contra determinados padrões culturais, religiosos, políticos entre outros. A repetição de hostilidade gera uma memória social que se manifesta como ressentimento que mantém o sistema socioafetivo de determinadas sociedades ou grupos. O ressentimento se manifesta como um conjunto de sentimentos difusos de ódio e hostilidade na busca de justiça contra o que se considera injusto. A busca da vingança por meio de uma manifestação de ressentimento via de regra é justificado como se fazer a justiça.Desta forma o ressentimento aparece ligado à abertura de conflitos em torno de sua legitimidade. O exemplo emblemático se liga a busca da igualdade nas sociedades ocidentais contemporâneas. O ódio, manifesto como ressentimento, está relacionado à moral. Para Baumer,[51] a moralidade deveria desvincular-se da teologia. A simbologia do quadro de Regnault, intitulado *A Liberdade ou a Morte*, na opinião de Baumer,[52] é emblemática para se poder pensar na secularização da sociedade ocidental. O quadro, representado por um homem nu de braços abertos, que vagueia nos céus, tendo à sua direita, uma figura fascinante apoiada numa nuvem, a liberdade, que emerge em uma mão o barrete frígio, e, na outra uma balança, a da igualdade, do outro lado o contraponto encontra-se na morte. O quadro tornou-se fundamental para pensar esse homem livre do medo de um Deus conquistador, verdadeiro dono do Universo. Ainda no século XVIII Kant[53] referia: "um príncipe que não acha indigno de si dizer que tem por dever nada prescrever aos homens em matéria de religião, mas deixar-lhes aí a plena liberdade, por conseguinte, recusa o arrogante nome de tolerância, é efetivamente esclarecido e merece ser encomendado pelo mundo grato e pela posteridade como àquele que, pela primeira vez, libertou o gênero humano da menoridade, pelo menos por parte do governo, e deu a cada um a liberdade de se servir da própria razão em tudo o que é assunto da consciência". É interessante perceber a defesa que o autor faz da liberdade religiosa como

---

[51] BAUMER, Franklin L. *O Pensamento Europeu Moderno.* v. I. Vila Nova de Gaia: Edições 70, 1990, p. 218, 219, 220

[52] BAUMER, Franklin L. *O Pensamento Europeu Moderno.* v. I , op. cit.

[53] KANT, E. *A Paz Perpétua e outros opúsculos.* Lisboa: Edições 70, 1988, p. 17.

ponto fundamental para o uso da razão em detrimento das permanências dogmáticas. Não há dúvida que o pensamento do autor sobre liberdade religiosa deve ter suscitado reações importantes, porém é impossível negar que o homem do iluminismo rompe com supremacia da fé e com a subjugação ao medo. Uma "nova" humanidade, que passou a procurar-se a si mesma, mais consciente e mais inquieta e mais racional passou a predominar no Ocidente de tal forma que o medo, tal como visto no período histórico anterior passa a ter outra visão. Baumer[54] refere que a crise religiosa do século XVIII teria influenciado a visão de que o Cristianismo teria origem no embuste e no medo, pregava um Deus falso, cruel e imoral, bloqueava o progresso intelectual e sujeitava os homens às leis dos padres e dos tiranos, e que a moralidade deveria desvincular-se da teologia. Contudo, o pensamento começa a voltar-se para ética secular. Já Kant não secularizou propriamente a moral, acreditava em um Deus moral e na relação entre ética e religião, além do que o homem necessitava de Deus para combinar virtude e felicidade. Um novo sentido e novo significado refletia neste período uma nova forma de medo, o medo do caos em uma época de revoluções a qual refletiu uma mudança contra o modo de pensar a sociedade. Com a diminuição do medo a um Deus punitivo abriu-se a porta do ódio que até então se encontrava apenas entreaberta. Não por acaso o autor[55] refere a ira – Cólera, raiva, indignação, desejo de vingança – que sem dúvida é um dos sentimentos que acessam o ressentimento, entre os quatro gigantes da alma.

No final do século XIX Freud aprofundou o retrato da natureza humana e, com ele, os estudos sobre vários sentimentos. Ao homem freudiano e ao homem existencial, dos existencialistas, faltava a clareza e a confiança da imagem mais antiga nos seus dias de glória. Esses temas, segundo Baumer,[56] não se encontravam necessariamente juntos, do desespero epistemológico, do relativismo, da desvalorização de si próprio, o homem visto pelos positivistas já não conseguia ser explicado. Um dos autores que levantou o problema sobre os muitos egos e a dificuldade de juntá-los em um único ego foi Bérgson,[57] quando tentou encontrar um ego subjacente, que suportasse, mesmo na mudança, a união entre o realismo e o idealismo. Nesse período, temos três escolas que tentam desvendar o homem problemático: os behavioristas, os antropólogos culturais e a

---

[54] BAUMER, Franklin L. *O Pensamento Europeu Moderno*. v. I, op. cit. p. 218, 219.

[55] LOPEZ, Emilio Mira Y. *Quatro gigantes da alma. O medo, o amor, a ira o dever*. 6. ed. Rio de Janeiro: José Olympio, 1960.

[56] BAUMER, Franklin L. *O Pensamento Europeu Moderno*. op. cit.

[57] BÉRGSON, Henri. *Matéria e memória*. São Paulo: Martins Fontes, 1999.

ala esquerda do movimento freudiano. Na opinião do autor, todos esses três grupos realçavam a sociologia, tanto ou mais que a biologia. A criatividade do homem, que se expressava na ciência, na arte, na ética e na religião e era detectada na história onde todas as inovações do conhecimento poderiam ser analisadas assim como as permanências, a exemplo do medo. O psicologismo e o cepticismo não conseguiram descrever uma forma completa à nova mentalidade. O absurdo, a ansiedade, a alienação, levaram a outras formas de sentimentos, no entanto, o que se pode constatar foi o aumento dos ressentimentos. Para o europeu contemporâneo, já não existia nada de permanente na vida: uma das personagens de ficção de Jean-Paul Sartre, o absurdo, era a chave da sua náusea, do sentido de estar *de trop* no universo, estar alienado, a antiga alienação da terra, do século XIX, juntava-se uma nova alienação cósmica, considerada como destino, que não se poderia fugir. Essa visão existencialista provocou o aumento da ansiedade.

A reflexão de Freud sobre a guerra, segundo o autor,[58] levou a compreensão de como o medo, uma manifestação do irracional é o condutor das ações humanas. Para Freud, os acontecimentos coletivos ou a história refletiam a psicologia individual; esta apontava para um declínio do otimismo histórico, salientando, pelo menos, possíveis recorrências repetidas e reversíveis na história, bem como a fragilidade das civilizações.[59] O homem só conheceria Deus através de revelações, de Jesus Cristo, ou da Bíblia. Este grande abismo só poderia ser superado se Deus lançasse uma ponte sobre o abismo que lhe separava dos homens. Esta teologia é claramente fruto de um pessimismo do pós-Guerra. O movimento sobrenaturalista do pós-guerra colocou "Deus fora do mundo natural", além de falar de um Deus transcendente e imanente. "Deus era o fundo criativo e abismal do ser, a origem do significado, que surge em tudo o que é finito, natureza, história e homem. Mas Deus era também 'ser-em-si, não um ser', um símbolo do transcendente incondicionado, em nenhum sentido relativo, ou devir". Em contrapartida, postulava-se um "Deus acima de Deus", que estaria "além das categorias racionais de quem só se podia falar apenas por símbolos, e que era encontrado na experiência religiosa". Como homens maduros têm de reconhecer a situação, Deus paradoxalmente está a ensinar-nos que temos de viver como homens, que podemos viver muito bem sem Ele.

No entanto, havia os que pensavam que Cristo estava dentro do horizonte humano e significativo "a preocupação com os outros", já sua cru-

---

[58] BAUMER, Franklin L. *O Pensamento Europeu Moderno*. v. II, op. cit., p. 279.

[59] Idem, p. 216, 217, 223.

cificação era identificado com o "Deus sofredor" antigo e superado. Estas novas teologias estavam impregnadas pelo secularismo. "Os teólogos da morte de Deus" acabaram por abandonar o "ser transcendente", restringindo a teologia a afirmações empíricas sobre o homem e o mundo, configurava-se a eclipse de Deus e ao mesmo tempo a diminuição do medo de Deus. Na antropologia de Nietzsche,[60] o cinismo sobre o homem era compensado pelo otimismo quanto ao que ele podia ser se exercitasse, por completo, o desejo do poder. Apesar de existente em todos os homens e culturas, este desejo era agora uma concepção essencialmente aristocrática, definida de várias formas, como o instinto de liberdade, de domínio de si próprio ou a aspiração de um estado mais elevado de ser. Era um desejo básico que usava a razão e a paixão para atingir seus fins, que por sua vez não eram fixos, uma vez que não havia uma natureza humana estabelecida. A natureza humana não apenas mudava com o tempo, mas o homem tinha o poder de se fazer a si próprio e ao mundo. Neste sentido, o autor[61] refere: "A angústia diante do devir projeta imagens nictomorfas, cortejo de símbolos sob o signo das trevas, onde o velho cego se conjuga com a água negra e finalmente, a sombra se mira no sangue, princípio de vida cuja epifania é mortal, coincidindo na mulher, no fluxo menstrual, a morte mensal do astro lunar. A carne esse animal que vive em nós conduz sempre à meditação do tempo".

Embora Freud tenha proposto um abandono da avaliação excessiva por filósofos e psicólogos da propriedade da consciência no curso dos acontecimentos psíquicos, para ele, a consciência, isto é, a racionalidade, como tradicionalmente compreendida, funcionava apenas como um órgão dos sentidos para a percepção de qualidades psíquicas. Utilizando como exemplo um neurótico, ele afirma que as mais complicadas operações do pensamento avançariam a um nível mais profundo tanto de dia como de noite, muitas vezes sem estimular de modo algum a consciência. Para Freud, esta era uma conclusão pessimista, porque estava ligada à sua teoria da repressão, recentemente elaborada, que implicava o conflito mental e a recusa do indivíduo em reconhecer a realidade. Desde Freud[62] que sabemos que a gulodice se encontra ligada à sexualidade. Reforçamos a associação na imagem bíblica de Eva mordendo a maçã, que pode ser associada à figura do animal devorador. Este lado oculto do homem irracional tornou-se visível na produção cultural: nos simbolistas,

---

[60] KLOSSOWSKI, Pierre. *Nietzsche e o circulo vicioso*. Rio de Janeiro: Pazulin, 2000.

[61] DURAND, Gilbert. *O Imaginário*. Ensaio acerca das ciências e da filosofia da imagem. Rio de Janeiro: Difel, 2001.

[62] Idem, ibidem.

a exemplo de Proust,[63] era profunda a diferença entre a aparência que os homens apresentavam uns aos outros e a realidade ou verdade sobre eles – e daí a dificuldade e mesmo a impossibilidade de alguma vez conhecerem ou amarem alguém – e as múltiplas facetas, sempre em mudança, da personalidade humana. Os expressionistas desviavam-se do mundo exterior dos objetos, procurando representar os estados íntimos, as origens do homem. Havia uma consciência cada vez maior do comportamento irracional das multidões, bem como dos indivíduos. Uma quantidade de obras importantes sobre a psicologia social apareceu simultaneamente como os primeiros estudos de Freud,[64] todas partilhando o mesmo princípio geral: o papel desempenhado pela razão na ação humana coletiva era menor, comparado com o do instinto e do inconsciente. Entre os instintos humanos, o medo tornou-se uma das preocupações constantes no meio intelectual.

O medo a partir de Freud passou a ser objeto importante tanto para psicólogos, psiquiatras como para historiadores. "O medo insensato, em suas formas intensas e perseverantes, leva ao desequilibrio mental (medo patológico) ao suicídio ou ao crime". A opinião do autor[65] sugere que o medo pode alcançar vários graus de intensidade, correspondendo cada um deles a um avanço da difusão e profundidade de seus efeitos sobre a vida pessoal. Podemos deduzir da análise apresentada que quando uma sociedade ou grupo vive com medo, tanto "real" como imaginário, determina uma dissolução de funções complexas, a sociedade poderá reagir violentamente como paralisar qualquer ação em busca de solução. Um grupo social submetido a um grau de insegurança maior que o previsível, ou a um alto índice de terrorismo, ou ainda a normas rígidas que estão acima da sua capacidade de execução, poderá, por falta de forças para enfrentar estas situações, sentir o medo do fracasso. Este medo se manifestará sob a forma de paralisação frente à presença de condições adversas. Tais condições estão presentes em epidemias coletivas de medo, estas se manifestam principalmente em condições adversas como nas guerras, revoluções, doenças epidêmicas, terremotos, violência urbana, entre outras formas de instabilidade que atinge um grande número de pessoas.

Em tais casos, a urgência em eliminar os efeitos perniciosos destas condições adversas cria, muitas vezes, um pânico coletivo. A ética e o valor axiológico de grupos ou sociedades mais amplas submetidos a tais condições podem ser medidos pelo grau de resistência ao medo que uma

---

[63] BAUMER, Franklin L. *O Pensamento Europeu Moderno*. v. II, op cit.

[64] FREUD, S. *O mal estar da civilização*. Rio de Janeiro: Imago, 1976.

[65] LOPEZ, Emilio Mira Y. *Quatro gigantes da alma*. Op. cit., p. 66.

condição excepcional e imposta se faz presente por um longo período. A resistência luta contra o medo, implica na utilização de recursos externos, uma espécie de vacinação psíquica que auxilia conviver com situações anormais tanto de curta duração como de períodos mais longos. Os exemplos históricos são inúmeros, contemporaneamente os mais conhecidos são o das duas Grandes Guerras ou da violência urbana tal como se apresentou em varias cidades, a exemplo de Chicago, nos Estados Unidos no inicio do século XX, na Itália e mais recentemente como se manifesta nas grandes cidades brasileiras.

Há vários exemplos históricos que informam diferentes formas de se proteger de medos coletivos e de lutar contra eles como, por exemplo, a negação da existência de perigo, a apatia frente à condições adversas, o isolamento, estas atitudes (formas de negar situações que provocam medo) tornam-se tão perigosas quanto o próprio medo. Nos tempos contemporâneos Deus com seu poder deixou de ser ameaçador, porém alguns dos grandes desenvolvimentos tecnológicos passaram a ser uma ameaça concreta para os seres humanos, este medo paralisante veio acompanhado da ira para colaborar na destruição e no sofrimento. Se o medo é o resíduo e a antecipação da morte que leva consigo a vida, a ira é a expressão do protesto vital contra o medo. A explosão da ira, como uma reação ao medo, é tão ou mais intensa que a do medo, foi denominada por Fred como "impulso de anulação" por ser altamente agressivo pode levar ao assassinato ou ao suicídio. "Contra o sentimento paralisante da dissolução geral e da não finalização sustentei o *Eterno Retorno*" as palavras de Nietzsche[66] revelam a preocupação do autor com a paralisação, uma forma de violência, um dos dramas social mais cruel. Este drama faz os escrupulosos negarem as idiossincrasias, os dramas do medo e da ira, para tanto utilizam das máscaras sociais que encobrem a verdadeira compreensão do papel destes dois grandes agressores humanos.

Há quem diga que atitudes escrupulosas de, como diz o autor:[67] "pôr os pontos nos iii encerra, implicitamente, tanta dose de medo quanto de agressividade". No fundo, o escrupuloso é sempre um pequeno covarde irritado, que pretende aparentar retidão impecável no exterior, enquanto deixa complicados negócios em seu íntimo; a voz popular nos afirma que os escrupulosos são "mal pensados". Se para o autor um escrupuloso é um covarde irritado, podemos dizer que esse covarde precisa usar máscaras sociais para poder conviver socialmente. Se os escrupulosos aparentemente dependem mais do grau de severidade da denominada

---

[66] KLOSSOWSKI, Pierre. *Nietzsche e o circulo vicioso*. Rio de Janeiro: Pazulin, 2000, p. 243.

[67] LOPEZ, Emilio Mira Y. op. cit. p. 75, 76.

consciência ética, moralidade ou do Super-Eu freudiano, que da direta presença do medo, isso se deve a que, neles, o nosso gigante negro se acha atuando atrás da cortina, em estranho concubinato com a ira.

Sentir um escrúpulo é sucumbir ante a dúvida de que algo está errado, quando não parece estar; então o indivíduo quase sempre tem reações de deter-se no limiar de um ato ou de uma conclusão esperada, com que irrita aquele que esperava a continuidade de sua conduta. O autor refere ainda: "aparentando uma ânsia de perfeição, quase nunca alcançada na prática, o escrupuloso não só complica o curso natural dos acontecimentos como realiza uma ação negativa ou destrutiva no ambiente; sua conduta leva o selo paralisante – típico do medo – e o destrutivo – típico da ira". A vastidão dos domínios da ira é aparentemente de efeitos contrários do medo, no entanto, colabora com ele na destruição e no sofrimento. O autor[68] assim se refere à ira: "se o medo é o resíduo e a antecipação da morte que leva consigo a vida, a ira é a expressão do protesto vital aquele, já que pretende expulsar o mal-estar letal, descarregando-o para o exterior. Matar para não morrer parece ser o lema do gigante rubro, se bem que na realidade sua fúria nos mate igualmente". Freud vinculou a ira aos instintos de morte ou tânico destrutivos, fazendo-a sinônimo do impulso de anulação, que pode dirigir-se agressivamente contra o exterior (assassinato) ou contra o próprio corpo (suicídio), criando as variantes: sádica e masoquista. Para o autor,[69] "a ira é mais complexa, e requer a conjugação de diversos fatores". Aproximar-se do passado, enfim, não com intenção de vingança, porque não é lícito creditar as pessoas que viveram muito depois a conta de tragédias das quais não participaram, mas porque é desejável e fecundo desenvolver o sentimento de responsabilidade pelas atitudes atuais que influirão na construção da comunidade do amanhã. No entanto, a busca da compreensão sobre o medo e suas implicações na cultura de cada sociedade em períodos diferenciados continua. Uma metáfora muitas vezes empregada pela exploração científica é aquela da cebola que descascamos. Ela não é desinteressada porque ela implica que existe um coração duro que poderemos alcançar um dia, no futuro. Se nos voltarmos por um instante sobre o nosso trajeto, desde a antiga Babilônia até nossos dias, veremos se desenhar uma tendência a criar novas explicações para o medo. De fato, o progresso científico não existe porque sem parar as novas ideias surgem e porque elas trazem consigo as explicações para os acontecimentos visíveis ou invisíveis para o nosso senso. Que fantástica audácia foi de tentar compreender os fenômenos inexplicáveis! Mas assim é que foi criado um domínio que reuniu as intuições da litera-

---

[68] LOPEZ, Emilio Mira Y. Op. cit., p. 112

[69] Idem, ibidem.

tura, da poesia, da música a da arte, da ciência, para explicar pelas vias do inacessível o funcionamento do mundo que nos rodeia. Mundo esse envolvido por vários medos que nem sempre se tornaram visível pela analise de historiadores. O mar de outrora nem sempre compreendido pelos historiadores, foi representado pelo domínio de satã e das potencias infernais. Essa representação esteve associada ao desconhecido a indefinição e a impossibilidade do domínio das normas da Igreja e do Estado tal como modernamente foi convencionado.

Porém, o recurso da memória e de esquecimento pode ser, por vezes, objeto de manipulação. O esquecimento é uma necessidade, como lembra Nietzsche no início de seu famoso ensaio citado acima. Mas é também uma estratégia. E, à primeira vista, a estratégia do relato que, nas suas operações de configuração, mistura o esquecimento na memória. É, então, pela seleção da lembrança que passa essencialmente a instrumentalização da memória. Como manter a identidade no tempo e mesmo contra o tempo e seu poder destrutivo relaciona-se ao esquecimento. Se não se pode esquecer é, em primeiro lugar, para resistir ao desmoronamento universal que ameaça os próprios traços deixados pelos acontecimentos. É para conservar as raízes da identidade e para manter a tradição e a inovação, que é preciso tentar salvar estes traços. Ora, entre estes traços há, também, as feridas infligidas pelo curso violento da história a suas vítimas. Porém, é, sobretudo, a fim de continuar a honrar as vítimas da violência histórica que não se pode esquecer. É neste sentido que se pode falar de memória ameaçada. E ela pode ser (e ela de fato o foi) ameaçada politicamente pelos regimes totalitários que exerceram uma verdadeira censura sobre a memória. É desta forma que a manipulação passa por um emprego perverso de seleção dela própria, colocada a serviço de um desvio da injunção dirigida contra o esquecimento. A sempre eterna repetição das feridas da memória encontra seu limite no valor exemplar dos crimes os quais não contradizem a monstruosidade incomparável de alguns deles. Não importunaremos neste sentido. Estas breves considerações se apoiam sobre o que poderia ser chamada de política da memória, cujo objetivo seria qualquer coisa como a cultura de uma justa memória.

O recurso que a historiografia dá para a conquista da distância a respeito do passado vincula-se não apenas à temporalidade, mas também ao epistemológico. Esta consideração justifica o emprego do termo crítico para designar a relação da história com a memória. Ainda não é necessário tomar o termo no sentido de denegação, mas sim de exame dos tópicos de veracidade da memória.

A transição da memória para a história não constitui realmente um salto. Memória e história têm, com efeito, em comum o mesmo meio linguístico do relato o qual organiza, põem em trama, tanto as lembranças pessoais como as lembranças coletivas. O exemplo dos relatos não é despido de toda a preocupação crítica, à medida que o processo de interlocução, o jogo da pergunta e da resposta, introduz a troca de relatos num espaço público concreto. No entanto, o relato comum pode-se colocar tanto a serviço da memória-repetição quanto da memória-reconstrução, outro nome do trabalho de rememoração como referido por Lyotard.[70] Do lado da repetição se colocam os relatos imobilizados pelos ritos sociais de comemoração, principalmente os relatos de acontecimentos fundadores. O relato contribui assim para a mitificação da história coletiva, os relatos fundadores (do mundo, do povo, da cidade, etc.). Do lado da reconstrução se colocam as operações de configuração que se estruturam simultaneamente: a história contada e os protagonistas do relato. Podemos afirmar que é sempre possível contar a história de outro modo e é sempre possível que os "mesmos" acontecimentos sejam contados por outro narrador. Desta forma, a experiência pode ser temível, pois os acontecimentos fundadores de nossa cultura ou de nossa nação são contados por outros externos à comunidade à qual pertencemos.

Os exemplos dos "relatórios de testemunhas" causam impacto crítico da história documental. No caso de testemunhos intencionais, a crítica é essencialmente uma prova de veracidade, a saber, uma caça aos erros involuntários, às falsificações e à impostura de falsos testemunhos. Os primeiros documentos, aos quais se interessam os historiadores, são aqueles que foram reunidos intencionalmente nos arquivos sob o impulso de um poder político ou de uma instituição interessada em guardar traços de sua atividade anterior. Para os historiadores contemporâneos, tudo pode tornar-se documento (listas de preços, listas de prêmios, registros paroquiais, testamentos, bancos de dados estatísticos, etc.). É possível transformar em documento tudo o que pode ser interrogado por um historiador com a intenção de lá encontrar uma informação sobre o passado.

---

[70] LYOTARD, Jean-François, *O inumano*, p.39-41

4. A Dimensão Simbólica da Memória

O simbólico na concepção filosófica e antropológica é analisado seguindo as premissas propostas pelo autor de que o papel do simbólico na consciência permite pensar a ligação entre memória e imaginário. A consciência dispõe de duas maneiras de representar o mundo. Uma, *direta*, na qual a própria coisa parece estar presente na mente, como na recepção ou na simples sensação. A outra, *indireta*, quando, em qualquer razão, o objeto não pode se apresentar à sensibilidade "em carne e osso", como, por exemplo, nas lembranças de nossa infância. No caso de consciência indireta, o objeto ausente é *re-(a)presentado* à consciência por uma *imagem*.[71]

Seria melhor afirmar que a consciência dispõe de diferentes graus da imagem, onde dois extremos seriam constituídos pela adequação total, a presença perceptiva ou a inadequação mais acentuada, ou seja, um signo eternamente privado do significado, e veremos que esse signo longínquo nada mais é do que o símbolo. O símbolo se define, primeiramente, como pertencente à categoria do signo. Mas a maioria dos signos é apenas subterfúgio de economia, remetendo a um significado que poderia estar presente ou ser verificado. É assim que um *sinal* simplesmente precede a presença do objeto que representa.

Como os signos desse tipo nada mais são do que um meio de economizar as operações mentais, nada impede (pelo menos em teoria) que sejam escolhidos *arbitrariamente*. Mas há casos em que o signo é forçado a perder a sua arbitrariedade teórica: quando remete a abstrações, especialmente qualidades espirituais ou morais são difíceis de serem apresentadas "concretamente". É necessário, assim, recorrer-se a uma modalidade de signos complexos. A ideia de justiça será figurada por um personagem que pune ou absolve e terei, então, uma *alegoria*. A alegoria é a *tradução* concreta de uma ideia difícil de se atingir ou exprimir de forma simples. Os signos alegóricos sempre contêm um elemento concreto ou exemplar do significado. Pode-se, então, teoricamente, distinguir dois tipos de sig-

---

[71] DURAND, Gilbert. *A Imaginação Simbólica*. São Paulo: Cultrix, 1988, p. 11-13.

nos: os *signos arbitrários*, puramente indicativos que remetem a uma realidade significada, senão presente pelo menos sempre representável, e os *signos alegóricos*, que remetem a uma realidade significada dificilmente apresentável. Estes últimos são obrigados a *figurar* concretamente uma parte da realidade que significam.[72]

Podemos afirmar que a imaginação simbólica se manifesta quando o significado não é *mais absolutamente apresentável*, e o signo só pode referir-se a um sentido, não a um objeto sensível. Em outras palavras, pode-se definir o *símbolo*, conforme A. Lalande, como qualquer signo concreto que evoca, através de uma relação natural, algo de ausente ou impossível de ser percebido; ou então, conforme Jung: "A melhor figura possível de uma coisa relativamente desconhecida que não se saberia logo designar de modo mais claro ou característico". O símbolo, segundo P. Godet, seria o inverso da alegoria: "A alegoria parte de uma abstração para resultar em uma figura, enquanto o símbolo é primeiramente e em si mesmo figura e, como tal, fonte de ideias, entre outras coisas".[73] O símbolo, assim como a alegoria, é a recondução do sensível, do figurado, ao significado; mas, além disso, pela própria natureza do significado, é inacessível, é *epifania*, ou seja, aparição do indizível, pelo e no significante. Vê-se então, que a área predileta do símbolo será o não sensível em todas as suas formas – inconsciente, metafísica, sobrenatural e suprarreal.

Mas há um paradoxo que é preciso salientar nessa definição do próprio símbolo. Inadequado por excelência, o símbolo é inversamente sujeito a muito menos de arbitrário, a muito menos de "convenção" do que o emblema. Dado que a re-(a)presentação simbólica jamais pode ser confirmada pela apresentação pura e simples daquilo que ela significa, o símbolo, em última análise, *tem valor apenas por si próprio*. Não podendo figurar a infigurável transcendência, a imagem simbólica é *transfiguração* de uma representação concreta através de um sentido para sempre abstrato. O símbolo é, portanto, uma representação que faz *aparecer* um sentido secreto; ele é a epifania de um mistério. A metade visível do símbolo, o "significante", estará sempre carregada do máximo de concretude e, como diz muito bem Paul Ricoeur, todo símbolo autêntico possui três dimensões concretas: ele é ao mesmo tempo "cósmico", "onírico" e "poético". O termo significante, o único concretamente conhecido, remete em "extensão", se podemos assim dizer, a todas as espécies de "qualidades" não figuráveis, e isso até a antinomia.[74] Em simultâneo, o termo *signifi-*

---

[72] DURAND, Gilbert. Op. cit., p. 13-15.

[73] Idem, p. 15.

[74] Idem, p. 15, 16.

cado, não representável, se dispersa em todo o universo concreto: mineral, vegetal, animal, astral, humano, "cósmico", "onírico" ou "poético". A dupla manifestação ao mesmo tempo do significante e do significado marca especificamente o signo simbólico e constitui a "flexibilidade" do símbolo. É por meio do poder de repetir que o símbolo ultrapassa indefinidamente sua inadequação fundamental. A repetição não é tautológica: "ela é aperfeiçoadora através de aproximações acumuladas. Assim, a partir dessa propriedade específica de redundância aperfeiçoadora, pode-se esboçar uma classificação sumária, cômoda do universo simbólico à medida que os símbolos esclarecem uma redundância de gestos, de relações linguísticas ou de imagens materializadas por uma arte.[75] Podemos afirmar que a redundância significante dos gestos constitui a classe dos *símbolos rituais*. O autor afirma que a redundância das relações linguísticas é significativa do *mito* e seus derivados, como demonstrou Claude Lévi-Strauss; a imagem pintada, esculpida tudo aquilo que se poderia chamar de *símbolo iconográfico* é constituído de múltiplas redundâncias: 'cópia' redundante de um lugar, de um rosto, de um modelo. A classificação do símbolo enquanto signo que *remete a um indizível e invisível significado, sendo assim obrigado a encarnar concretamente essa adequação que lhe escapa, pelo jogo das redundâncias míticas, rituais, iconográficas que corrigem e completam inesgotavelmente a inadequação*". Esse conhecimento, inadequado, e subjetivo, nunca atingiu um objeto e se deseja sempre essencial, pois basta a si mesmo ao mesmo tempo em que carrega consigo, a imagem imanente de uma transcendência, jamais explícita, mas sempre ambígua e frequentemente redundante. O autor afirma: "é esse conflito que traçaremos sucintamente no primeiro capítulo deste livro, A vitória dos iconoclastas ou o avesso dos positivismos. Apesar da ofensiva de toda uma civilização, o símbolo passa muito bem e que a própria atitude do pensamento ocidental contemporâneo, quer queira quer não, deve encarar metodicamente o "fato" simbólico sob pena de alienação".

Sobre a vitória dos iconoclastas ou o avesso dos positivismos, o autor adverte que há diferentes formas de iconoclasmo. Uma é a de Bizâncio, a outra é de algum modo contrária em suas intenções à dos piedosos concílios bizantinos. Ora, se o iconoclasmo do primeiro tipo foi um simples acidente na ortodoxia, tentaremos mostrar que o iconoclasmo da segunda espécie foi, por excesso, por evaporação de sentido, o traço constitutivo e continuamente agravado da cultura ocidental.[76] Para O. Spengler, "nossa civilização se inicia plausivelmente com a herança de Carlos Magno, mas percebe-se que o Ocidente sempre opôs, aos três critérios precedentes,

---

[75] DURAND, Gilbert. Op. cit., p. 17-18.

[76] Idem, p. 24-27.

elementos pedagógicos violentamente antagonistas: à presença epifânica da transcendência, as Igrejas oporão dogmas e clericalismos; ao 'pensamento indireto', os pragmatismos oporão o pensamento direto, o 'conceito'; finalmente, diante da imaginação abrangente, 'senhora do erro e da falsidade', a ciência construirá as longas correntes de razões da explicação semiológica, assimilando aliás estas últimas às longas cadeias de 'fatos' da explicação positivista. De qualquer modo, esses famosos 'três estados' sucessivos do triunfo da explicação positivista são os três estados da extinção do símbolo. São esses 'três estados' do iconoclasmo ocidental que nos propomos a percorrer brevemente".

Uma das mais evidentes depreciações dos símbolos que a história de nossa civilização apresenta é certamente aquela que se manifesta no cientista saído do cartesianismo. O autor refere: "O único símbolo para o Descartes da III meditação é a própria consciência 'à imagem e semelhança' de Deus. Portanto, é exato pretender que é com Descartes que o simbolismo vai perder, em filosofia, seu direito de cidadania. (...) O cartesianismo assegura o triunfo do iconoclasmo, o triunfo do 'signo' sobre o símbolo. A imaginação, como aliás, a sensação, é rejeitada por todos os cartesianos como a senhora do erro". A denúncia das causas finais feita pelo cartesianismo e a redução do ser ao tecido de relações objetivas dele resultante liquidaram, no significante, tudo aquilo que era sentido figurado, toda recondução à profundidade vital do apelo ontológico. Sob esse enfoque o autor afirma: "o artista, como ícone, não tem mais lugar numa sociedade que pouco a pouco eliminou a função essencial da imagem simbólica. (...) Mesmo em suas revoltas românticas e impressionistas contra essa condição desvalorizada, a imagem e seu artista jamais recobrarão, nos tempos modernos, a força de significação plena que possuem nas sociedades iconófilas, na Bizâncio macedônica e na China dos Song. E, na crescente e vingadora anarquia das imagens que de repente desaba sobre o século XX e o faz submergir, o artista procura desesperadamente ancorar sua evocação além do deserto cientificista da nossa pedagogia cultural".

Desta forma, na aurora do pensamento contemporâneo, no instante em que a Revolução Francesa acaba de desarticular as bases culturais da civilização do Ocidente, percebe-se que o iconoclasmo ocidental ressurge consideravelmente reforçado de seis séculos de "progresso da consciência". Pois, se o dogmatismo da palavra, o empirismo do pensamento direto e o cientificismo semiológico são iconoclasmos divergentes, seu efeito comum não deixa de se reforçar no curso da história. Mas é essa acumulação dos "três estados de nossas concepções principais" que A. Comte vai constatar e que vai fundar o positivismo do século XIX. Pois o positivismo que Comte resgata da balança da história ocidental do pensamento é, ao mesmo tempo, dogmatismo "ditatorial" e "clerical", pensamento direto no nível dos "fatos" "reais" por oposição às "quimeras" e ao legalismo cientificista. Retomando uma expressão que Jean Lacroix aplica ao positivismo de Auguste Comte, poder-se-ia dizer que o "estreitamento" progressivo do campo simbólico, na aurora do século XX, levou a uma concepção e a um papel excessivamente "estreito" do simbolismo. Pode-se questionar, com justa razão, se esses "três estados" do progresso da consciência não são três etapas de obnubilação e, principalmente, de alienação do espírito. Dogmatismo "teológico", conceptualismo "metafísico" com seus prolongamentos ackhamistas e, finalmente, semiológica "positivista" nada mais são do que uma extinção progressiva do poder humano de relação com a transcendência, do poder de mediação natural do símbolo.[77]

Graças à psicológia e a etnologia, as imagens simbólicas ganharam importância. Por outro lado, as hermenêuticas redutoras reduziram o símbolo à aparência envergonhada da libido recalcada, e a libido, ao imperialismo multiforme da pulsão sexual. Segundo Durand, "foi este monismo subjacente, este imperialismo da sexualidade e, especialmente, o universalismo dos modos de recalcamento, que foi precisamente criticado. Particularmente os etnógrafos, na sequência de Malinowski".[78] Essas duas ciências parecem ter repentinamente revelado, ao indivíduo civilizado, que toda uma parte de sua representação se limitava singularmente com as representações do neurótico, do delírio ou dos "primitivos". Os métodos que comparavam a "loucura" com a sanidade, a lógica eficaz do civilizado com as mitologias dos "primitivos" tiveram o grande mérito de fazer com que a atenção da ciência se voltasse para o denominador comum da comparação: o reino das imagens, o mecanismo pelo qual se associam os símbolos e a pesquisa do sentido mais ou menos velado das imagens, ou hermenêutica. Mas se a psicanálise e a psicologia social redescobrem a importância das imagens e, rompem revolucionariamente com oito séculos de repressão ao imaginário. Essas doutrinas só descobrem a imaginação simbólica para tentar integrá-la na sistemática intelectualista estabelecida, apenas para tentar *reduzir* a simbolização a um simbolizado sem mistério. São esses processos de redução – do simbolizado a dados científicos e do símbolo ao signo – que criam as hermenêuticas redutoras.[79]

Para o autor, a concepção redutora do método psicanalítico encontra-se na doutrina freudiana. O primeiro princípio de Freud é o de que

---

[77] DURAND, Gilbert. Op. cit., p. 34, 35, 37, 38, 39.

[78] Idem, p. 43.

[79] Idem, p. 41, 42.

existe uma *causalidade especificamente psíquica*, ou seja, que incidentes psíquicos, ou mesmo fisiológicos, não têm necessariamente origem orgânica. O principal resultado disso é que um determinismo reina rigidamente, tanto no universo psíquico como no universo material. O segundo princípio de Freud seria um *inconsciente psíquico*, reservatório concreto de toda a biografia do indivíduo, conservatório de todas as causas psíquicas "esquecidas". O terceiro princípio é o de que existe uma causa para a obliteração, para o próprio esquecimento. É a censura que constitui a verdadeira causa ocasional da emergência do efeito neurótico. A censura *reprime* no inconsciente aquilo que ela considera proibido. O quarto princípio, ou causa geral da vida psíquica, é esse impulso invencível que a censura reprime sem jamais vencer: a *tendência sexual* ou libido. A libido sempre quer satisfazer sua irreprimível necessidade, ela se apresenta como excitação erógena, e o objetivo visado é sempre a supressão da excitação. Mas as censuras vêm frustrar essa satisfação sem com isso atingir o dinamismo da libido. Daí um quinto princípio, decisivo para o autor. O impulso reprimido no inconsciente por uma proibição mais ou menos brutal e por eventos mais ou menos traumatizantes vai se satisfazer por vias indiretas. É então que a satisfação direta do impulso *se aliena transvestindo-se em "imagens"*, e imagens que guardam a marca dos estágios da evolução libidinosa da infância. (...) O essencial do método terapêutico da psicanálise consistirá em remontar, a partir desses fantasmas aparentemente absurdos, à sua fonte biográfica profunda, escondida por uma censura tenaz no mais secreto do inconsciente. A *imagem, o fantasma, é símbolo de uma causa conflitual que opôs a libido e os contra-impulsos da censura*. Assim, a imagem é sempre significativa de um bloqueio da libido, ou seja, de uma regressão afetiva.[80]

Por meio destas premissas a noção de símbolo sofreu, com Freud, uma dupla redução, à qual corresponde o método duplo que segundo Durand foi evidenciada de forma emblemática por Roland Dalbiez quando refere que no freudismo: "o método associativo e o método simbólico(...). Como observa Dalbiez, são a estreiteza e a rigidez do determinismo freudiano que permitem reduzir toda imagem a seu modelo sexual. Mas há algo ainda mais grave do que essa redução empobrecedora do símbolo a um sintoma sexual: Dalbiez assinala que Freud utiliza a palavra símbolo no sentido de *efeito-signo*, o que reduz o campo infinitamente aberto do simbolismo tal como o definimos no início desta obra". Para Durand, em Freud há um escamoteamento do símbolo em favor do sintoma, o imenso mérito de Freud e da psicanálise é o de haver novamente conferido o

---

[80] DURAND, Gilbert. Op. cit., p. 42, 43, 44, 45, 46, 47.

direito de cidadania aos valores psíquicos, às imagens, cassadas pelo racionalismo aplicado das ciências da natureza.

No entanto, pode-se conceber o inconsciente de outra forma, não mais "como o inefável refúgio das particularidades individuais, o depositário de uma história única", mas como o reservatório das "estruturas" que a coletividade privilegia, não mais sobre esse perverso polimorfo que seria a criança, mas sobre esse "social polimorfo" que é a criança humana. A etnografia demonstrou em sua abundante produção que o simbolismo edipiano, sobre o qual repousa todo o sistema freudiano, é apenas um episódio cultural rigidamente localizado no espaço e, provavelmente no tempo. A antropologia cultural como um todo, vai questionar os modos de repressão, a unidade da pedagogia parental.[81]

Tanto os etnógrafos como os etnólogos não podem permanecer insensíveis à inflação mitológica, poética, simbólica, que reina nas sociedades ditas "primitivas". Essas sociedades parecem compensar a ausência de progresso tecnológico, ausência de preocupações tecnocráticas com um fantástico transbordamento de imaginação. Os atos mais cotidianos, os costumes, as relações sociais são sobrecarregados de símbolos, duplicados nos menores detalhes por todo um cortejo de valores simbólicos.[82]

Alguns sociólogos se apegam estritamente ao simbolismo linguístico e se isolam no domínio dos fonemas e dos semantemas procurando semelhanças linguísticas que permitam inferir semelhanças sociológicas, outros tentam aplicar os métodos da linguística não apenas à língua mas aos símbolos de uma sociedade em geral procurando não mais semelhanças mas, ao contrário, as diferenças que as estruturas dos conjuntos simbólicos, míticos ou rituais, indicam entre as sociedades. Na opinião do autor.[83] Essas "reduções" simbólica estão ligados os trabalhos de Georges Dumézil, se podem chamar "redução sociológica funcionalista". (...) Para o funcionalismo de Dumézil, um mito, um ritual, um símbolo é diretamente inteligível, desde que se conheça bem sua etimologia. O simbolismo é um departamento da semântica linguística.

O mito constitui uma *linguagem*, mas uma linguagem *acima* do nível habitual da expressão linguística. É isso que faz a diferença fundamental entre a redução semântica direta, do funcionalismo de Dumézil, e a redução translinguística do "estruturalismo" de Lévi-Strauss. Não é sobre uma linguística positivista que Lévi-Strauss focou a antropologia e a her-

---

[81] DURAND, Gilbert. Op. cit., p. 46, 47.

[82] Idem, p. 48.

[83] Idem, p. 48, 49, 50.

menêutica, mas sobre a fonologia estrutural: a ambição de Lévi-Strauss foi fazer com que a hermenêutica sociológica tivesse um progresso análogo quanto à forma àquele que foi introduzido pela fonologia. O estruturalismo e o funcionalismo reduzem o símbolo a seu estrito contexto social, semântico ou sintático, conforme o método utilizado.[84]

Assim como para a psicanálise, o inconsciente é uma verdadeira faculdade sempre "plena", e simplesmente plena do potencial energético da libido. (...) Para o sociólogo, ao contrário, o inconsciente "está sempre vazio", "tão estranho para com as imagens como o estômago para com os alimentos que o atravessam"; ele se limita a "impor as leis estruturais", e a estruturação – que é estranhamente a mesma faculdade que à inteligência, uma espécie de inteligência não consciente – integra em suas formas simples as imagens, os semantemas veiculados pelo social. Assim podemos dizer que o autor leva a concluir que assim como a psicanálise o estruturalismo reduz o símbolo ao signo ou, na melhor das hipóteses, à alegoria. "O feito de transcendência" só seria devido, em ambas as doutrinas, à opacidade do inconsciente.[85] Todo o seu método se esforça para reduzir o símbolo ao signo.

Durand[86] firma que a obra filosófica de Ernst Cassirer, a qual cobre toda esta metade decorrida do século XX teve o mérito de levar a filosofia, e não somente a pesquisa sociológica e psicológica, para o interesse do símbolo constitui-se em uma das hermenêuticas instauradoras. Essa obra é contraponto à doutrina do supraconsciente simbólico de Jung, à fenomenologia da linguagem poética de Bachelard e aos trabalhos de antropologia arquetipológica ou ao humanismo de Merleau-Ponty. Partindo da crítica kantiana, Cassirer teve o mérito de tentar desarticular a primeira crítica, a da *Razão pura,* de um certo positivismo cientificista. Cassirer não levou em conta outras "Críticas", especialmente *A Crítica do Julgamento,* assim como aperfeiçoar esse inventário da consciência *constitutiva* do universo de conhecimento e de ação. Cassirer consagra uma parte de seus trabalhos ao mito e à magia, à religião e à linguagem. Para Kant, o conceito não é o signo *indicativo* dos objetos; ele é a organização instauradora da "realidade". O conhecimento é, portanto, constituição do mundo; e a síntese conceptual se forja graças ao "esquematismo transcendental", ou seja, graças à imaginação.

Não foi intenção *interpretar* um mito ou um símbolo, procurando, por exemplo, uma explicação cosmogônica pré-científica, ou ainda, redu-

---

[84] DURAND, Gilbert. Op. cit., p. 51, 55.

[85] Idem, p. 57, 58.

[86] Idem, p. 58, 59.

zir o mito e o símbolo a forças afetivas, como faz a psicanálise, ou a um modelo sociológico, como fazem os sociólogos. O problema do símbolo não é absolutamente o do seu *fundamento*, como querem as perspectivas substancialistas do cientismo, da sociologia ou da psicanálise mas, sim, numa perspectiva funcional que denuncia o criticismo, o problema da *expressão* imanente ao próprio simbolizante. O objeto da simbólica não é uma coisa analisável mas, segundo uma expressão cara a Cassirer, uma *fisionomia*, ou seja, uma espécie de modelagem global, expressiva, viva, das coisas mortas e inertes. (...) Essa impotência constitutiva que condena o pensamento a jamais poder intuir objetivamente uma coisa, mas a integrá-la imediatamente em um sentido, Cassirer a chama de pregnância simbólica. Mas essa impotência é apenas o avesso de um imenso poder: o da presença inelutável do *sentido* que faz com que, para a consciência humana, nada seja simplesmente *apresentado*, mas que tudo seja *representado*. O homem pensante e a saúde mental se definem, portanto, em termos de cultura, e o *homo sapiens* é, afinal, apenas um *animal symbolicum*. As coisas só existem através da "figura" que lhes dá o pensamento objetificante, elas são eminentemente "símbolos", já que só se mantêm na coerência da percepção, da concepção, do julgamento ou do raciocínio pelo sentido que as impregna. A filosofia e a análise fenomenológica dos diferentes setores da "objetificação", em Cassirer, desembocam numa espécie de pan-simbolismo. Se a teoria de Jung, relativa ao papel das imagens, é uma das mais profundas, sua terminologia no tocante ao símbolo é das mais confusas e flutuantes. (...) Voltando a definição clássica do símbolo, Jung redescobre explicitamente que este é, antes de mais nada, multívoco (senão equívoco); consequentemente, o símbolo não pode ser assemelhado a um efeito que se reduziria a uma "causa" única. O símbolo *remete* a alguma coisa, mas não se *reduz* a uma única coisa. Em outras palavras, "o conteúdo imaginário do impulso pode ser interpretado redutivamente, ou seja, *semioticamente*, como a própria representação do impulso ou, *simbolicamente*, como sentido espiritual do instinto natural". Esse "sentido espiritual" essa infraestrutura ambígua da própria ambiguidade simbólica é o que Jung chama de *"arquétipo"*. O arquétipo *per se*, em si, é um "sistema de virtualidade", "um centro de força invisível", um "nó dinâmico", ou ainda "os elementos de estrutura numinosos da psique". O arquétipo é, portanto, uma forma dinâmica, uma estrutura que organiza as imagens, mas sempre ultrapassa as concretudes individuais, biográficas, regionais e sociais da formação das imagens.

Na opinião do autor, Jung redescobre e expõe profundamente o papel *mediador* do arquétipo-símbolo. Pois, pela faculdade simbólica, o homem não só pertence ao mundo superficial da linearidade dos signos, ao mundo da causalidade física, mas também ao mundo da emergência simbólica, da criação simbólica contínua através da incessante "metamorfose" da libido. A função simbólica é, portanto, no homem, o lugar de "passagem", de reunião dos contrários: o símbolo em sua essência e quase em sua etimologia (*Sinnbild*, em alemão) é "unificador de pares opostos". Para Jung, a função simbólica é *conjunctio*, casamento, onde os dois elementos se fundem sinteticamente no próprio pensamento simbolizante em um verdadeiro "hermafrodita", num "Filho divino" de pensamento. Se Freud tinha uma concepção demasiado estreita do simbolismo, que reduzia a uma causalidade sexual, pode-se dizer que Jung tem uma concepção demasiado ampla da imaginação simbólica, quase não considerando a "morbidez" de certos símbolos, de certas imagens.[87]

Gaston Bachelard[88] é quem vai precisar esse bom e mau uso dos símbolos. O universo de Bachelard divide-se em três setores, nos quais os símbolos têm uma utilização bem diferente: o setor que se presta à ciência objetiva, e de onde todo e qualquer símbolo deve ser impiedosamente proscrito, sob pena de desvanecimento do objeto, e o setor do sonho, da neurose, no qual o símbolo se desfaz, se reduz – como Freud bem observara – a uma sintomática miserável. Mas há um terceiro setor, pleno porque específico da humanidade, que existe em nós: o setor da *palavra humana*, ou seja, da linguagem que nasce, jorrando do gênio da espécie, ao mesmo tempo língua e pensamento. E é na linguagem poética que encontramos essa encruzilhada humana entre uma revelação objetiva e o enraizamento dessa revelação no mais obscuro do indivíduo biológico.

Enquanto a psicanálise e a sociologia se orientavam para uma redução ao inconsciente, seja pelo intérprete dos sintomas oníricos, seja pelo das sequências mitológicas, Bachelard[89] orienta sua pesquisa ao mesmo tempo para o *sobreconsciente poético,* que se exprime através de palavras e metáforas, e para esse sistema de expressão, mais leve, menos retórico que a poesia e que constitui o devaneio. A necessidade de adotar um método próprio do campo da expressão poética. A fenomenologia só acaba em contrassenso quando se arrisca no universo "numenotécnico" da objetificação. Ao contrário, para explorar o universo do imaginário, da recondução simbólica, é a fenomenologia que se impõe e só ela permite "reexaminar" com novos olhos as imagens fielmente amadas. Em que consiste esse famoso método? Em enfatizar a virtude de origem das imagens, "em atingir o próprio ser de sua originalidade e tirar proveito, assim, da insigne *produtividade psíquica* que é a da imaginação". A fenomenologia

---

[87] DURAND, Gilbert. Op. cit., p. 61-64.

[88] Idem, p. 61.

[89] BACHELARD, Gaston. *A intuição do instante.* Campinas: Verus, 1999.

do imaginário é, para Bachelard, uma "escola de ingenuidade" que nos permite ultrapassar todos os obstáculos do compromisso biográfico do poeta ou do leitor, e colher o símbolo e carne e osso, pois "não se lê poesia pensando em outra coisa". Desde então o leitor ingênuo, esse fenomenólogo sem o saber, não é mais do que o lugar da "ressonância" poética, lugar que é receptáculo fecundo, pois a imagem é semente e nos "faz criar aquilo que vemos".

Aqui nos encontramos bem no cerne do mecanismo do símbolo, cujo funcionamento essencial – em oposição à alegoria – é uma *recondução instauradora* em direção a um ser que se manifesta *apenas* e *através* dessa imagem singular. (...) Bachelard, mais próximo de Hegel, define a fenomenologia como "ciência da experiência da consciência", estabelece, ao contrário, a plenitude das imagens: o imaginário confunde-se então com o dinamismo criador, a amplificação "poética" de cada imagem concreta (p. 67-68). A prospecção fenomenológica dos símbolos poéticos nos abrirá através da obra de Bachelard as grandes perspectivas de uma verdadeira ontologia simbólica que, através de sucessivos fechamentos, conduzem aos três grandes temas da ontologia tradicional: o eu, o mundo e Deus.[90]

Bachelard dedicou-se à imaginação poética, e, talvez, por ter comido do fruto do inconsciente, elege o método fenomenológico para tais investigações. Trata-se de trazer a plena luz a tomada de consciência de um ser maravilhado pelas imagens poéticas relacionadas aos fenômenos da psique e atribuir-lhes um valor subjetivo durável, já que a objetividade que a ele se relacionam, são fugidias, sem solidez.

Essa tomada de consciência, que a fenomenologia moderna quer acrescentar a todos os fenômenos da psique, parece, segundo ele, atribuir um valor subjetivo durável a imagens que muitas vezes encerram apenas uma objetividade duvidosa, uma objetividade fugidia. Essa posição obrigaria um retorno ao ser, para que essa tomada de consciência através da fenomenologia, ou de uma nova fenomenologia, levasse a uma aproximação com a consciência criante do poeta. A imagem poética torna-se, assim, uma origem absoluta, uma origem de consciência. Em horas de grandes buscas e achados, a imagem poética poderia ser o germe de um mundo, o germe de um universo imaginado diante do devaneio de um poeta. Neste universo, a consciência está destinada a maiores façanhas.

Assim, um problema de difícil solução está colocado para o fenomenólogo: trata-se de como a consciência se encadeia em uma cadeia de verdades. Essa questão parece apontar para um duplo paradoxo: como sobrecarregar um livro sobre o devaneio com o pesado aparato filosófi-

---

[90] DURAND, Gilbert, *A Imaginação Simbólica*, p. 68.

co que é a fenomenologia?; por outro lado, se indagaria o fenomenólogo profissional, por que escolher uma matéria tão fluída como as imagens para expor princípios fenomenológicos?

Tudo seria mais simples se seguíssemos os bons métodos do psicólogo, que descreve aquilo que observa, mede níveis, classifica tipos – que vê nascer a imaginação nas crianças sem nunca, a bem dizer, examinar como ela morre na generalização dos homens. O autor pergunta: Mas pode o filósofo tornar-se psicólogo?[91]

Pode ele dobrar seu orgulho a ponto de contentar-se com a verificação de fatos, quando ele próprio já entrou por inteiro no reino dos valores? Um filósofo permanece em situação filosófica, por vezes tem a pretensão de estar começando tudo, quando em verdade, infelizmente, ele está continuando. Leu tantos livros de filosofia, deformou tantos sistemas! Chegada a noite, quando já não esta ensinando, ele se julga no direito de se fechar no sistema de sua escolha. Bachelard escolhe a fenomenologia na esperança de lançar um novo olhar para as imagens fielmente amadas, tão solidamente fixadas na memória que ele já não sabe se está a recordá-las ou a imaginar quando as reencontra em seus devaneios.

Neste sentido, a exigência da fenomenologia é simples: resume-se em acentuar-lhes a virtude de origem, em apreender o próprio ser de sua originalidade e em beneficiar-se, assim, da insigne produtividade psíquica, que é a imaginação. Essa exigência para uma imagem poética, de ser uma origem psíquica, teria, contudo, uma dureza excessiva se não pudéssemos encontrar uma virtude de originalidade nos arquétipos mais fortemente arraigados. Já que queríamos aprofundar, como fenomenólogo, a psicologia do maravilhamento, a menor variação de uma imagem maravilhosa deveria servir para sutilizar nossas investigações. A sutileza de uma novidade reanima origens, renova a alegria de maravilhar-se. Sendo assim, nos estudos de Bachelard sobre a imaginação ativa, segue ele a fenomenologia como uma escola de ingenuidade (*o sentido de ingenuidade nos parece ser aqui de genuíno, primordial, não conceituado pela psicologia, não sistematizado pela filosofia*).[92]

A fenomenologia da imagem exige que observemos a participação na imaginação criativa. Não podendo existir uma fenomenologia da passividade no que diz respeito aos caracteres da imagem, pois lembra o autor que a fenomenologia não é uma descrição empírica dos fenômenos, neste caso estabeleceríamos uma relação de subserviência entre sujeito e objeto. E o que se busca é a intencionalidade da imaginação poética,

---

[91] BACHELARD, Gaston. *A poética do devaneio*. São Paulo: Martins Fontes, 1996, p. 2.

[92] Idem, p. 4-6.

onde o poeta encontra a abertura consciente de toda a verdade poética. O autor se defronta com a tarefa de enfrentar o paradoxo radical, que é o de retirar o devaneio como sendo um fenômeno da distensão psíquica? A resposta está, poderíamos afirmar com base em uma tese filosófica, defendida por Bachelard, de que a tomada de consciência é um crescimento de consciência, um aumento de luz, um reforço da coerência psíquica, há crescimento de ser em toda a tomada de consciência. Ela, a consciência, é contemporânea de um devir psíquico vigoroso, um devir que propaga seu vigor por todo o psiquismo. Mesmo que a ação que se segue permaneça em suspenso, o ato consciente tem sua plena positividade.

Assim, na linguagem, mais precisamente na linguagem poética, é quando a consciência imaginativa cria e vive a imagem poética. Aumentar a linguagem, criar linguagem, valorizar a linguagem, amar a linguagem – tudo isso aumenta a consciência de falar. Mas sob que ângulo o autor se posiciona frente ao devaneio, segundo as lições da fenomenologia? Somente pode ser sob a perspectiva do devaneio poético, um devaneio que a poesia coloca na boa inclinação, aquela em que a consciência em crescimento pode seguir. Um devaneio que escreve ou que promete escrever. Ele está diante da página em branco. Então as imagens se compõem e se ordenam. O sonhador já escuta os sons da palavra escrita. A pena se transforma em órgão do cérebro. Quando ela borra, estou pensando atravessado. Todos os sentidos se ordenam e se harmonizam no devaneio poético. A linguagem é a criação de um só jato e, são estes impulsos da imaginação que o fenomenólogo da imaginação deve tentar reviver. No entanto, o psicólogo acharia mais útil perseguir o poeta inspirado, documentando, particularizando, observando objetiva e exteriormente e, isso levaria à perda da essência da inspiração. Toda a comparação leva à diminuição dos termos comparados. Isso seria de uma pobreza evidente. A consequência básica seria buscar a noção de musa, o que é o mesmo que dar um ser à inspiração.

Para fugir deste modelo, Bachelard diferencia o sonho do devaneio, sendo que o segundo não se conta, para comunicá-lo é preciso escrevê-lo e fazê-lo com emoção, com gosto, transformando-o num amor escrito.[93] Pode-se compreender ainda que todo o interesse que há em determinar uma fenomenologia do imaginário onde a imaginação é colocada no seu lugar, um princípio de excitação direta do devir psíquico. A imaginação tenta um futuro. A princípio, ela é um fator de imprudência que nos afasta das pesadas estabilidades, dando-nos confiança no universo. Um mundo se forma no nosso devaneio, um mundo que é nosso mundo. Esse

---

[93] BACHELARD, Gaston. *A poética do devaneio*. São Paulo: Martins Fontes, 1996. p 7-11.

mundo sonhado ensina-nos possibilidades de engrandecimento de nosso ser no universo que é nosso.[94]

A psicologia tem mais a perder do que a ganhar quando forma suas noções de base sob a inspiração das derivações etimológicas. É assim que a etimologia amortece as diferenças mais nítidas que separam o sonho do devaneio. Os psicólogos estudam primeiro o sonho, o espantoso sonho noturno, e dão pouca atenção aos devaneios, a devaneios que para eles não passam de sonhos confusos, sem estrutura, sem história, sem enigmas. O devaneio é então um pouco de matéria noturna esquecida na claridade do dia. Se a matéria onírica se condensa na alma do sonhador, o devaneio cai no sonho; os "acessos de devaneio", observados pelos psiquiatras, asfixiam o psiquismo, o devaneio tornar-se sonolência, o sonhador adormece. Uma espécie de destino de queda marca assim uma continuidade do devaneio ao sonho. Pobre devaneio, esse que convida à sesta. E trabalhando assim, a psicologia pensa condensar os dois polos, do pensamento claro e do sonho noturno, segura de ter sob seu exame todo o domínio da psique humana.

No entanto, o devaneio é um fenômeno espiritual demasiado natural – demasiado útil também para o equilíbrio psíquico – para que o tratemos como uma derivação do sonho, para que o incluamos, sem discussão, na ordem dos fenômenos oníricos. Em suma, é conveniente, para determinar a essência do devaneio, voltar ao próprio devaneio. E é precisamente pela fenomenologia que a distinção entre o sonho e o devaneio pode ser esclarecida, porque a intervenção possível da consciência no devaneio traz um sinal decisivo.

Para o autor estabelecer essa relação necessária entre devaneio e consciência, deveria ser obra de uma psicologia e, consecutivamente, de uma fenomenologia do devaneio. Em vez de buscarmos sonho no devaneio, buscaríamos devaneio nos sonhos. O sonhador, em devaneio, na noite do sono, reencontra os esplendores do dia. Então ele está consciente da beleza do mundo. A beleza do mundo sonhado lhe devolve, por um momento, a sua consciência. E é assim que o devaneio ilustra um repouso do ser, que o devaneio ilustra um bem-estar. O sonhador e seu devaneio entram de corpo e alma na substância da felicidade.

Nesta visão, todo um universo que contribui para a nossa felicidade quando o devaneio vem acentuar o nosso repouso. A quem deseja devanear bem, devemos dizer: comece por ser feliz. Então o devaneio percorre o seu verdadeiro destino: tornar-se devaneio poético: tudo, por ele e nele, se torna belo. Se o sonhador tivesse "a técnica", com o seu devaneio faria

---

[94] BACHELARD, Gaston. op. cit., p. 8-11.

uma obra. E essa obra seria grandiosa, porquanto o mundo sonhado é automaticamente grandioso. Neste sentido, o devaneio poético nos dá o mundo dos mundos. O devaneio poético é um devaneio cósmico. É uma abertura para um mundo belo, para mundos belos. Dá ao eu um não-eu que é o bem do eu: o não-eu meu. É esse não-eu meu que encanta o eu do sonhador e que os poetas sabem fazer-nos partilhar.

Com base no mundo real, pode-se descobrir em si mesmo o ser da inquietação. Somos então jogados no mundo, entregue à inumanidade do mundo, à negatividade do mundo, o mundo é então o nada do humano. As exigências de nossa *função do real* obrigam-nos a adaptar-nos à realidade, a constituir-nos como uma realidade, a fabricar obras que são realidades. Porém, o devaneio, em sua própria essência, não nos libertaria do real? Levando em conta a sua simplicidade, veremos que ele é o testemunho de uma *função irreal*, função normal, função útil, que protege o psiquismo humano à margem de todas as brutalidades de um não-eu hostil, de um não-eu estranho.

Visto desta forma, a imaginação é capaz de criar aquilo que vemos. Pela imaginação, graças às sutilezas do irreal, reingressamos no mundo da confiança, no mundo do ser confiante, no próprio mundo do devaneio. Com esse foco, há uma liberdade da alma, pois, a alma não pode viver ao fio do tempo, ela deve viver onde ela gostaria de viver, onde ela é digna de viver. Em relação ao devaneio, o autor procura se utilizar do fenômeno poético para mostrar a memória e a imaginação em estado de adensamento, atemporal, como cabe aos devaneios. Para tanto Bachelard,[95] busca nas palavras, na leitura profunda de seus signos: vogais, consoantes e gêneros (*animus e anima- masculino e feminino*), os contrários, representantes de uma dualidade tipicamente moderna, que aparece como discussão e possibilidade de conhecimento através dos fenômenos espirituais que são, segundo o autor, úteis para o equilíbrio psíquico. A crítica aos psicólogos, filósofos, filólogos, psicanalistas e linguistas, que permeia toda a obra, se apresenta aqui como uma decorrência da falta de olhar a estas imagens andróginas carregadas de significados. Há uma condução para uma interpretação de responsabilidades psicológicas, a uma composição sentimental, ora tidas apenas como reconhecimento de uma solitude já enraizada em seus saberes.

Apresenta por meio da racionalidade, do conceito, e da imagem, a visão idealista, uma possibilidade de conhecimento no amalgamento dos opostos. Os *rêves* (sonhos) e as *rêveries* (devaneios) os *songes* (sonhos) e as *songeries* (devaneios), os *souveniers* e as *souvenances* (lembranças) – in-

---

[95] BACHELARD, Gaston. Op. cit., p. 11-16.

dicadores de uma necessidade de colocar no feminino tudo o que há de envolvente e de suave para além dos termos simplesmente masculinos que designam nossos estados de alma. Refere-se que o entendimento do estado de alma como sendo os devaneios que ajudam a escapar ao tempo, pois não vivem ao fio do tempo.

Bachelard[96] enfatiza o fato de que, via de regra, o masculino e o feminino são apresentados nas palavras de escritores para acentuar os contrários e dramatizar a vida moral. As palavras são imagens carregadas de significados que se torna difícil, devido à solidez em sua realidade divagar a respeito de seu nome. Uma sutileza a mais unindo o nome e a palavra, e essa afeição pelas coisas bem nomeadas provoca um nós de feminilidade. Amar as coisas em função de seu uso é próprio do masculino. São pedaços de nossas ações, de nossas ações vivas. Mas amá-las intimamente, por elas mesmas com as lentidões do feminino, eis o que nos conduz ao labirinto da Natureza íntima das coisas. Sob esse enfoque, verifica os transtornos que ocorrem quando passando de uma língua a outra, temos a experiência de uma feminilidade perdida ou mascarada por sons masculinos![97] Em compensação, de uma língua a outra, que magnífica hora de leitura quando se conquista um feminino! Um feminino conquistado pode aprofundar todo um poema. Constata que as palavras das grandes coisas, como a noite e o dia, o sono e a morte, o céu e a terra, só assumem o seu sentido designando-se como pares. Um par domina outro par, um par engendra outro par. Logo que um ser do mundo se vê investido de uma potência, está bem perto de se especificar, quer como potência masculina, quer como potência feminina. Toda a potência é sexuada. Pode mesmo ser bissexuada. Jamais será neutra, jamais, pelo menos, permanecerá muito tempo neutra.

Com significados que evoluem do humano para o divino de fatos tangíveis a sonhos, as palavras recebem certa espessura de significação. Mas, assim que se compreendeu que toda a potência se acompanha de uma harmônica de sexualidade (*animus* e *anima*), torna-se importante auscultar as palavras valorizadas, as palavras que têm uma potência. Em um mundo "civilizado" que iniciou na época industrial, somos invadidos pelos objetos. Cada objeto é o representante de uma infinidade de objetos. Frente ao fato, o autor pergunta como haveria um objeto com potência, se já não dispõe de individualidade?

Não é a partir de um saber que se pode verdadeiramente sonhar, sonhar um devaneio sem censura. Nesse aspecto, Bachelard[98] se apresenta

---

[96] BACHELARD, Gaston. Op. cit., p. 27-34.

[97] Idem, p. 31-34.

[98] Idem, p. 34-35.

como um sonhador de palavras, tornando pessoal o caso por ele apresentado, do devaneio poético sem restrições de saberes e sem pretensão de instruir o leitor. Para o autor,[99] os discursos seriam mais vivos, mais íntimos entre as coisas e os objetos, se cada fulano pudesse encontrar sua fulana. Foram criados homem e mulher. (...) Todos os meus devaneios se dualizam. Todas as palavras quer se refiram às coisas, ao mundo, aos sentimentos ou aos monstros, saem a procurar, uma o seu companheiro, outro a sua companheira. O argumento do autor visa a esclarecer que "só podemos compreender a nós mesmos graças à rapidez de nossa passagem pelas palavras; o devaneio, o moroso devaneio, descobre as profundezas na imobilidade de uma palavra".[100] Pelo devaneio, acreditamos descobrir numa palavra o ato que nomeia. As palavras, acumulando sonhos, fazem-se realidades. As palavras são sexuadas como nós, e como nós, membros do Logos. Como nós, buscam sua realização num reino de verdade; suas rebeliões, suas nostalgias, suas afinidades, suas tendências são, como as nossas, imantadas pelo arquétipo do Andrógino. Salienta que se tivesse que resumir uma carreira irregular e laboriosa, marcada por livros diversos, o melhor seria colocá-la sob os signos contraditórios, masculino e feminino, do conceito e da imagem. Entre o conceito e a imagem, nenhuma síntese. E afirma que quem se entrega com todo o seu espírito ao conceito, com toda a sua alma à imagem, sabe muito bem que os conceitos e as imagens se desenvolvem sobre duas linhas divergentes da vida espiritual. Neste sentido, coloca a possibilidade de um proveito em excitar uma rivalidade entre a atividade conceitual e atividade de imaginação. Afirma: "só se encontra desengano quando se pretende fazê-las cooperar". A imagem não pode fornecer matéria ao conceito. O conceito, dando estabilidade à imagem, lhe asfixiaria a vida. Quando o conceito assume sua atividade essencial, ou seja, quando ele funciona no campo dos conceitos, surge a volúpia, a feminilidade pois, se utiliza de imagens. O pensamento racional intervém interconceitos, ou seja, os conceitos recebem o seu sentido e o seu rigor apenas em suas relações racionais. No pensamento científico, o conceito funciona tanto melhor quanto se encontra privado de qualquer imagem de fundo. Quem se entrega com entusiasmo ao pensamento racional pode-se desinteressar pelos aspectos que possuem dificuldade de serem precisados como, por exemplo, as fumaças e as brumas através das quais os irracionalistas tentam colocar suas dúvidas em trono da luz ativa dos conceitos bem associados. O autor se coloca como fiel

---

[99] BACHELARD, Gaston. Op. cit., p, 45, 47-49.

[100] Idem, p. 49-50.

das imagens e, nesta condição, fica impossibilitado, de estudar com um grande reforço de conceito.[101]

A imagem só pode ser estudada pela imagem, sonhando-se as imagens tais como elas se acumulam no devaneio. Comparando-se uma imagem a outra arriscamo-nos a perder a sua participação em sua individualidade. Segundo Bachelard, a comparação diminui os valores da expressão dos termos. Sendo assim, as imagens e os conceitos se formam nesses dois polos opostos da atividade física que são a imaginação e a razão. Há entre ambas uma polaridade de exclusão. Aqui os polos opostos não se atraem – repelem-se. O autor admite que pareça ter descoberto tarde demais a alternância das imagens e conceitos na tranquilidade da consciência. Conclui ressaltando a dualidade, ao mesmo tempo em que salienta o racionalismo aplicado e a imaginação ativa em separado. Assim transcorre a tentativa de unir, muitas vezes desunindo o que julga ser uma outra forma de conhecimento: imagem e conceito amalgamados.

---

[101] BACHELARD, Gaston. *A poética do devaneio.* São Paulo: Martins Fontes, 1996, p. 50-51.

5. A Estética da Temporalidade: memória e intuição na Ciência e na Arte

Gaston Bachelard[102] afirma que "O conhecimento científico é sempre a reforma de uma ilusão". Tal compreensão é apresentada pelo autor como um convite para pensar e questionar as rigorosas delimitações que envolvem as fronteiras entre ciência e arte. Essa relação híbrida entre ciência e arte permeia, segundo Miller,[103] a análise que os cientistas se ocuparam particularmente da pesquisa de representações do mundo invisível. Todos eles supuseram que poderiam manipular as entidades invisíveis tais como os elétrons, graças aos conceitos abstratos do mundo sensível. Depois de se convencerem de seus erros, os cientistas tomaram consciência, por volta de 1927, das restrições inerentes à imagem visual e à linguagem, da abordagem desse assunto misterioso. Essa transição, contudo, requereu transformações dramáticas dos conceitos de imagem visual e intuição. No final do século XIX e início do XX, assistiu-se a uma profunda transformação na arte e na ciência, as quais coincidiram para uma tendência maior de abstração, através do cubismo e da teoria da relatividade.[104]

A estética na arte e na ciência, para Miller, vincula-se ao julgamento estético é um assunto onde o consenso não existe, as opiniões abrangem todos os domínios, da subjetividade à objetividade. Para os subjetivistas, não existe nenhum modo racional de julgar a beleza. Os postulados objetivos sobre a estética e a beleza, de sua parte, tentam retirar de seus conceitos todo elemento subjetivo. Ainda que nenhuma teoria da beleza tenha se debruçado sobre uma medida quantitativa de estética, a invocação do sublime revela a presença de uma estética que não pode ser muito pessoal.

---

[102] BACHELARD, Gaston. Op. cit., p. 13-17.

[103] MILLER, Arthur, I. *Intuitions de genie. Images et creativite dans les sciences et les art.* Paris: Flamarion, 2000, p. 369-376.

[104] Idem, p. 370-377.

Miller salienta alguns aspectos da estética que podem ser especificados, tais como o equilíbrio, a simetria e seus contrastes, pois se aplicam às formas e às cores. Mas na arte, como na ciência e em tudo, para que haja descobertas, é necessário que se violem as regras. Foi nessa direção que físicos como Werner Heisenberg, Albert Einstein e Richard Feynmam tiveram como impulso inicial de suas descobertas, as experiências estéticas.

Na arte, como em tudo, o que é estético para uma pessoa, pode não o ser para outra. Ainda sobre o consenso estético, Miller coloca a questão da determinação da essência da obra de arte. Como exemplo da crise da essência da obra de arte, toma a escultura de Marcel Duchamp feita em 1917, intitulada *Fonte*, que consistia em um mictório. Tal obra foi o ponto de virada da arte, na qual, a partir de então, não mais se firmou nenhum cânone de estética fundado em um consenso. A respeito do julgamento, Miller vê pelo menos duas diferenças entre ciência da arte: 1) não existe nenhum crítico científico que preencha o papel dos críticos de arte. E também não existe um grupo de pessoas externas capazes de decidir seriamente pelo consenso de que um objeto seja científico; 2) a existência de cânones de racionalidade e objetividade sobre os quais a comunidade científica se utiliza para avaliar as teorias científicas.

Outro elemento essencial da estética diz respeito ao estilo. Assim como todos os artistas e escritores têm um estilo, os cientistas também possuem um. Há diferenças, por exemplo, entre Bohr, que construiu uma representação dualística das ondas de luz contínuas interagindo, e Heisenberg, que propôs uma versão corpuscular da mecânica quântica que ele pensava refletir melhor as descontinuidades essenciais da física atômica. Há um paralelo disso com as tentativas de Apollinaire identificar as correntes do cubismo. Ele falou do "cubismo científico", como da "arte de pintar novas estruturas" a partir de elementos emprestados não da realidade visível, mas da realidade íntima. É essa intimidade que separa os artistas dos cientistas e que podemos bem descrever como intuição.[105]

A ciência como estética é defendida por meio de uma análise sobre as diferentes formas de ver o universo. Em um universo heliocêntrico, Copérnico fez um emprego surpreendente da estética na ciência: "ao centro de tudo reina o Sol. Num templo que é o mais belo de todos, poderíamos nos colocar esta luz numa melhor posição a fim de iluminar tudo ao mesmo tempo?... Assim se tem o Sol sobre um trono real reinando sobre essas crianças, os planetas, que giram em torno dele". Em 1957, Richard Feynman desenvolveu uma nova teoria com seu colega Murray Gell-Mann: ela possuía elegância e beleza, proveniente do formalismo

---

[105] MILLER, Arthur, I. Op. cit., p. 378-384.

matemático que ele refletia desde o universo e que havia servido de base para a elaboração de seus diagramas.

Uma das balizas cronológicas da física quântica foi o ano de 1927, quando os problemas de representação destruíram os fundamentos da recente teoria atômica. Os cientistas necessitavam de uma nova forma para representar o mundo. Bohr havia chegado a essa conclusão através de um raciocínio fundado no princípio da complementaridade, segundo o qual o domínio atômico, a união habitual entre a progressão de um elétron no espaço de tempo de uma parte, e a causalidade newtoniana de outra parte havia quebrado. Podemos nos lembrar então do princípio da incerteza de Heisenberg que interditou por ocasião a mesma experiência, desde o princípio, as medidas precisas de velocidade e da posição, até mesmo ainda mais longe desde a dualidade onda/corpúsculo da luz e da matéria.

O cubismo e a mecânica quântica, Bohr manteve uma aproximação aos cubistas. Uma das principais impressões que o cubismo causou a Bohr foram as suas interpretações da figura e do espaço, liberando assim o artista de sua perspectiva única e oferecendo a ele em contrapartida, múltiplos pontos de vista. Em 1927, Bohr propôs um esquema do mundo atômico que possuía semelhanças impressionantes com o esquema das perspectivas múltiplas: segundo o modelo da complementaridade, a entidade atômica possui dois lados – onda e corpúsculo. Conforme o ângulo sob o qual se o observa, segundo o tipo de dispositivo experimental, ele é um ou outro.

O autor analisa os físicos rerrepresentando uma transformação radical do senso de que aquilo que imaginamos é submetido pelas informações defendidas pelos diferentes campos científicos. Segundo Miller, desde que se tornou impossível manter a representação do átomo como um minúsculo sistema solar, diferentes representações do átomo na sua interação com a luz foram construídas. Os diagramas de Feynman, por exemplo, são descendentes das representações e dos métodos da teoria nuclear de Heisenberg – porque eles nos oferecem um meio de transformar o conceito de representação naturalista em outro, abrindo-nos uma janela para o mundo, ultrapassando a intuição de Galileu e Newton, bem como a física relativista.

Na representação de Feynman da eletromagnética quântica, toda a partícula real pode ser igualmente virtual. Mas as partículas virtuais não são detectáveis da mesma maneira que as partículas reais porque elas intervêm nos processos que violam a conservação da energia. A teoria quântica traz, assim, um novo. As representações visuais foram modificadas pelas descobertas na ciência e transformaram as teorias científicas, abrindo uma janela para um mundo invisível no qual as entidades eram simultaneamente onda e corpúsculo.[106]

O autor analisa a Teoria na arte e a teoria na ciência, buscando interpretar matemáticos e pintores. Um dos pintores que se voltou para formas geométricas na arte foi Juan Gris. Com Gris, Mondrian pensava que a busca do artista consistia em descobrir as leis invariáveis do mundo, como ele escreveu em 1937: "porque existem as leis 'fabricadas', as leis 'descobertas', mas também as leis – verdade de todos os tempos". Para Mondrian, a chave de tudo residia na pesquisa das propriedades das linhas verticais e horizontais através das cores puras, porque ele estimava essas estruturas essenciais para o equilíbrio dinâmico que o artista se esforçava em chegar, de preferência na direção de um equilíbrio estático. A emergência da física nuclear de Heisenberg em 1932, e sua influência sobre as representações diagramáticas tais como as de Fermi em 1934 e depois de Feynman em 1949, propuseram a desobjetivação do mundo de forma muito parecida com aquela que buscava Mondrian e outros.

Segundo Miller, a criatividade na arte e nas ciências possui diferenças. Os artistas despem seus corações e suas almas, oferecem ao mundo uma produção que é para eles intensamente pessoal, enquanto os cientistas modernos são obrigados a esconder seus espíritos, seus sonhos, suas aspirações e seus medos, em sua correspondência privada e seus manuscritos não publicados. Ao contrário de Van Gogh, que retratou muito de seu próprio mundo solitário, a maioria das obras de arte, como *As Damas*, de Picasso, está próxima de um artigo científico: a tela é calculada, nem tudo é colocado de uma só vez na tela. Como num artigo científico, o artista convida o observador a interpretar o presente trabalho. Os artistas e os cientistas trabalham segundo procedimentos ou sistemas fundados em regras.[107] A questão é: como o conhecimento pode ser criado a partir de um conhecimento já existente? Como a conclusão pode levar além das premissas?

Uma resposta parcial para esse problema é que um artista ou um cientista dado pode criar uma nova estética, que segundo ele traz uma melhor representação do mundo: para Picasso, o jogo das figuras geométricas; para Einstein, primeiramente as experiências de pensamento reveladoras da assimetria e posteriormente a tentativa de formular uma representação única; Poincaré fez combinações da geometria e de teorias das equações diferenciais de maneira nova e impressionante. Em seu nível mais fundamental, arte e ciência são verdadeiras aventuras no desconhecido.

---

[106] MILLER, Arthur, I. Op. cit., p. 393-417.

[107] Idem, p. 415, 416, 417.

Miller conclui que nas novas ciências a intuição desempenha um papel central na pesquisa científica, e aquilo a que denominamos intuição científica é uma extensão do que chamamos "bom-senso".Tanto os artistas quanto os cientistas estão voltados para representações estéticas do mundo, e, ao instante mesmo da criação, as fronteiras entre arte e ciência desaparecem.[108]

Seguindo o princípio do desequilíbrio como fonte de ordem de Prigogine, Miller apresenta o espírito como um sistema aberto que jamais está completamente em equilíbrio com seu meio e com a pesquisa. Se olharmos o problema do progresso científico e as questões a ele associadas, que constituem a criatividade científica e artística, isso nos fará procurar aproximações da ciência e do espírito até agora inconcebíveis. Existem limites para a ciência? O que nos espera não pode sequer ser imaginado, muito menos os métodos que serão empregados para atingi-lo.

Se nos voltarmos por um instante sobre o nosso trajeto, desde a antiga Babilônia até nossos dias, veremos se desenhar uma tendência a criar novas ciências sempre incluindo as intuições multimilenares. De fato, o progresso científico não existe, porque sem parar, as novas ideias surgem e trazem consigo as explicações para os acontecimentos visíveis ou invisíveis ao nosso senso. Que fantástica audácia foi de tentar compreender os fenômenos inexplicáveis! Mas assim é que foi criado um domínio suposto a reunir as intuições da literatura, da poesia, da música e da arte, e explicar pelas vias do inacessível o funcionamento do mundo que nos rodeia. A ela damos o nome de "ciência".

A análise realizada por Arthur I. Miller[109] auxilia a compreensão de uma possibilidade de superação da dicotomia razão/emoção, intuição sensibilidade. O autor faz uma reflexão acerca da arte e da ciência demonstrando como a racionalidade se manifesta juntamente com a sensibilidade, ao analisar as conclusões de Henri Poincaré quando descreve em sua introspecção a "sensibilidade estética espacial" do matemático como intuição que permite guardar algumas combinações harmoniosas e belas. Vimos também que, segundo Poincaré, se o cientista estuda o mundo, é principalmente porque o mundo é belo. Assim Einstein pôde escrever em 1905 que ele estava bem interado que as formulações aceitas da eletricidade e do magnetismo implicavam assimetrias que não pareciam inerentes aos fenômenos. Segundo o autor,[110] "Einstein, assim como Poincaré, na verdade, se interrogavam sobre a beleza do Universo,

---

[108] MILLER, Arthur, I. Op. cit., p. 426-429.

[109] Idem, p. 369-421.

[110] Idem, p. 372 a 374.

se maravilhavam sobre o eterno mistério do mundo, se é que ele fosse compreensível". É necessário que prestemos muita atenção nesses grandes pensadores, porque suas experiências estéticas catalisaram algumas de suas grandes descobertas. Eles tiravam seus raciocínios de suas concepções próprias da intuição, esta última incluindo após os modelos do imaginário mental.

Worner Heinsberg, em 1925, assim que resolveu o problema do desenvolvimento de uma nova física atômica, se lembrou: "No começo minha agonia era profunda. Eu tinha o sentimento de observar através da superfície dos fenômenos atômicos, um interior estranhamente belo e eu me sentia prestes a desmaiar com a ideia de vir a achar esse tesouro de estruturas matemáticas que a natureza havia generosamente exposto em minha frente".[111] Outros exemplos emblemáticos sobre a intuição funcionando em simultâneo com a razão são apontados por Miller ao analisar ciência e arte. Refere o estilo característico do físico americano Richard Feyman quando descreveu sua reação imediata diante da nova teoria que ele havia desenvolvido em 1957 com seu colega Murray Gell-Man: "por um instante eu estava como a natureza funciona... tudo era elegância e beleza". Assim, por razões estéticas, Feyman, entre outros, estavam certos da validade de suas experiências, a despeito de provas experimentais que pudessem provar o contrário.

Nem todos os grandes cientistas puderam atingir tais momentos de êxtase e de certeza. Podemos ler ao longo do capítulo IX que Helnholtz lembra que seus trabalhos o prenderam às vezes, semanas ou meses, e o causavam "severos ataques de enxaqueca". Diz o autor:[112] "lembremo-nos que Einstein se opôs ao aviso geral que achava estéticas as representações ondulatórias da luminosidade e da corpuscularidade da matéria, ele ao contrário achava que ondas em particular lado a lado, não eram estéticas, e sugeriu de reconsiderar o elétron acelerado emitindo luminosidade, em considerá-lo como uma fonte corpuscular emitindo partículas de elétron. O caso da indução eletromagnética no capítulo 8 é igualmente similar em efeito, ninguém exceto Einstein, observou som assimetria para interpretar o mesmo efeito, em ocorrência o usual meio enquadrado para indução eletromagnética como consequência de duas coisas diferentes". Nos dois casos mencionados acima, Einstein teve um julgamento estético não visual, agarrando-se mais tarde as redundâncias da representação: "porque que achar partícula e luminosidade? Para que dispor de duas explicações para um só efeito sucessivamente (a corrente elétrica induz)?".

---

[111] MILLER, Arthur, I. Op. cit., p. 372 a 374.

[112] Idem, ibidem.

A divergência que opôs Schrödinger e Heinsenberg constitui outro exemplo de escolha estética sobre aquela que interveio igualmente à preferência pessoal do primeiro em favor de uma continuidade com a física clássica. Isso veio de sua repugnância para com a teoria de Heinsenberg, que parecia ir ao encontro de uma hipótese tida desde sempre com o fundamental na elaboração de uma teoria – a continuidade da natureza como aquela da representação visual.

Em sua reflexão final, o autor afirma que a única conclusão que nós podemos tirar é que se existissem regras, figurariam entre as marcas da fábrica e da criatividade, como atestaram as inclinações estéticas de Einstein em 1905. Certas teorias da beleza estabeleceram uma equivalência entre beleza e gosto. No entanto, em ciência, o gosto é decidido pelo consenso, sobre uma base de razões consideradas como objetivas no interior de uma comunidade científica. Certas teorias estéticas afirmam que não é possível ver a beleza quando existe tal consenso, é prova de falta de gosto. Nós poderíamos colocar Schrodinger nessa categoria. De fato, em 1926, a teoria de Neisbrug o pareceu "repugnante", pois ele entrou em conflito com a concepção tradicional que se considerava uma teoria, apesar do consenso que formou o objeto da teoria corpuscular na física atômica, chamada também de mecânica quântica. Einstein, Schrodinger e outros fizeram parte de uma maioria que continuou a optar por uma representação ondulatória da física atômica, denominada mecânica ondulatória.

Em um terceiro ponto, o autor argumenta que para cada um há uma estética e uma intuição, afirma: "na arte como em tudo, o que é estético para uma pessoa dentro de uma teoria científica não é necessariamente para outra, como vimos com o quantum de luz de Einstein e as assimetrias descobertas por ele na teoria eletromagnética. O julgamento estético de um trabalho científico constitui um problema em si mesmo, e os filósofos da arte, assim como os críticos, dedicam inúmeras páginas para a pesquisa de uma definição do trabalho artística".[113] Temos como exemplo a "atitude estética" de Eduardo Bolou , tida como explicação sobre o que consiste experiência da arte, ou ainda a teoria institucional da arte, um termo geral que englobaria o "mundo da arte" de Artur Dante e que significa grosso modo que desde que um trabalho seja exposto em um museu ou em uma galeria de arte (o mundo da arte), devemos então considerar como obra de arte, mesmo que se tratasse de uma garrafa de Brillo, de um quadro de Picasso ou de um chipanzé: e enfim, Ludwig Witgenstein, que utiliza os escritos sobre a filosofia da linguagem, particularmente sua análise clássica do conjunto de condições que definem um jogo, para afirmar que procurar uma definição da arte não existe nenhum sentido.

---

[113] MILLER, Arthur, I. Op. cit., p. 381 a 384.

Miller[114] compara através de contraste a criatividade na arte e na ciência, o que os artistas e os cientistas do século XIX e do início do século XX entenderam por estética e representação da natureza. Quem pode melhor resumir a tortura e a obsessão do combate criativo entre arte e ciência que Picasso, que foi para a arte dos séculos XIX e XX o que foi Einstein para a ciência do século XX: para o autor *"O importante é criar. Nada mais conta; a criação é tudo."*. Tudo muito bem, mas como vimos a criatividade que interveio num quadro como *As Damas de Avinhon*, ou em três artigos de física publicados a oito semanas de intervalo em 1905, possuem inúmeras facetas. É necessário um espírito preparado para analisar com o foco da história do pensamento. Podemos multiplicar ao infinito essas citações que demonstram a diferença fundamental que separa a criatividade na arte da criatividade na ciência: "os artistas despem seus corações e suas almas, oferecem ao mundo numa produção que os é intensamente pessoal , enquanto os cientistas modernos são obrigados a esconder seus espíritos, seus sonhos, suas aspirações e seus medos, em sua correspondência privada e seus manuscritos não publicados". Os artistas, como os cientistas, colocam sua reputação em jogo cada vez que eles colocam uma de suas produções em público. "Entretanto quando lemos o artigo sobre a relatividade de Einstein em 1905, não percebemos nenhum desses problemas domésticos ou de seu estado de espírito. Ao contrário, a Noite estrelada de Vincente Van Gogh é quase que autobiográfico". Van Gogh retratou um mundo quase que não figurativo, uivando sua inacreditável solidão. Ao contrário, como a maioria das obras de arte, *As damas*, de Picasso são muito próximas de um artigo científico. A tela é calculada: Picasso não pôs tudo de uma só vez na tela, não mais que Cézanne e seus quadros em perspectivas múltiplas cuidadosamente calculadas e executadas. Como num artigo científico, o artista convida o observador a interpretar o presente trabalho. Os artigos científicos e as obras de arte estão, dessa forma, em pé de igualdade, mesmo se um artigo científico possui um número limitado de interpretações possíveis, em oposição às obras de arte. Os artistas e os cientistas trabalham segundo os procedimentos ou sistemas fundados em regras. Na arte, o sistema pode se articular de maneira descritiva, ou mesmo em linguagem visual. Na ciência, o sistema de regras compreende os matemáticos e certos princípios físicos supostamente invioláveis, assim como certas noções de estética, como aquelas abordadas no capítulo 9 pelas linhas diretrizes da criatividade. As experiências do pensamento surgiram dessa estrutura claramente obtida.

---

[114] MILLER, Arthur, I. Op. cit., p. 381 a 384.

6. Alguns Aspectos da Fenomenologia da Violência

A pergunta que se faz, quando se fala em violência, refere-se ao sentido de se voltar a um tema que está presente em nosso cotidiano como um dos fenômenos sociais mais inquietantes do mundo atual. Vista dessa forma, podemos dizer que a violência é um elemento estrutural, intrínseco ao fato social, e não o resto anacrônico de uma ordem bárbara em vias de extinção. Esse fenômeno aparece em todas as sociedades; faz parte, portanto, de qualquer civilização ou grupo humano: basta atentar para a questão da violência no mundo atual, tanto nas grandes cidades como também nos recantos mais isolados.

A palavra *violência* significa constrangimento físico ou moral, uso da força, coação, torcer o sentido do que foi dito, estabelecer o contrário do direito à justiça – que se baseia faticamente no dado, dar-se à ética –, negar a livre manifestação que o outro expressa de si mesmo a partir de suas convicções. Corresponde, também, a um sentido de inadequado, de fora da proporção, em sua expressão e conteúdo. Esses padrões de comportamento, que não estão à margem da cultura, mas a compõem, como um de seus elementos nucleares, conduzem a sociedade contemporânea a uma orgia de sadismo e crueldade, que mais aberrante se torna, na medida em que passa a ser um elemento do cotidiano. A justiça positiva chega tarde demais e se distorce, como uma desfiguração imposta pelo grande aparato jurídico todo-poderoso ao fraco violentado, tornando-o mesquinho, bruto, miserável no corpo e no espírito.

Cabe aqui a observação de Somerseth Maugham: afirma esse grande romancista que, ao contrário do que o cristianismo propaga, jamais viu, nos bairros pobres de Londres, um só acontecimento que provasse que a miséria e o sofrimento humano contribuíssem para o engrandecimento da alma. Pelo contrário, as pessoas tornavam-se sórdidas, mesquinhas e brutais.

Desse modo, a monstruosidade apontada por Hobbes – em sua célebre afirmação – torna-se mais eloquente, por viver, como um verme, no coração de uma sociedade que, por ter-se como civilizada, não cessa de vangloriar-se de suas conquistas. A justiça se ausenta frente à liberdade dos que não têm escolha, dos que não são defendidos pelos mecanismos que deveriam evitar os abusos. Cabe lembrar, isso não é um fato ocasional: é a regra infame. Contemporaneamente, a percepção e o desenvolvimento de uma maior sensibilidade, que mostra em sua nudez execrável a visão da violência, possibilita pensar uma antropologia – termo tomado aqui em seu sentido mais amplo – na qual a dignidade dos desprotegidos não esteja presente por uma concessão especial de "justiça", mas por ser a base absoluta desta.

De um modo paradoxal, os tempos atuais assistem a uma escalada da violência com uma maior sensibilidade frente ao sofrimento humano. Os ícones da violência massificada no presente século – Hiroshima; o extermínio em massa das populações civis alemãs; a intolerância frente às minorias étnicas; as referências às mais variadas formas de brutalidade nas quais a humanidade se compraz, tais como a fome (seja na Etiópia ou a de um mendigo à porta de nossa casa), a exploração generalizada do ser humano, o consumo e a acumulação predatórios, a deterioração generalizada das formas societárias de existência – trazem como resultado um estado geral de indiferença, no qual o bem e o mal expostos ao olhar, sem intermediação, tornam-se um simples dado do cotidiano, entre tantos outros, e talvez não o menos incômodo. Estabelece-se um estado geral de apatia, de tranquila "aceitação", tanto nos que aplicam a violência, direta ou indiretamente, como naqueles que a sofrem diuturnamente

Talvez por isso tenham razão aqueles que, como Louis Dumont,[115] sugerem que o nacional-socialismo tenha revelado a essência – mesmo que essa opinião possa causar algum (mas não suficientemente) incômodo mal-estar – da sociedade contemporânea. A atomização do indivíduo, tal como referida por Dumont, fez prevalecer uma tensão contraditória. Por um lado, a emancipação do indivíduo gerou o individualismo arrebatado; por outro, uma coletivização ao extremo, isto é, o nivelamento de todas as diferenças, o que conduziu ao pior das tiranias. Esse fato eliminou o "caráter carismático" do vínculo social e abriu a possibilidade de eliminarem-se os laços de solidariedade que unia as comunidades e que permitia toda a estruturação social.

A tradição ocidental manifesta-se hoje como uma consequência do processo de racionalização, que iniciou em fins do século XVIII, e é caracterizada por ser uma "civilização legal". No entanto, toda a legislação moderna que tenta coibir a violência não tem alcançado seus objetivos. A língua geral da lei parece não ecoar na violência da sociedade contemporânea. É como se fosse uma visitante recém-chegada a uma cidade que desconhece totalmente o seu significado.

---

[115] DUMONT, Louis *O individualismo*: uma perspectiva antropológica da ideologia moderna. Rio de Janeiro: Rocco, 1985.

O exemplo citado por Italo Calvino[116] – quando relata que Marco Polo "ignorando totalmente as línguas do Levante, só podia se exprimir extraindo objetos de suas malas: tambores, peixe salgado, colares de dentes de facoqueiros e, indicando-os com gestos, saltos, gritos de maravilha ou de horror, ou imitando o latido do chacal e o pio do mocho" – constitui-se um exemplo da polifonia que revela a fala da lei frente à violência. Todo o aparato legal destinado a coibir, regenerar e salvar a sociedade desse pesadelo pode ser comparado aos objetos que não dialogam com a violência coletiva, que parece buscar o caos primordial que encontramos nas mentalidades revolucionárias.

De modo geral, a violência deixa transparecer uma reivindicação de ordenamentos sociais mais justos – como se sabe, o conceito de *justo* (conceito relativo, mas sempre dotado de valor) é eminentemente arbitrário – e, por outro lado, denuncia a impotência do Estado, que não consegue cumprir o seu projeto (muitas vezes mais anunciado que desejado) de unificar e equilibrar a sociedade. Esse é um problema geral para os governos atuais; se problema real ou ficção discursiva, é outro assunto.

No Brasil, historicamente, tem-se discutido a questão envolvendo a reivindicação da construção de novo Código Penal como uma solução para a violência. Nesse sentido, convém lembrar que, já em 1830, data do nosso primeiro Código Penal, tivemos um Código considerado como um dos mais avançados para o mundo da época. Isso se deu, ironicamente, talvez acintosamente, numa sociedade escravocrata. A influência de Beccaria sobre juristas brasileiros formados em Coimbra foi muito grande e, sem dúvida, muito proveitosa. A questão que é muito enfocada pelos juristas, digna de ser analisada também sob a perspectiva de como a aplicação da lei ocorre no Brasil, refere-se ao princípio de que a "lei é para todos, porém os rigores da lei para os meus inimigos e suas graças para os meus amigos". Considerando o Brasil como sociedade patrimonial e clientelista, na qual essas características não estão ao borde de seu modo de ser, mas em seu próprio cerne, devemos ter em conta que este tipo de afirmação não é uma extrapolação indevida ao exercício da lei, mas constitui sua situação concreta.

Os Estados nacionais modernos foram montados a partir da dissolução dos poderes tradicionais, no momento das grandes revoluções burguesas. O exemplo mais eficaz para comprovar essa tese é a forma de punição adotada no mundo atual. O juiz de nossos dias – magistrado ou jurado – não julga sozinho. Ao longo do processo penal, e da execução da pena, prolifera toda uma série de instâncias anexas. Pequenas justiças e

---

[116] CALVINO, Italo. *A cidade dos invisíveis*. São Paulo: Schwarcz, 1998, p. 41.

juízes paralelos se multiplicam em torno do julgamento principal: peritos, psiquiatras ou psicólogos, magistrados da aplicação das penas, educadores, funcionários da administração penitenciária fracionam o poder legal de punir. Podemos dizer que nenhum deles partilha realmente do direito de julgar; que uns, depois das sentenças, só têm o direito de fazer executar uma pena fixada pelo tribunal; e, principalmente, que outros – os peritos – não intervêm antes da sentença, para fazer um julgamento, mas para esclarecer a decisão dos juízes.

Desde que funciona o novo sistema penal, definido pelos grandes códigos do século XIX, um processo global de dissolução do poder levou os juízes a julgar coisas diferentes da ação criminosa. Essa nova ação lhes tira o papel de ser aquele que simplesmente pune. No imaginário social, o poder de punição fica sendo identificado através de outros aparelhos de Estado, como por exemplo, a polícia. Enquanto, na Idade Média, o poder de punir concentrava-se na pessoa do soberano – que exercia seu poder através da punição pelo suplício público aos criminosos, dando visibilidade máxima, dessa forma, ao poder real –, na modernidade, o poder de punir tornou-se uma estratégia cujos efeitos de dominação funcionam como disposições, manobras táticas e técnicas de funcionamento, que retratam uma rede de funcionamentos tensos e complexos. Por outro lado, o poder não se aplica pura e simplesmente em termos de obrigação ou proibição, não se aprofunda dentro da sociedade apenas na relação entre o cidadão e o Estado, mas em toda a sociedade por meio das relações sociais. Ou seja, deve-se ter em conta uma complexa relação onde todo o corpo social é vigiado e controlado.[117] A concretude do poder observada no corpo social dá conta da história da *microfísica* do poder punitivo, que seria, para Foucault, uma genealogia ou a peça para uma genealogia da alma moderna.

As observações acima nos permitem perceber que é possível falar sobre o poder da violência, caracterizando-a de várias formas, como por exemplo:

A violência *institucionalizada*, como uma característica da burocracia do Estado, cujos exemplos são de todos conhecidos. É o caso das instituições totais; da tirania das pequenas guerrilhas oficiais ou não oficiais; da violência coercitiva, que garante a obediência a que muitos podem submeter-se odiando; do conhecimento que decodifica os códigos sociais; do funcionamento dos aparelhos de punição do Estado, que muitas vezes são acionados – naquele processo que os criminologistas denominaram

---

[117] Sobre o tema, consultar: FOUCAULT, Michel. *Vigiar e punir*. Petrópolis: Vozes, 1986 e Idem. *Eu, Pierre Riviére, que degolei minha mãe, minha irmã e meu irmão*. Rio de Janeiro: Graal, 1984.

de "atenção seletiva" – apenas para certos segmentos sociais, considerados perigosos. Desse modo, a violência dos poderosos recebe uma crítica que se esgota no discurso inócuo. A violência dos fracos, por outro lado, é punida concretamente, sentida por estes na carne e no espírito (ou no que restou dele). Nesse sentido, é fundamental que se pense sobre a violência institucionalizada como uma característica da sociedade moderna.[118]

1. A violência *anômica*, que parece ter uma função construtiva no contexto social. Essa posição é vista por Michel Foucault, em *Vigiar e Punir*, como a íntima relação que une a polícia e a delinquência, o carrasco e o condenado, num jogo de poder onde os desejos se entrecruzam e se complementam mutuamente: daí a presença inconfessável e necessária do carrasco que "divide com seu adversário a sua infâmia".

Dostoievski já descrevia em *Crime e Castigo*, num arguto exame de suas subjetividades, a relação perversa que se estabelece entre o juiz e o criminoso. Uma relação que infesta os envolvidos, que os determina por meio de um ato irreversível, que sempre estará aí, assinalando o passado de cada um. A diferença está, talvez, no fato de que o juiz sempre poderá apelar, autoprotetoramente, para uma condição de legitimidade consagrada por valores absolutos.

A violência manifestada como delinquência – ou seja, violência enquanto ato degradado – possibilita o controle, assim como a compartimentalização generalizada da esfera social. Para Foucault, ela funciona como um "observatório político", do qual se servem policiais, estatísticos, psiquiatras, psicólogos, sociólogos e outros especialistas. Esse aspecto possibilita perceber que a violência tem servido historicamente como laboratório para o conhecimento moderno. A compartimentalização possibilita um controle social onipresente e onipotente. Assim, foi possível construir uma sociedade que, panóptica por um lado, mas cega às suas conjunturas existenciais por outro, permitiu instalar o campo de ensaios do controle social. Isso porque enquanto violência específica, separada e classificada, justificará e comportará outras instâncias de uma ordem social baseada na separação (órgãos judiciários, polícia, trabalho social, casa de recuperação, prisões, manicômios etc.). Essas instituições revelam as diferentes maneiras do funcionamento da tecnoestrutura.

Nesse sentido, vemos um duplo funcionamento que se movimenta de forma a unir a anomia e a ordem, produzindo-se, assim, uma espécie de "anomia normatizada". Há, sob essa ótica, uma ambivalência – incô-

---

[118] GOFFMAN, Erving. *A representação do eu na vida cotidiana*. Petrópolis: Vozes, 1974; Idem. *Estigma*. Rio de Janeiro: Zahar, 1982; Idem. *Manicômios, prisões e conventos*. São Paulo: Perspectiva, 1974; Idem. *Ritual de la interacción*. Buenos Aires: Viltera, 1974.

moda para uns, vantajosa para outros – nas atividades sociais. É certo que, quando falamos no equilíbrio social, pensamos na "utilidade" da integração da violência. Existem, porém, fatos subversivos, de natureza artística, política, social e criminal, que escapariam a esse mecanismo de equilíbrio.

A disjunção social descrita por Lévi-Strauss representa muito bem um instrumento de investigação da dinâmica social. É importante ressaltar que os antagonismos são cúmplices, e que em nenhum processo de violência, nem mesmo nas guerras, o objetivo é exterminar completamente o adversário (apesar da afirmação do almirante Nimitz que, em 1941, disse que, após a guerra, o idioma japonês só seria falado no inferno). Se destruíssemos as bases institucionais de uma sociedade específica, todo o edifício social desabaria. O plano Marshall é um exemplo concreto: reconstrói-se uma parte do mundo para que todo ele sobreviva. Podemos dizer, nesse sentido, que o excesso é uma evocação da morte como estruturante orgânico do simbólico.

2. A violência *banal*, que está ativa na paixão social, é retratada na resistência das massas (*o silêncio das massas*), como descrita por Michel Maffesoli.[119] Trata-se de uma ritualização da violência, que não deixa de ser prospectiva. O *slogan* bem conhecido "faça amor, não faça guerra" corre o risco de ter, nas próximas décadas, prolongamentos insuspeitos; a violência que se encontra em todo lugar é uma forma envolvente, que tem suas modulações paroxísticas em suas manifestações minúsculas.

A criminalidade retrata o grau de justiça de uma sociedade. Uma sociedade totalmente justa não poderia avaliar de maneira normativa ou judicativa o que se chama de criminalidade. Estamos diante de um instinto eterno de destruição, que é inútil negar; portanto, é melhor admiti-lo e analisar como ele participa da estrutura social de forma conflituosa e paradoxal, tal como se apresenta na civilização contemporânea.

Na obra de Freud *O Mal-Estar da Civilização*, o autor demonstra de forma eloquente a luta de Eros e Tanatos como um combate implacável, que se inicia e se desenvolve sempre e de modo diferente. A revolta e a destruição, em todas as suas formas, continuam sendo fenômenos ambivalentes, porque são profundamente humanos. Não foi por acaso que o citado pensador elaborou o conceito de "perversidade polimorfa". Ser cruel é uma das maneiras mais legítimas de tornar-se humano. Freud apontou para isso. A História o confirmou. Por isso, o Marquês de Sade não pode ser considerado uma anomalia instalada no exterior do modo

---

[119] MAFFESOLI, Michel. *Dinâmica da violência*. São Paulo: Revista dos Tribunais/Vértice, 1987.

de ser do ser humano, mas, antes, a confirmação das sombras que habitam o mundo e que o impregnam, emanando das frestas do contexto que compõe o homem e sua circunstância, seu *ser-aí*.

Por outro lado, a violência, em suas diferentes manifestações, é reprimida pelos aparelhos de Estado e deve ser controlada através das ações de indivíduos pertencentes a esses aparelhos. Esses indivíduos, ao agirem contra tais manifestações, o fazem de forma institucionalizada, de modo que suas ações não se realizam por eles mesmos. Eles prestam serviços para os que estão acima deles. É, no entanto, importante que se diferenciem as formas de violência que devem ser reprimidas oficialmente, tais como as *gangs*, a máfia, o crime organizado em geral. Essa forma de criminalidade constitui-se em uma violência que apresenta um alto índice de sofisticação – de respeitabilidade, talvez –, que a diferencia daquela dos criminosos comuns, os desviantes que povoam as publicações especializadas.

Os delinquentes "comuns", por assim dizer, agem por eles mesmos, ou então vinculados a organizações "débeis", destituídas da respeitabilidade obtida pelas vinculações com a política e com atividades convencionais dotadas de prestígio social. Prestígio que foi usufruído pelas "famílias" Bonnano e Genovese, por exemplo. Eles, os "comuns", desobedecem os ditames da vida convencional e correm os riscos inerentes ao *racket* proletário. Existe aí uma diferença que cria o que Michel Maffesoli chama de "dissidência, ou seja, uma maneira de viver o aleatório, de enfrentar o destino". Para quem pesquisa ou reprime a violência, esse aspecto revela-se no cotidiano. Todo delinquente sabe que sua integridade corre riscos diuturnamente. Aceita esse fato e, às vezes, o busca intencionalmente.

Cabe considerar, aqui, algumas questões de natureza mais geral. A alma moderna está repleta de novas religiões (seja qual for o nome que estas assumirem), e sabemos que todas as mitologias, todas as religiões nasceram com base numa violenta degeneração de uma ordem real, num violento desafio a certos modos de existência. Esse dado pode fornecer um diagnóstico da realidade atual. Nesse sentido, é importante ter presente que tudo o que nega e desafia o real aproxima-se do mundo através do pensamento. Os sistemas racionais da moral, do valor, da ciência, da razão conduzem apenas à evolução linear da sociedade, à sua história visível. Mas mesmo a energia profunda que impulsiona essas questões vem de algures, do prestígio, do desafio, de todos os impulsos sedutores ou antagonistas, suicidiários inclusive, que nada têm a ver com uma moral social, ou uma moral da história ou do progresso. Os delinquentes, principalmente os que foram chamados de "desviantes secundários" por Lemmert, ou seja, aqueles que abandonaram definitivamente os valores da sociedade convencional, os verdadeiros *outsiders*, participam, sem disso ter consciência, desse processo geral da história.

3. A violência *interna*, que desagrega todo um sistema de sentidos e de valores no palco universal, vem-se constituindo como um problema na sociedade contemporânea. O exame das condições objetivas dessa sociedade poderia ser pensado através de um espaço onde a dignidade humana aparecesse como condição de "recuperação" das injustiças.

Para Erich Fromm,[120] "A espécie de 'divisão do trabalho', como chama W. James, pela qual alguém ama sua família, mas não tem sentimentos pelo 'estranho', é um sinal de incapacidade básica de amor". A sociedade que não consegue desenvolver uma compreensão satisfatória sobre um sistema de valores que inclua reciprocidades que satisfaçam a arte da troca por si própria, desvinculada da compulsão consumista e cumulativa, não consegue evitar a violência (ou, pelo menos, algumas de suas manifestações). A falta de amor que caracteriza nossa sociedade manifesta-se na autofagia que leva à destrutividade.

Um exemplo significativo, apresentado por Fromm,[121] sobre como o homem moderno vive em um estado de violência, é a relação que ele mantém com o tempo: " O homem moderno pensa que perde alguma coisa – o tempo – quando não faz as coisas rapidamente; todavia, ele não sabe o que fazer com o tempo que ganha – a não ser matá-lo".

Outro valor que parece estar tomando lugar de destaque em nossa sociedade é o medo, que vem substituindo a confiança, a crença, o saber, a liberdade, o amor, entre outros valores. Fromm[122] refere-se ao medo como fraqueza. Esse medo, por sua vez, pode gerar um comportamento típico dos fracos: a ânsia de poder. Para Fromm, "a ânsia de poder não se origina da força, mas da fraqueza".

A excelente biografia de Hitler, escrita por Joachim Fest, é extremamente ilustrativa a esse respeito. O medo, segundo alguns, une os homens; segundo outros, os separa. Mas o que podemos observar é que o medo tanto une como separa. É possível pensar que uma das faces mais deprimentes da realidade urbana contemporânea seja o isolamento voluntário, com grades nas residências, nos condomínios, nos centros empresariais, nas escolas etc.

4. Talvez a maior demonstração de violência da sociedade atual seja a sua incapacidade de resolver os problemas da *fome*. "Em face de uma

---

[120] FROMM, Erich. *A arte de amar*. Belo Horizonte: s.d, p. 86-87.

[121] Idem, p. 118-119.

[122] FROMM, Erich. *O medo à liberdade*. Rio de Janeiro: Zahar, 1981, p. 133, 149.

criança morta, a náusea não equilibra os pratos da balança. O que significa a literatura num mundo que passa fome?", lembra Sartre.[123] Recorrer a esse autor parece emblemático ao falar-se em violência. A percepção desse fato demonstra a ambiguidade de um tempo inconciliável do mundo ocidental "pensante" com ele mesmo.

Como vemos, falar de violência implica uma reflexão que vai muito além da questão da criminalidade. É, no entanto, importante que direcionemos o debate sobre a violência rumo aos interesses específicos deste capítulo.

Importante, ainda, é salientar que, em São Paulo e no Rio de Janeiro existem institutos de pesquisa que são especializados nessa temática, assim como linhas de pesquisa em universidades, cujos trabalhos são continuamente publicados. No Rio Grande do Sul, a PUCRS iniciou, em 1989, o Curso de Especialização em Criminologia. Essa experiência pode ser considerada uma iniciação científica nesse campo de conhecimento. Em 1996, teve início o Curso de Pós-Graduação em Ciências Criminais, em nível de Mestrado e, em 2009, em nível de Doutorado, objetivando o aprofundamento do ensino e da pesquisa desse campo de conhecimento.

O exemplo que nos parece mais adequado para o debate foi inspirado por um pesquisador do Museu Nacional do Rio de Janeiro. Gilberto Velho[124] publicou, pelo referido Museu, um artigo denominado "O cotidiano da violência: identidade e sobrevivência", relatando um aspecto da violência em nossa sociedade. Ao que nos parece, a abordagem do autor é própria para a reflexão, tendo em vista um aspecto específico da questão, com a vantagem que o estudo de especificidades traz para a compreensão de fenômenos mais gerais.

O relato descreve um assassinato que ocorreu há mais de quarenta anos, tornando-se um fato social que abalou toda a sociedade carioca. Um jovem vestibulando, chamado Odilo Costa Neto, foi assassinado, em 1964, tentando defender-se e à sua namorada, reagindo a um assalto no Rio de Janeiro. Esse fato, na época, foi matéria dos veículos de comunicação durante semanas na imprensa nacional. A família de Odilo, que pertencia a um segmento importante da sociedade carioca e tinha muitas relações – cabe lembrar a importância da palavra "relações" na cultura brasileira –, mobilizou a opinião pública daquela cidade, fazendo com que vários segmentos sociais exigissem dos governos Estadual e Federal providências de vários tipos.

---

[123] SARTRE, J. P. *O testamento de Sartre*. Porto Alegre: L&PM, 1980, p. 11.

[124] VELHO, Gilberto. O cotidiano da violência: identidade e sobrevivência. In: *Boletim do Museu Nacional* n° 56, Rio de Janeiro, abril, 1987.

Nos últimos anos, centenas de pessoas do mesmo nível social têm sido assaltadas, agredidas, sequestradas, assassinadas e violadas, muitas vezes na presença de familiares, sem que esses fatos tenham a repercussão do caso acima relatado. A diferença é que hoje já não temos a mobilização que ocorreu no caso de 1964. A afirmativa leva a várias questões, entre elas: podemos dizer, então, que ocorreu uma adaptação social na sociedade contemporânea, particularmente nas grandes cidades? O autor do artigo pergunta-se: o que mudou nesses quarenta anos? A valorização do heroísmo e a defesa da honra já não fazem parte do sistema de valores de nossa sociedade?

A ideia de heroísmo e a preocupação com a honra estão vinculadas a um sistema de crenças e paradigmas em que o indivíduo é tido como agente do aperfeiçoamento social, capaz de desenvolver estratégias de continuação desse aperfeiçoamento. Esses aspectos fazem parte do ideário social, onde o crescimento e o aperfeiçoamento social estão imbricados às possibilidades de atuação do sujeito no mundo, compartilhando e lutando por seus princípios e crenças. É nesse sentido que a morte de um jovem tentando defender sua honra e a de sua namorada durante um assalto seria a configuração do paradigma da coragem e da defesa da honra. A ausência de uma reação como a do exemplo aqui enfocado seria motivo de estigmatização há quarenta anos. Os agredidos que não reagissem seriam acusados de covardia, e isso seria motivo de certos constrangimentos.

A sociedade manifesta dificuldades de suportar os índices de agressividade; esse dado criou a possibilidade de negociação com os agressores. Tal prática passou a existir desde que a violência nas grandes cidades começou a se generalizar e frequentemente é acionada. Ocorrem situações em que os agredidos aceitam perder os bens materiais para garantirem a sua integridade física e moral. Parece, no entanto, que esse espaço de negociação tende a diminuir consideravelmente. Constantemente os assaltos são acompanhados de crimes contra a propriedade e a honra (entendida esta como o valor de uma pessoa a seus próprios olhos, mas também aos olhos de sua sociedade), quando não acompanhados de assassinatos. É nesse caso que se coloca a questão da tolerância e aceitação, da permissividade, maior ou menor, por parte das vítimas, das exigências e ameaças dos assaltantes. O que estamos vendo claramente é que o valor básico a sustentar a conduta dos agredidos é a sobrevivência propriamente dita. Manter-se vivo, talvez a qualquer custo, é o objetivo das pessoas agredidas. Impõe-se assim, de múltiplas formas, o estado de natureza.

As origens do desmapeamento dos significados sociais básicos estão localizadas na desestrutura da alma moderna. No caso brasileiro, há que se apontar ainda o movimento militar de 1964 – referido por Gilberto Velho –, com a instalação do regime autoritário que reprimiu, entre outros setores da sociedade, grupos importantes, vinculados aos segmentos médios da população brasileira; grupos e indivíduos que foram agredidos em sua dignidade, em sua honra. Durante cerca de vinte anos, especialmente entre 1968 e 1973, a prática da tortura, as ameaças, o estado de insegurança cotidiana praticados pelos órgãos de repressão foram importantes fatores para a desestabilização de crenças e valores que se baseavam em uma concepção particular do valor-indivíduo. No universo de camadas médias, foi a primeira vez na história brasileira em que a repressão atuou de forma tão extensa e intensa. Nesse sentido, pode-se dizer também que a violência específica, particularmente ameaçadora de alguns, tornou-se uma possibilidade permanente. A questão da sobrevivência assumiu o caráter de fato cotidiano e tornou-se especialmente dramática diante da insegurança. A autopreservação torna-se assim a norma, o valor.

Através de uma visão sócio-histórica, há que se constatar uma mudança de costumes e valores associada às dramáticas transformações da vida urbana. Esses aspectos estenderam-se de tal forma, que se tornou possível vermos hoje uma banalização e rotinização da violência, cujas consequências trazem o excesso que tende a se cristalizar como uma perversão difícil de ser controlada.

Todos esses fenômenos estão, sem dúvida, associados aos processos mais amplos que retratam o cotidiano da sociedade brasileira, onde os crimes do colarinho branco, a corrupção, a miséria, a marginalidade, as repressões dos aparelhos de Estado, o inchamento das cidades, a desigualdade na distribuição de renda, a desarticulação de uma ordem moral que articulava a ordem social, o desemprego, o "vazio de Estado", ou melhor, a ausência dos aparelhos de Estado nas áreas urbanas em geral e, principalmente, nas áreas "marginalizadas", entre outras questões, compõem um quadro muito complexo e caótico, de difícil solução, pelo menos a curto prazo. O paradoxal quadro brasileiro revela, por um lado, a banalização da violência e, por extensão, da morte e, por outro, uma total rejeição à morte.

No contexto de nossa discussão, é importante ter presente que é no universo cultural dos setores médios da sociedade que se cristalizam certos agregados de valores e paradigmas, que enfatizam a honra não apenas como dado em si, mas incluindo seus suportes e justificativas. Esses valores dão sentido e hierarquizam a ordem social, uma vez que designam papéis sociais e representações. Assim, convém lembrar que a educação, tal como é transmitida atualmente, no sentido de se preservar da violência urbana, está destituída de qualquer valor social. Segundo as reflexões de Velho, os pais educam os filhos no sentido de preservarem a vida, insistem para que não reajam aos assaltos, não resistam, não se arrisquem. A própria honra é, nesse caso, secundária diante da necessidade de preservar a vida. Esses fatos retratam uma ruptura, uma descontinuidade, do universo simbólico de nossa sociedade, tal como foi referido por Velho.[125]

Estamos assistindo a uma dramática instabilidade de nosso sistema de valores, de tal sorte que a não reação, a não resistência, a vulgarização da violência, da morte, da miséria, alteraram as regras básicas de convivência social. A perda do significado leva ao questionamento, mas a própria condição do indivíduo-sujeito está sendo abalada. No imaginário social, encontra-se a ideia de que continuar a viver tornou-se o valor central que se encontra drasticamente ameaçado. A configuração de motivações centrada na sobrevivência pura e simples não exclui ética e moralidade, mas estas são construídas a partir de, pelo menos, mudanças de significado. A não reação pode estar expressando uma forte valorização da vida, não o medo ou a covardia; porém, ocorre um desmapeamento que atinge em graus diferenciados a todos os segmentos sociais. Os níveis de violência que vivemos atingem todo o tecido social, provocando o seu esgarçamento. Esse fato tem sido um dos aspectos observados como um problema cuja complexidade merece uma atenção e um enfoque político com a especificidade e a seriedade que a problemática exige. É, no entanto, indiscutível que hoje vivemos uma alteração significativa de padrões na sociedade brasileira, alterações essas que se associam a processos particulares de nossa sociedade, assim como a processos universais. A fragmentação por nós vivida está assumindo, nas grandes cidades do Brasil, feições particularmente agudas e dramáticas.

A sociedade moderna tem, na sua origem, a montagem da fragmentação do poder. Essa fragmentação levou a uma organização social com um dispositivo de poder que lhe permitiu perceber até o menor acontecimento do Estado. Uma observação minuciosa do detalhe e, ao mesmo tempo, um enfoque político dessas pequenas coisas permitiram o controle e a utilização dos homens, o que corresponde à produção do homem-máquina. A era clássica implantou todo um conjunto de técnicas, de processos de saber, de descrições, de receitas e de dados estatísticos, que esmiuçam o sistema social como um todo. E, desses esmiuçamentos, nasceu a sociedade moderna.

Quando o Estado não consegue mais manter o controle social, por não conseguir controlar e disciplinar as pequenas e as grandes infrações, a ordem social sofre rupturas que impedem a continuidade e a regularidade desejáveis. Perde-se, assim, o controle dos indivíduos, que são o

---

[125] VELHO, Gilberto. *O cotidiano da violência:* identidade e sobrevivência. op. cit.

sustentáculo da sociedade, uma vez que a constituição de cidadania se relaciona com a interiorização do indivíduo como o centro da ética social moderna. Baseados nessa premissa é que podemos afirmar que, quando deixamos de reconhecer no outro, seja qual for a situação social desse outro, o direito do cidadão, quebramos a estrutura básica de nossa sociedade. Assim, é preciso lembrar Foucault, quando afirma que a reforma penal nasceu num ponto de junção, na luta contra o superpoder do soberano; esse aspecto retrata uma ruptura, uma descontinuidade, do universo simbólico de nossa sociedade. Luta contra o infrator das ilegalidades conquistadas e toleradas.

O direito criminal moderno deve ser lido como uma estratégia para o remapeamento do poder de punir. Por outro lado, as instituições destinadas à punição da criminalidade não cumprem as condições mínimas determinadas pelos objetivos iniciais. Diante do quadro atual, cabe perguntar: onde se encontra a origem da violência atual? E qual o papel do cidadão frente à complexidade da situação?

Para podermos refletir seriamente sobre a problemática da violência, faz-se necessário analisar a questão para além da criminalidade, pois essa questão representa apenas um diagnóstico das idiossincrasias sociais e das desestruturações vividas no momento atual.

Há um aspecto importante para ser analisado, quanto à violência: trata-se da questão da ruptura simbólica – suspensão, corte, interrupção, violação de contrato, quebra de relações sociais. Essa ruptura pode ser pensada como a referida por Velho e, por outro lado, como a negação do outro, vinculada à possibilidade que o homem atual tem de negar-se a si próprio. Isso significa transgredir fronteiras, sentir-se um estrangeiro, sentir-se destotalizado em um mundo pleno de fragmentações, destituído de uma transcendência que as integre e lhes dê sentido.

Talvez caiba, no momento, decidir se é válido ou não o pensamento de Edward Gibbon, quando afirma que a História pouco mais é do que o registro dos crimes, loucuras e desventuras da humanidade. Segundo Lévinas,[126] "A compreensão, ao se reportar ao ente na abertura do ser, confere-lhe significação a partir do ser. Neste sentido, ela não o invoca, apenas o nomeia. E, assim, comete a seu respeito uma violência e uma negação. Negação parcial que é violência". O autor define, ao longo de sua obra, a natureza da relação ética que une cada homem ao seu próximo. A ordenação da vida social conduz-se em descobrir o "sujeito-ético". As desestruturações vividas em nosso tempo demonstram que as tradições,

---

[126] LÉVINAS, Emanuel. *Entre nós*: ensaios sobre alteridade. Petrópolis: Vozes, 1997, p. 31, 55.

que tornam possível a sociedade, já não possuem a fidelidade dos valores que representavam. O autor diz: "pode-se fazer tudo do homem. A vontade essencialmente violável não se emancipa senão ao construir um mundo em que ela suprime as ocasiões de trair. Mas a violência da arma deixa escapar a vontade que ela busca dominar. A verdadeira violência conserva a liberdade que ela força. Seu instrumento é o ouro, a violência é a corrupção. Sem recorrer à justiça, a via da violência pacífica, da exploração, da morte lenta se substitui à paixão da guerra".

A multiplicidade em que se coloca a relação com o outro, como o eu se produz, no mundo atual, em vários "eus", nos faz pensar em uma identidade caleidoscópica. Esse modelo opõe-se à visão de identidade tal como é usada no sentido tradicional. Há uma oposição entre a acepção tradicional e o contexto civilizatório do mundo urbano atual. O urbano se estende por toda a sociedade como um modo de civilização que possui uma função caleidoscópica, que globaliza e fomenta a forma plural da diferença entre os padrões homogeneizadores tradicionais, nos quais as fronteiras podiam ser observadas. O cosmopolitismo que caracteriza essa civilização leva o homem a viver hoje na liminaridade em que os confrontos com uma pluralidade de valores o pressiona em direção ao trânsito entre diferentes papéis, diferentes representações. Tal fato conduz a uma fácil "contaminação" e impregnação de valores, nem sempre aprovados socialmente. Nós somos não apenas uma expressão homogênea e consciente, mas os diferentes papéis que exercemos no drama do qual somos atores, figuras ou instrumentos de uma astúcia que sobrevive às acusações. Os interlocutores do pensamento homogêneo são ignorados porque suas falas não revelam lugares, verdades, sentidos, quando deveriam revelar a inexistência de um sistema de identificação com os que estão fora de qualquer referência.

Os atributos fixos, os padrões básicos, permitem ao sujeito pensar-se e ser pensado através de uma baliza "fixa", que facilita a relação, pois há previsibilidade. No contexto atual, a facilidade de simultaneamente exercerem-se múltiplos papéis permite a simulação, que não é falta de caráter, mas astúcia e condição de sobrevivência. A complexidade do mundo atual dissolveu a identidade estática, a substantividade do sujeito, transformando-o num ator versátil, capaz de desempenhar os mais variados papéis. Um dado revelador dessa fragmentação é o trânsito, o processo de circulação sem pontos fixos de permanência, o que leva à ininterrupta ultrapassagem de fronteiras, em direção a modos de comportamento que estabelecem uma ilimitação dos espaços sociais concernentes à atuação individual. Essas fronteiras já não representam definições, marcos fixos nos quais se inscreve um *nec plus ultra*. Elas são maleáveis, cambiantes, travestidas. Permitem assim, condutas indefinidas, não sujeitas a um rigoroso mapeamento que constitua os limites entre o aceitável e o desviante. Configuram-se procedimentos próprios dos comportamentos psicóticos, no sentido em que estes evocam situações de margem, de liminaridade, onde as fronteiras tornam-se indefinidas, sem contornos.

Rui Cunha Martins[127] refere-se à construção de modelos, alargamento e consolidação de fronteiras, dizendo: "Há duas escalas de conceitualização do mesmo problema. Atenção, por isso, ao perigo de procurar relacioná-las em torno da ideia de oposição, se tal subentender uma leitura da primeira como norma e da segunda como desvio, daquela como canônica e desta como específica, de uma como paradigma da modernidade e de outra como expressão de algo que o não é e que tenderia a constituir-se em ruptura com aquele paradigma. Facilmente se percebe o logro: é que, a ser assim, ao fazer radicar a especificidade de dado processo no seu grau de afastamento de um paradigma de referência, estaríamos a aceitar, por antinomia, a existência de um modelo puro, porque primordial, de modernidade, e em relação ao qual os restantes gravitariam, na melhor das hipóteses, como bastardos. Quer dizer, estaríamos, em fim de contas, a pôr em causa a ideia, hoje incontestável, de uma modernidade plurifacetada".

Dessa forma, a ideia de ruptura simbólica, tal como referida por Velho, torna-se pouco operativa para compreender as formas de fronteira entre a violência e a normalidade.

Esses comportamentos parecem evocar um processo de tensão próprio da velocidade social em que vivemos, a qual gera, por um lado, um sentimento de absurdo, de perplexidade, de medo, de insegurança, e, por outro, de possibilidades, de ambiguidades e fluidez próprias das margens. Isso traz, numa conceituação menos maleável, o sentido de natural e, por conseguinte, o de retorno da violência, enquanto evocadora de um estado negador, em sua essência, por sua própria condição de fato da natureza, dos parâmetros de racionalidade – considerados, idealmente, como os norteadores no processo de estruturação e organização da sociedade contemporânea.

A inclusão de valores diferenciados do significado de honra, tal como tradicionalmente representada, guarda a especificidade de uma tensão que, sem aspirar à ruptura e tampouco à síntese apaziguadora, arrasta também a civilização e o mito de progresso; entretanto, obriga também a prescindir-se, igualmente, da ideia de civilização como uma forma de reciprocidade e cumplicidade entre os diferentes segmentos sociais, dan-

---

[127] MARTINS, Rui Cunha. Portugal e Brasil: modernidade e fronteiras. In: *Anais Congresso*. PUCRS, Porto Alegre: EDIPUCRS, 2000.

do lugar ao inumano. A velocidade com que transitamos nos diferentes papéis permite pensar na ruína da representação do indivíduo que, projetado pela identidade moderna, amplia o potencial de liminaridade, de tal forma que esse passa a parecer inerente. Nesse sentido, o controle social – tal como projetado pela modernidade – torna-se ineficaz.

Em tal caleidoscópio de identificações, cabe uma estética da violência, pois, cabe o retorno à natureza, como encontramos em certas tribos urbanas que atuam como que movidas por uma intenção de resgate de identidades e socialidades perdidas. Vale ainda lembrar que, por outro lado, o medo, a dor, o sofrimento, multiplicam-se, encarniçam-se, gerando um *pathos* subjetivo, que oscila entre uma hipersensibilidade exacerbada e estados extremos de embrutecimento e indiferença, reduzindo o espaço pessoal para o exercício da neutralização por meio de estetizações subliminadoras.

Durand[128] demonstra como os símbolos nictomorfos reportam-nos às trevas, como uma abstração espontânea e de valor negativo, associada à morte, à essência da angústia, ao medo e à culpa. As trevas são descritas por muitos autores como a angústia da angústia ou o local do medo e da culpa. Durand as descreve como a essência pura do fenômeno da angústia. Assim, no folclore, a hora de menos luz é a mais temida, pois é geralmente na meia-noite sinistra que os animais maléficos e monstros infernais se apoderam dos corpos e das almas. Essa imaginação das trevas nefastas aparece primeiramente em oposição à luz do dia e às divindades solares, que, historicamente, representaram o triunfo da luz sobre as trevas (Cristo, Mitra, Apolo). Assim, as trevas noturnas constituem o primeiro símbolo do tempo. A negritude está ligada à agitação derivada da presença das impurezas, do barulho, do ranger de dentes e do terror sem limites. E a obscuridade é a amplificadora do barulho, a escuridão é a ressonância. Mais que isso, as trevas são o próprio espaço de toda a agitação, de uma infinidade de movimentos, desencadeada pela falta de limites que as trevas possibilitam, e, sem limites, o espírito procura cegamente o negro (*ingrum, nigrius nigro*).

E o que é isso, senão olhos tapados? Trevas ligam-se assim à cegueira, e cegueira é uma mutilação. É fácil lembrar que sempre nos é inquietante a figura do cego, sendo essa inquietação transferida do sentido próprio para um sentido moral, que duplica sua valorização negativa. É por isso que, nas lendas, o inconsciente é sempre lembrado no aspecto tenebroso de sua cegueira em contraposição à consciência clara. Assim, viver na cegueira da inconsciência é estar louco, e tanto a cegueira quanto a loucura

---

[128] DURAND, Gilbert. *As estruturas antropológicas do imaginário*. Lisboa: Presença, 1989, p. 65-66, 68.

são doenças da inteligência e dos afetos. É o aspecto noturno, cego e inquietante que reveste o forro inconsciente da alma. Talvez o medo, a dor, o sofrimento promovidos pela violência estejam vinculados aos símbolos nictomorfos, que se multiplicam e deixam menos espaço para outras configurações simbólicas que os pudessem neutralizar.

Faz-se necessário ainda ponderar que a violência deve ser compreendida através de uma margem que permita relativizar o conceito de "normalidade", que aparece historicamente configurada como espaço oposto aos espaços de "anormalidade". Atualmente, podemos pensar na perversão de uma *hiper-realidade* especializada na anulação das diferenças. Essa anulação promove, entre outros aspectos, um vazio, uma falta de sentido, tal como tradicionalmente pensávamos. Essa sensação contraria a velha física do sentido: a atração pelo vazio, sem dúvida, é a lei natural mais fundamental. Para Jean Baudrillard,[129] "Isso explica muitas anomalias, incluindo a do universo mental e do campo 'psicológico'. Assim, as formas de ação e de mobilidade não provêm tanto da pulsão positiva como da expulsão e da repulsão (...) dos novos acontecimentos; poder-se-ia dizer que criam vazios, onde se precipitam. Parece que a sua única pressa é a de se fazerem esquecer".

Esse vazio, do qual fala o autor, pode ser verificado pela ausência da ilusão muito forte que atua sobre a perenidade do tempo. A herança dos antepassados deixou de se refletir nos descendentes. Essa paixão parece não ter o mesmo significado nos tempos atuais. Talvez o vazio, promovido pela atual velocidade, leve ao vazio absoluto, onde teria lugar o acontecimento absoluto, como visto por Dante. Para Baudrillard,[130] "o que procuramos hoje já não é a glória, mas a identidade, já não é uma ilusão, mas, pelo contrário, uma acumulação de provas, tudo o que pode servir de testemunho de uma existência histórica, ao passo que dantes a preocupação era perdermo-nos numa dimensão prodigiosa".

A ausência da ilusão tradicional está acompanhada de uma descrença dos critérios de verdade. Para o autor, o princípio da credibilidade (que é também o das estatísticas e das sondagens) veio a substituir os critérios de verdade; ele é o verdadeiro princípio da informação. Essa incerteza é como o princípio que infecta toda a história, toda a atualidade, toda a imagem, e, mesmo quando é desmentida, só pode sê-lo virtualmente, porque a virtualidade faz parte da própria realidade. O exemplo

---

[129] BAUDRILLARD, Jean. *A ilusão do fim ou a greve dos acontecimentos*. Lisboa: Terramar, 1992, p. 33.

[130] Idem, p. 37.

que ilustra a afirmativa é fornecido por Baudrillard,[131] quando se refere ao "interesse de submeter a Guerra do Golfo e a 'revolução' romena a esses testes de incerteza, de as acrescentar a essa soma de objetos inverificáveis noutro lugar fora dos ecrãs, imediatamente desagradáveis na informação, rapidamente branqueados e esquecidos como qualquer espetáculo. No caso da revolução romena, foi a truncagem dos mortos em Timisoara que provocou uma espécie de indignação moral e levantou o problema do escândalo da 'desinformação', ou melhor, da própria informação como escândalo".

Nesse exemplo, podemos compreender a violência de forma diferenciada da violência massificada de Hiroshima, do extermínio em massa das populações civis alemãs, consequência da noção de "guerra total" inaugurada no início do século. O autor afirma que não são os mortos que provocaram escândalo, foi a figura forçada dos cadáveres na objetiva televisiva, como antigamente a das almas mortas nos registros civis, que causaram o escândalo. "É a sua transformação em reféns, de certo modo, tal como a nossa, enquanto telespectadores mistificados. A chantagem à violência e à morte, sobretudo por causa nobre e revolucionária, foi sentida como pior do que a própria violência, como farsa da história".

Talvez um dos problemas da violência, no mundo atual, seja tomar-se o real pelo real, possibilitando assim o próprio excesso "da ilusão mediática (fazer) as vezes de desilusão vital". As lutas inexpiáveis entre diferentes ordens de valores, do mundo atual, geram polaridades que reagrupam atitudes, sentimentos, práticas, a encontrarem-se em constantes tensões no cotidiano. A heterogeneidade, as tensões nos remetem a pensar sobre o cansaço da civilização, e esse cansaço talvez seja um dos elementos para diagnosticarmos as vivências dos homens na atualidade – o homem que vive em margens indefinidas, ambíguas, polifacetadas, próprias para compreensões (ou *compressões)* subjetivas.

---

[131] BAUDRILLARD, Jean. Op. cit., p. 84-85.

7. Sociabilidade vs. Violência: pressupostos filosóficos e psicanalíticos de uma teoria crítica da punição e da justiça[132]

Quando Jean-Jacques Rousseau iniciou seus estudos para posterior desenvolvimento do que seria a sua teoria política, ele encontrou-se diante de um ambiente intelectual profundamente influenciado pelo pensamento político de Thomas Hobbes. De fato, de certa forma, o pensamento de Hobbes, juntamente com o de Maquiavel, é responsável pelo surgimento do que hoje se denomina a filosofia social moderna.[133]

A filosofia social moderna de Hobbes e Maquiavel foi profundamente influenciada pelas mudanças estruturais que a transição da sociedade feudal para a sociedade capitalista trouxe consigo. O surgimento de novas formas de comércio, de novas formas de contrato etc. obrigaram homens e mulheres de sua época a redirecionar seus esforços para garantia de sua subsistência.[134] Hobbes, porém, não percebe que as relações sociais, que ele observa e pretende interpretar, são fruto de mudanças estruturais na sociedade. Para ele, tratar-se-ia de uma análise de cunho puramente antropológico: os *seres humanos* são (e sempre teriam sido) pressionados a desenvolver novas estratégias para instrumentalizar o mundo a sua volta de forma utilitarista. Todos simplesmente aceitar-se-iam como seres ego-

---

[132] O argumento desenvolvido no presente capítulo procura aprofundar os pressupostos filosóficos da minha concepção de Direito, Punição e Estado apresentada pela primeira vez de forma sistemática em minha tese de doutorado: SAAVEDRA, Giovani A. *Traditionelle und kritische Rechtstheorie. Die Reflexionsstufen der Rechtsanalyse*. Tese de Doutorado – Johann Wolfgang Goethe – Universität Franfkurt am Main. 2008.

[133] Sobre o surgimento da filosofia social moderna, ver: HONNETH, Axel. *Kampf um Anerkennung. Zur moralischen Grammatik sozialer Konflikte*. Frankfurt a.M: Suhrkamp, 2003 (erweiterte Ausgabe), p. 13 e ss. e HABERMAS, Jürgen. Die klassische Lehre von der Politik in ihrem Verhältnis zur Sozialphilosophie. In: ——. *Theorie und Praxis. Sozialphilosophische Studien*, Frankfurt a.M.: Suhrkamp, 1963, p. 48-88.

[134] Ver, a esse respeito: HONNETH, Axel. *Kampf um Anerkennung. Zur moralischen Grammatik sozialer Konflikte*. Frankfurt a.M: Suhrkamp, 2003 (erweiterte Ausgabe), p. 14 e ss.

cêntricos e, como a consequência disso, haveria uma profunda desconfiança generalizada.[135]

A visão de ser humano difundida pelo hobbesianismo é, portanto, a de um animal egocêntrico, incapaz de piedade, interessado apenas na própria sobrevivência. Esse modelo antropológico não está esgotado e, pelo contrário, influenciou e influencia toda uma geração de criminólogos, juristas, filósofos e sociólogos. Foucault é um dos exemplos mais conhecidos, mas não é o único. A própria criminologia crítica, Freud, Nietzsche e, em certa medida, Agambem e Derrida também trabalham com pressupostos semelhantes. As consequências políticas do modelo antropológico hobbesiano são conhecidas: o Estado e o direito passam a ser vistos apenas como aparatos de dominação e as relações sociais como relações de poder e de instrumentalização política.[136]

Rousseau se contrapõe ao hobbesianismo. Ele vai caracterizar o modelo antropológico hobbesiano como aquele centrado no "amor-próprio".[137] Rousseau se recusa a aceitar que o "amor-próprio", a violência e a vontade desenfreada de instrumentalização alheia faça parte do nosso *Ser* Humano. Na verdade, ele entende que o "amor-próprio" é resultado de nossa socialização, e não uma característica natural do ser humano. Pelo contrário, entende ele que, se há uma característica existencial essencial do ser humano, essa seria a virtude da *piedade*:

> Não creio ter a temer qualquer contradição, se conferir ao homem a única virtude natural que o detrator mais acirrado das virtudes humanas teria de reconhecer. Falo da piedade, disposição conveniente a seres tão fracos e sujeitos a tantos males como o somos; virtude tanto mais universal e mais útil ao homem quanto nele precede o uso de qualquer reflexão, e tão natural que as próprias bestas às vezes são dela alguns sinais perceptíveis.[138]

Rousseau entende que a maldade, a violência e as consequentes relações de poder não são algo intrínseco ao ser humano, mas algo que

---

[135] Ver, a esse respeito: HONNETH, Axel. *Kampf um Anerkennung. Zur moralischen Grammatik sozialer Konflikte*, Frankfurt a.M: Suhrkamp, 2003 (erweiterte Ausgabe), p. 15 e ss.

[136] Ver, a esse respeito: SAAR, Martin. *Genealogie als Kritik, Geschichte und Theorie des Subjekts nach Nietzsche und Foucault*. Frankfurt a.M.: Campus, 2007; HAVERKAMP, Anselm (org.). *Gewalt und Gerechtigkeit. Derrida-Benjamin*. Frankfurt a.M.: Suhrkamp, 1994 e LITOWITZ, Douglas E. *Postmodern Philosophy and Law*. Lawrence: University Press of Kansas, 1997

[137] ROUSSEAU, Jean-Jacques. *Discurso sobre a origem e os fundamentos da desigualdade entre os homens* (1754). São Paulo: Nova Cultural, 1988, p. 56 e ss. Para outra versão da crítica de Rousseau a Hobbes, ver: ROUSSEAU, Jean-Jacques. *Do Contrato Social ou Princípios do Direito Político*. São Paulo: Nova Cultural, 1987, p. 24 e ss.

[138] ROUSSEAU, Jean-Jacques. *Discurso sobre a origem e os fundamentos da desigualdade entre os homens* (1754). São Paulo: Nova Cultural, 1988, p. 57.

é "apreendido" no processo de socialização. Para ele, o "amor-próprio" pode sempre ser suavizado e temperado "com a repugnância inata de ver sofrer seu semelhante (...)",[139] típica da piedade. Rousseau entende que mesmo em circunstâncias as mais áridas e difíceis, mesmo em tempos totalmente dominados pelo "amor-próprio", a piedade pode sempre florescer. Essa virtude natural do ser humano seria, portanto, anterior à razão e à reflexão:

> Tal o movimento puro da natureza, anterior a qualquer reflexão; tal a força da piedade natural que até os costumes mais depravados têm dificuldade em destruir, porquanto se vê todos os dias, em nossos espetáculos, emocionar-se e chorar pela causa de um desafortunado, aquele mesmo que, se estivesse no lugar do tirano, agravaria ainda mais os tormentos de seu inimigo.[140]

Rousseau tem, portanto, uma posição intermediária entre a teoria política da antiguidade que associava a política à ética e partia de uma concepção de ser humano como *zoon politikon*, ou seja, como animal político, no sentido de animal tendente a viver harmonicamente em sociedade com outros seres humanos, e aquela moderna que partia de uma concepção puramente negativa de ser humano, ou seja, uma concepção de ser humano como um animal autointeressado que se relaciona com outros seres humanos de forma unicamente instrumental. Por um lado, ele não nega que o processo de socialização pode vir acompanhado de uma "perversão" do *ser* humano que faz com que ele seja sim cada vez mais egocêntrico e somente capaz de "amor-próprio". Por outro lado, porém, ele admite que o ser humano tenha uma virtude intrínseca, a piedade, que permanece latente e nunca poderá ser destruída. Nesse pequeno detalhe, como se procurará mostrar a seguir, consiste a dificuldade do hobbesianismo, a saber, a incapacidade de passar da crítica para a dimensão teórico-propositiva. Ora, se todos os seres humanos são egocêntricos e se só há relações de poder, não sobra espaço para uma construção positiva de um novo modelo de Estado e Direito, pois, tanto faz qual seja o modelo, no fundo, ele sempre se transformará numa nova forma de dominação. Portanto, o hobbesianismo está sempre preso em um círculo vicioso e pessimista: não há saída, somos todos destinados a dominar uns aos outros eternamente. Essas consequências negativas do hobbesianismo ficarão mais claras a partir do debate entre Honneth e Whitebook.

Whitebook entende que a tradição, em que a teoria do reconhecimento de Honneth se situa, poderia ser chamada de Intersubjetivismo.

---

[139] ROUSSEAU, Jean-Jacques. *Discurso sobre a origem e os fundamentos da desigualdade entre os homens* (1754). São Paulo: Nova Cultural, 1988, p. 57.

[140] Idem, ibidem.

Ele acredita que o Intersubjetivismo ameaça tornar-se o paradigma teórico mais proeminente dos nossos dias e que tal pensamento deveria gerar preocupação.[141] O Intersubjetivismo enfatiza a socialização e, portanto, tem uma certa tendência a negar o "trabalho dos negativos". Isto teria tido como consequência que a virada intersubjetiva da teoria crítica, do ponto de vista da teoria da socialização, conduziria inevitavelmente a um conformismo, que consistiria no abandono da ideia de um estímulo antissocial de independência do sujeito que, por isso, trairia a ideia fundamental de uma negatividade do *self*-individual presente na tradição que vai de Hobbes a Freud. Contra o Intersubjetivismo, Whitebook defende a tradição hobbesiniana. Whitebook descreve o hobbesianismus como um princípio, cujas coordenadas básicas são indivíduos isolados, guiados por impulsos e instintos antissociais estrategicamente orientados.[142] Portanto, Whitebook quer, em sua análise, salvar um pouco da "veracidade" perdida do hobbesianismo, porque ele acredita que esta tradição representaria o meio teórico adequado para atualizar a teoria crítica.

Estes dois pontos de vista divergentes da natureza humana também teriam noções opostas de democracia. Os defensores do Intersubjetivismo fundamentam sua teoria da democracia sobre três princípios políticos e filosóficos: em primeiro lugar, com o "intuito de proteger sua teoria contra a barbárie, defende o Intersubjetivismo que o homem é essencialmente um *zóon logikón*";[143] em segundo lugar, que a natureza humana é essencialmente social, ou seja, os adeptos do Intersubjetivismo acreditam que "*o zóon logikón e o zóon politikón devem andar de mãos dadas*";[144] por fim, os intersubjetivistas entendem ser os dois primeiros pontos partes de uma filosofia e antropologia necessárias para o programa político de democracia radical.[145]

Essa ênfase na sociabilidade comunicativa do homem como fundamento da democracia está em nítido contraste com o hobbesianismo de Whitebook. O hobbesianismo acredita que o capitalismo teria simplesmente liberado nosso potencial para a irracionalidade, egoísmo e agressividade – elementos básicos da nossa antropologia e psicologia – ou seja, no capitalismo, toda a nossa antropologia negativa poderia se desenvol-

---

[141] WHITEBOOK, Joel. Wechselseitige Anerkennung und die Arbeit des Negativen. In: *Phyche*, 55, Jahrgang, Heft 8, August 2001, p. 755.

[142] Idem, ibidem.

[143] Ibidem, p. 757. (*tradução livre*).

[144] Ibidem, p. 758. (*tradução livre*).

[145] Idem, ibidem.

ver de uma forma livre, sem freios.[146] A agressividade humana não seria, portanto, como propõem o Intersubjetivismo, o subproduto de uma ordem social irracional (ou de uma educação não esclarecida), que em uma sociedade moderna (ou grupos familiares modernos) poderiam ser desligados, mas consistiria sim em um pedaço da natureza indomável do ser humano. A questão da democracia deveria ser, portanto, aquela posta por Jonathan Lear: "Como pode alguém levar a sério a irracionalidade humana e da mesma forma acreditar em um ideal democrático?".[147]

Whitebook tenta mostrar que Honneth visa a integrar as duas correntes de comportamento, o Hobbesianismo e o Intersubjetivismo em sua teoria do reconhecimento. A crítica de Whitebook tem o mérito de mostrar todas as dificuldades envolvidas na tentativa de fazer conciliar o Hobbesianismo com o Intersubjetivismo: as objeções de Whitebook representam um desafio, especialmente para teorias intersubjetivistas como a de Honneth, que pretendem conservar o potencial teórico-crítico de sua teoria, porque em uma primeira análise não fica completamente claro como se pode compreender uma teoria crítica social adequada à divergência e à resistência em uma categoria individual de sujeito, quando a sua identidade e a estrutura de sua personalidade deve se basear por completo em um processo de reconhecimento social: Não seria necessário para uma teoria crítica desenvolvida no seio da tradição da Escola de Frankfurt ter como pressuposto necessário de sua teoria uma noção de indivíduo como a do Hobbesianismo, ou seja, a de um indivíduo constituído por uma sede irremediável da impulsividade antissocial?[148]

Tanto Honneth quanto Whitebook não partilham a mesma posição de Habermas e St. Lorenz e entendem que teoria social crítica da tradição da Escola de Frankfurt deve continuar mantendo uma estreita ligação com a teoria psicanalítica.[149] Os dois autores têm, porém, opiniões divergentes quanto à forma como essa ligação deve ser desenvolvida: enquanto Whitebook acredita que esta atualização precisar ser feita com a ajuda da visão ortodoxa da psicanálise, segundo a qual o desenvolvimento psi-

---

[146] WHITEBOOK, Joel. Wechselseitige Anerkennung und die Arbeit des Negativen. In: *Phyche*, 55, Jahrgang, Heft 8, August 2001, p. 759.

[147] Idem, p. 758.

[148] HONNETH, Axel. Facetten des vorsozialen Selbst. Eine Erwiderung auf Joel Whitebook. In: *Phyche*, 55, Jahrgang, Heft 8, August 2001, p. 797.

[149] Ver, a esse respeito: HONNETH, Axel. Das Werk der Negativität. Eine psychoanalytische Revision der Anerkennungstheorie. In: BOHLEBER, Werner; DREWS, Sibylle. *Die Gegenwart der Psychoanalyse – die Psychoanalyse der Gegenwart*, Stuttgart: Klett-Cotta 2001, p. 238 ff. e WHITEBOOK, Joel. Wechselseitige Anerkennung und die Arbeit des Negativen. In: *Phyche*, 55, Jahrgang, Heft 8, August 2001, p. 755 e ss.

cológico somente pode se realizar de forma adequada se for produto de uma série de formas de organização da relação monológica entre os instintos libidinosos e o Super-Ego, Honneth, por outro lado, procura explicar o processo de socialização da criança com ajuda da teoria das relações objetais de Winnicott, que desde o início o definiu como um processo de configuração intersubjetiva.

Honneth continua firmemente convencido de que a maioria dos materiais de observações empíricas dos métodos experimentais das pesquisas com crianças comprova cabalmente que as reações agressivas de bebês e crianças pequenas devem ser vistas como primitivas expressões de raiva e hostilidade em resposta a experiências angustiantes, em vez de serem compreendidas como impulsos instintivos endógenos. Quanto mais avançamos na idade das crianças pesquisadas, mais claro fica que as suas tendências agressivas são sempre fruto de superações reativas de frustrações e sofrimentos produzidas por relações sociais.[150] Tendo por base esse material empírico, Honneth entende que ficou claro que a teoria crítica deve renunciar aos pressupostos da ortodoxia psicanalítica, ou, em outras palavras, deve renunciar às premissas de um Hobbesianimsmo forte: "Nós perdemos muito pouco, para os propósitos críticos da teoria crítica da sociedade, se nós renunciamos ao pressuposto, de que o homem é revestido de um impulso suicida ou de impulso agressivo".[151]

A relação próxima que a tradição da Escola de Frankfurt tem com a teoria psicanalítica é de conhecimento geral: desde Horkheimer passando por Fromm até o Habermas de *Erkenntnis und Interesse*, praticamente todos os antigos representantes da Escola de Frankfurt focaram suas pesquisas nessa inter-relação, qual seja, o resultado da psicanálise integrada ao estudo da Teoria Social marxista.[152] Honneth acredita que esta relação próxima entre a teoria da sociedade crítica e a psicanálise desenvolvida pela tradicional Escola de Frankfurt deve ser mantida e aprofundada. Por outro lado, ele está convencido de que a justificação desse procedimento não é facilmente alcançada, pela simples apropriação acrítica de

---

[150] HONNETH, Axel. Facetten des vorsozialen Selbst. Eine Erwiderung auf Joel Whitebook. In: *Phyche*, 55, Jahrgang, Heft 8, August 2001, p. 793.

[151] HONNETH, Axel. Das Werk der Negativität. Eine psychoanalytische Revision der Anerkennungstheorie. In: BOHLEBER, Werner; DREWS, Sibylle. *Die Gegenwart der Psychoanalyse – die Psychoanalyse der Gegenwart*, Stuttgart: Klett-Cotta 2001, p. 245.

[152] Para um panorama da recepção de Freud pela Teoria Crítica, ver: DAHMER, Helmut. *Libido und Gesellschaft. Studien über Freud und die Freudsche Linke*. Frankfurt am Main: Suhrkamp, 1973 e BONSS, Wolfgang. Psychoanalyse als Wissenschaft und Kritik. Zur Freudrezeption der Kritischen Theorie. In: ———; HONNETH, Axel, (Orgs.), *Sozialforschung als Kritik. Zum sozialwissenschaftlichen Potential der Kritischen Theorie*. Frankfurt am Main: Suhrkamp, 1982, p. 367-425.

manuscritos de Adorno, Horkheimer, Fromm ou Marcuse, tratando-os como referência na área, uma vez que a cooperação do marxismo com a teoria psicanalítica tinha algo de acidental ou ocasional na sua época.[153] Num primeiro momento, nos anos trinta, a teoria serviu "para explicar a ausência de pesquisas revolucionárias". Mais tarde, com o fim do Facismo, ela serviu "para explicar a apatia e a total falta de resistência do povo alemão na então estabelecida *Bundesrepublik (Republica Federativa da Alemanha)*". Mas, assim que este contexto histórico foi alterado, a primeira e primordial evidência quanto à "necessidade de uma integração entre a teoria psicanalítica e teoria crítica da sociedade" também desapareceu. Por isso, Habermas, com o desenvolvimento de sua *Teoria do Agir Comunicativo (Theorie des kommunikativen Handelns)* desistiu desta conexão com a psicanálise.[154]

Honneth acredita que esse pequeno esboço da historicidade interna da teoria crítica é suficiente para mostrar que a questão, qual corte interdisciplinar, deve possuir a teoria da sociedade crítica, não deve ser respondida sempre da mesma forma, mas que precisa ser respondida e ancorada num arcabouço teórico empiricamente orientado.[155] Ao contrário de Habermas, Honneth continua convencido de que há duas razões principais que justificam a razão pela qual a teoria crítica ainda é dependente da psicanálise:

> a) O nível normativo da Teoria Crítica depende diretamente de um possível conceito fenomenológico e realista da pessoa humana, no qual também as faculdades irracionais de ligações das forças inconscientes do sujeito, possam ser reconhecidas como próprias do ser humano:[156] "Para se proteger contra as ilusões que acompanham as ideias de uma moral da razão, a teoria crítica necessita, portanto, ser complementada por uma psicologia moral, guiada por ideias fundadas na compreensão psicanalítica. Nela, a pessoa humana é apresentada como um ente, que estaria sobrecarregado pelo compromisso estrito para uma hipotética posição de imparcialidade, o que até certo ponto seria ignorar os fundamentos existenciais da sua própria vida para a aplicação da norma".[157] A psicanálise, portanto, desempenharia o mesmo papel que o materialismo teria desempenhado para a teoria crítica desenvolvida por Horkheimer:[158] ela assinala que o ser humano está existencialmente

---

[153] HONNETH, Axel. Das Werk der Negativität. Eine psychoanalytische Revision der Anerkennungstheorie. In: BOHLEBER, Werner; DREWS, Sibylle. *Die Gegenwart der Psychoanalyse – die Psychoanalyse der Gegenwart*. Stuttgart: Klett-Cotta 2001, p. 238.

[154] Idem, p. 239.

[155] Idem ibidem.

[156] Idem, p. 240.

[157] Idem, ibidem (tradução livre).

[158] Idem, ibidem.

vinculado à sua própria vida, por meio de estímulos e pulsões inconscientes, que precisam ser levados em conta por qualquer moral racionalista.[159]

b) Além disso, a teoria crítica da sociedade precisa de um complemento da psicanálise também no nível explanatório, pois somente assim poderão ser levados em conta os motivos inconscientes da ação humana:[160] em um nível muito básico o mundo social deve ser compreendido como um emaranhado de emoções e motivações, que nem sempre são refletidas conscientemente pelos seres humanos. Portanto, seria necessária uma teoria psicológica do sujeito, fundada em uma teoria da socialização, cuja gênese dedicaria suficiente atenção aos efeitos inconscientes na história de vida. Segundo Honneth, não existe "outra teoria que poderia executar esse trabalho de melhor forma, do que uma ou outra versão da psicanálise".[161]

Honneth pretente, portanto, com a sua teoria do reconhecimento, levar a sério este vínculo da teoria crítica com a psicanálise. Em *Luta por Reconhecimento*, Honneth apresenta, pela primeira vez, a sua teoria de forma sistemática. Nesse livro, o autor desenvolve o que se pode chamar de conceito negativo do reconhecimento. *Negativo* significa aqui que Honneth não pretende, em primeira mão, definir o que significa reconhecimento, mas que ele pretende, a partir de uma análise das experiências de desrespeito, comprovar de forma dialética a necessidade das relações de reconhecimento. Ele diferencia três esferas do reconhecimento (a esfera do amor, do direito e da solidariedade), três formas práticas de autorrelação (autoconfiança, autorrespeito e autoestima) e três formas de desrespeito (maus-tratos e violação; privação de direitos e exclusão; privação de honra e de dignidade) que são consideradas como fonte de conflitos sociais que, por sua vez, são conectados a processos históricos de aprendizagem, cujo objetivo principal é a ampliação horizontal das relações de reconhecimento. Nessa fase do desenvolvimento de sua teoria, a psicanálise exerce uma função específica: ela esclarece como se forma e como se caracteriza a esfera do reconhecimento do amor. Honneth, porém, não quer apresentá-la de forma puramente teórica e procura, portanto, conferir plausibilidade às suas afirmações teóricas, comparando-as com os estudos empíricos e psicanalíticos de Donald W. Winnicott.

Honneth parte do princípio de que a esfera de reconhecimento do amor está ancorada estruturalmente na dimensão da natureza afetiva e dependende da personalidade humana. Ele encontra os primeiros elementos da sua teoria do reconhecimento na categoria da *Dependência*

---

[159] HONNETH, Axel. Das Werk der Negativität. Eine psychoanalytische Revision der Anerkennungstheorie. In: BOHLEBER, Werner; DREWS, Sibylle. *Die Gegenwart der Psychoanalyse – die Psychoanalyse der Gegenwart*. Stuttgart: Klett-Cotta 2001, p. 240.

[160] Idem, ibidem.

[161] Idem, ibidem.

Absoluta, de Winnicott. Esta categoria designa a primeira fase do desenvolvimento infantil, na qual tanto a mãe quanto o bebê se encontram de tal forma ligados que, entre eles, surge uma espécie de relação simbiótica. A carência e a dependência total do bebê e o direcionamento completo da atenção da mãe para a satisfação das necessidades da criança fazem com que entre eles não haja nenhum tipo de limite de individualidade e ambos se sintam como unidade. Aos poucos, com o retorno gradativo aos afazeres da vida diária, esse estado de simbiose vai se dissolvendo, a partir de um processo de ampliação da independência de ambos. Pois, com a volta a normalidade da vida, a mãe não está mais em condições de satisfazer as necessidades da criança imediatamente.

A criança, então, em média com 6 meses de vida, precisa se acostumar com a ausência da mãe. Essa situação estimula na criança o desenvolvimento de capacidades que a tornam capaz de se diferenciar do seu ambiente. Winnicott atribui a essa nova fase o nome de *Relativa Independência*. Nesta fase, a criança reconhece a mãe não mais como uma parte do seu mundo subjetivo, e sim, como um objeto com direitos próprios. A criança trabalha esta nova experiência por meio de dois mecanismos, que Honneth chama de *Destruição* e *Fenômeno de Transição*. O primeiro mecanismo é interpretado, por Honneth, a partir dos estudos de Jessica Benjamin. Jessica Benjamin constata que os fenômenos de expressão agressiva da criança nesta fase acontecem na forma de uma espécie de luta, que ajuda a criança a reconhecer a mãe como um ser independente com reivindicações próprias. A mãe precisa, por outro lado, aprender a aceitar o processo de amadurecimento que o bebê está passando. A partir dessa experiência de recíproco reconhecimento, os dois começam a vivenciar também uma experiência de amor recíproco sem regredir a um estado simbiótico. A criança, porém, só estará em condições de desenvolver o segundo mecanismo se o primeiro mecanismo levá-la a fazer uma experiência elementar de confiança na dedicação da mãe.

Com base nesses resultados dos estudos de Winnicott, Honneth esboça os princípios fundamentais do primeiro nível de reconhecimento. Quando a criança experimenta a confiança no cuidado paciencioso e duradouro da mãe, ela passa a estar em condições de desenvolver uma relação positiva consigo mesma. Honneth chama essa nova capacidade da criança de *autoconfiança (Selbstvertrauen)*. De posse dessa capacidade, a criança está em condições de desenvolver de forma sadia a sua personalidade. Esse desenvolvimento primário da capacidade de autoconfiança é visto por Honneth como a base das relações sociais entre adultos. Honneth vai além e sustenta que o nível do reconhecimento do amor é o núcleo fundamental de toda a moralidade. Portanto, este tipo de reconhecimento é responsável não só pelo desenvolvimento do *autorrespeito*

(*Selbstachtung*), mas também pela base de autonomia necessária para a participação na vida pública.

Conclusões Parciais: rumo a uma fundamentação do sistema penal e do direito penal a partir dos Direitos Fundamentais e dos Direitos Humanos?

O presente capítulo teve por objetivo principal *desvelar*, no sentido heideggeriano, com ajuda de Rousseau, o fundamento antropológico do pensamento criminológico e teórico-social contemporâneos. Tinha-se por objetivo mostrar que esse fundamento funciona como ponto cego de toda teoria social e de toda criminologia. A partir da crítica de Rousseau a Hobbes deveria ter restado comprovado que o Hobbesianismo que subjaz às teorias criminológicas e sociais dominantes tem limitações que precisam ser criticadas. Essas limitações e suas consequências foram analisadas a partir do debate entre Honneth e Whitebook. Ao final deveria ter ficado claro que o modelo antropológico, desenvolvido a partir da teoria do reconhecimento de Axel Honneth e da teoria psicanalítica de Donald W. Winnicott, se apresenta como mais adequado para atualizar a intenção inicial de Rousseau e para o desenvolvimento profícuo de uma compreensão do ser humano como um todo. Desenvolver uma nova teoria social e criminológica crítica a partir desse modelo é uma tarefa ainda a ser desenvolvida e que, espera-se, venha a ser realizada em breve.[162]

Além disso, rediscutir as instituições sociais do Direito e do Estado a partir dessa concepção parecem ser um desafio especialmente complexo: por um lado, todo o teórico crítico precisa levar em consideração as críticas do Hobbesianismo. Porém, por outro lado, se ele se limitasse a reduzir os pressupostos de sua análise àqueles propostos pelo Hobbesianismo, o potencial crítico-reconstrutivo desapareceria, restando apenas uma espécie de derrotismo teórico, que é obrigado a admitir que tudo, inclusive os seus próprios esforços teóricos, não passam de tentativas mais ou menos violentas de instrumentalização do outro.

---

[162] Essa tarefa de desenvolver uma Criminologia do Reconhecimento foi assumida como meu projeto de pesquisa atual e alguns resultados já estão sendo apresentados à comunidade científica: SAAVEDRA, Giovani A. *A Teoria Crítica de Axel Honneth*. In: Souza, Jessé; Mattos, Patrícia, *Teoria Crítica do Século XXI*. São Paulo: Annablume, 2007, p. 95-112; SAAVEDRA, Giovani A. *Dignidade vs. Segurança. O problema da tortura revisitado pela Criminologia do Reconhecimento*. In: *Veritas*, v. 53, n. 2, abr./jun. 2008, Porto Alegre, p. 90-106; SAAVEDRA, Giovani A. Violência e Reificação – linhas fundamentais da criminologia do reconhecimento. In: *Boletim do IBCCRIM* 198. São Paulo, Maio de 2009, p. 16-17 e SAAVEDRA, G. A. *Criminologia do Reconhecimento*: linhas fundamentais de um novo paradigma criminológico. In: Gauer, Ruth Maria Chittó. (Org.). *Criminologia e Sistemas Jurídico-Penais Contemporâneos II*. Porto Alegre: EDIPUCRS, 2010. V. II, p. 91-106.

Habermas, Honneth e Garland identificaram esse tipo de problemas ou aporias nas teorias do poder, em especial naquela de Foucault.[163] As tentativas de solução dessas aporias passam, invariavelmente, por uma reflexão acerca da legitimação dos Direitos Fundamentais, dos Direitos Humanos e sua relação com o Direito Penal. O próprio Zaffaroni, que com seu livro *Em busca das penas perdidas*, alcançou o posto de teórico crítico *par excelence*, defensor da "deslegitimação do sistema penal", identifica o problema e classifica de "onipotência adolescente" a crítica pela crítica do direito penal que para na desconstrução dos fundamentos de legitimidade do sistema penal vigente:

> A tradição das fábricas de reprodução ideológica do sistema penal tem adestrado os juristas, com discursos nos quais é impossível a separação entre a legitimação do exercício do poder do sistema penal e a legitimidade da pauta de decisões nos casos submetidos a seu poder (ou seja, às agências judiciais) pelo processo de seleção prévia das agências não judiciais.
>
> Em função desse longo condicionamento, alimentado pelo servilismo dedutivo das pautas decisórias em relação às legitimantes, a resposta elementar considera que, *se o exercício do poder do sistema penal encontra-se deslegitimado, torna-se necessário aboli-lo.*
>
> No entanto, um pequeno contato com os dados da realidade do exercício de poder das agências do sistema penal impõe que o jurista renuncie à sua onipotência adolescente, para alcançar a maturidade que lhe permita tomar consciência dos estreitos limites do seu poder.
>
> Sem dúvida, no plano pessoal, este processo, em função da desilusão que representa, gera estados depressivos inevitáveis: a passagem da adolescência à maturidade implica, necessariamente, desilusão; o indivíduo que escapa da neurose improdutiva aprende a usar o impulso juvenil para transformar a realidade, tornando-a mais atrativa do que o jogo de ilusões.[164]

---

[163] Ver, a esse respeito: HABERMAS, Jürgen. *Der philosophische Diskurs der Moderne. Zwölf Vorlesungen*. Frankfurt a.M.: Suhrkamp, 1988. Cap. IX e X [Há uma tradução portuguesa deste livro: HABERMAS, Jürgen. *O Discurso Filosófico da Modernidade*. Lisboa: Publicações Dom Quixote, 1990. Cap. IX e X]; GARLAND, David. *Punishment and Modern Society. A Study in Social Theory*. Chicago: The University of Chicago Press, 1990. Cap. 7 [Há uma tradução espanhola deste livro: GARLAND, David. *Castigo y Sociedad Moderna. Un Studio de teoría social*. Madrid: Siglo XXI, 1990] e HONNETH, Axel. *Kritik der Macht. Reflexionsstufen einer kritischen Gesellschaftstheorie*. Frankfurt a. M.: 1986. Cap. 4, 5 e 6 [Há uma tradução em língua inglesa do presente livro: HONNETH, Axel. *The Critique of Power. Reflective Stages in a Critical Social Theory*. Cambridge: MIT Press, 1991. Cap. 4, 5 e 6].

[164] ZAFFARONI, Eugenio Raúl. *Em busca das penas perdidas. A perda de legitimidade do sistema penal*. Rio de Janeiro: Revan, 1989, p. 195. Em outro contexto, Faria Costa também critica este comportamento infantil: "É fácil, demasiado fácil – e por isso de um ridículo absurdo a que se junta infantilidade intelectual – atirar as culpas de todo o mal, socialmente relevante e socialmente imputável, que existe entre nós, para as instâncias que controlam a violência que as instituições legitimam" (FARIA COSTA, José de. Um olhar doloroso sobre o Direito Penal (ou o encontro inescapável do homo dolens, enquanto corpo-próprio, com o direito penal). In: ——. *Linhas de Direito Penal e de Filosofia*. Alguns

Zaffaroni parece ter chegado ao cerne do problema. O tipo de comportamento por ele descrito pode ser verificado na reação dos teóricos críticos aos desenvolvimentos contemporâneos de política criminal. De fato, os temas da segurança pública, do sistema prisional, do direito penal e processual penal têm ocupado espaço de destaque em todos os âmbitos da esfera pública, mas, infelizmente, esse crescimento da importância do tema não tem sido acompanhado por uma reflexão crítica adequada. Pelo contrário, na Criminologia, tem-se identificado o ressurgimento de um *"Cultura do Punitivismo"*[165] e, no âmbito da dogmática penal, fala-se em *"Expansão do Direito Penal"*.[166] Infelizmente, parece que, cada vez mais, o Direito Penal tem sido compreendido acriticamente como instrumento imprescindível de concretização de políticas públicas e proteção de bens jurídicos. Essa situação tem gerado, como salientou Zaffaroni, "estados depressivos inevitáveis".

Diante desse contexto, os intelectuais e acadêmicos críticos têm adotado basicamente duas posturas: por um lado, há aqueles que optam pelo que chamo de "fatalismo-destrutivo". Esses intelectuais adotam a ironia como metodologia e têm por objetivo principal atacar o sistema como um todo, ou seja, partem do princípio de que o problema do direito seria o próprio direito. O sistema penal como um todo estaria, portanto, falido, e o direito penal estaria "em crise", principalmente, por que estariam ancorados em uma lógica moderna, "visceralmente violenta". O único caminho seria acabar com a "vontade de instituição", que, em última instância, significaria o "fim do Estado" e o "fim do Direito Penal". Garland denomina esse conjunto de ideias de o "paradigma do fracasso", cujo lema seria: "Nada funciona".[167] O que viria depois desses "fins", natural-

---

Cruzamentos Reflexivos. Coimbra: Coimbra, 2005, p. 71). Com o vocabulário da psicologia esse comportamento também poderia ser designado de egocêntrico: "Na infância, o egocentrismo se expressa na ideia de que os objetos seriam idênticos à sua percepção (...). O egocentrimo da pré-adolescência, caracteriza-se pela certeza de que as próprias ideias correspondem a um alto nível de percepção da realidade. (...) No início da adolescência, finalmente, o egocentrismo se mostra na concepção de que as ideias dos outros se concentram totalmente no seu próprio *Ego Individual (Selbst)*" (DÖBERT, Rainer; HABERMAS, Jürgen; NUNNER-WINKLER, Gertrud (Org.). *Entwicklung des Ichs*. Köln: Athenaeum *et. all*, 1980, p. 177)

[165] Ou *The New Punitiveness* como tem sido chamado este fenômeno no mundo anglo-saxão. Por todos: PRATT, John *et al*. *The New Punitiveness. Trends, theories, perspectives*. Portland: Willan, 2005.

[166] SÁNCHEZ, Jesús Maria Silva. *La Expansión del Derecho Penal. Aspectos de la Política Criminal en las sociedades postindustriales*. Montevideo/Buenos Aires: Julio César Faira, 2008.

[167] GARLAND, David. *A Cultura do Controle. Crime e Ordem Social na sociedade contemporânea*. Rio de Janeiro: Revan, 2008, p. 155-158.

mente, não interessa. Para esses colegas, o retorno ao estado de natureza parece opção bem melhor do que a vida em sociedade num Estado Democrático de Direito.[168]

Porém, ironicamente, foi exatamente esse tipo de críticos e críticas um dos principais responsáveis pela falência do previdenciarismo penal. Aproveitando que os defensores da ressocialização, dos direitos fundamentais dos presos, enfim, os defensores de um sistema penal liberal ou social-democrata de direito, estavam sob ataque feroz dos novos "críticos radicais" do "controle penal", as forças políticas reacionárias se associaram a essa crítica rompendo as bases de um movimento que tinha atuado fortemente no sentido de humanização do direito e sistemas penais.[169] Essa crítica radical, portanto, pode ser considerada, paradoxalmente, como uma das fontes do ressurgimento da Cultura do Punitivismo. Na prática, o problema do "fatalismo-destrutivo" é que ele não se ocupa da "reconstrução", mas apenas da "destruição", deixando espaço para que outros assumam essa função.

A outra postura crítica possível é a adotada por Zaffaroni em sua obra, dado que, diferentemente do fatalismo-destrutivo, o autor não para na crítica. Brecht teria caracterizado a sua excelente contribuição de postura crítica *par excellence*, especialmente porque descreve os mesmos fenômenos abordados pelo fatalismo-destrutivo, mas os apresenta ao público de forma a estimular a crítica reconstrutiva. Brecht entende que a forma da apresentação precisa não apenas ser "crítica" (*kritisch*), mas também "possibilitadora de crítica"[170] (*Kritik ermöglichend*), ou seja, o contrário do que Brecht chama de "teatro dramático",[171] a apresentação não pode gerar no espectador um vazio pós-crítica, ou seja, o espectador não pode ficar com a impressão de que: "enfim... as coisas são assim e não há nada que

---

[168] Importante ressaltar aqui, para evitar mal-entendidos, *que não se está a criticar o pensamento abolicionista* (especialmente aquela corrente, que prega apenas o fim da prisão), mas somente uma forma de crítica radical do Direito Penal. Ademais, entende-se não ser mais discutível o fato de que a pena de prisão está falida: parece claro que ela não cumpre o fim a que se propõe e que apenas contribui para aprofundar as mazelas sociais e a exclusão social (ver a esse respeito: BITENCOURT, Cezar Roberto. *Falência da Pena de Prisão – causas e alternativas*. São Paulo: Revista dos Tribunais, 1993 e WACQUANT, Löic. *As Prisões da Miséria*. Rio de Janeiro: Zahar, 1999). E, em que pese não haja em vista nenhuma evidência empírica de que a pena de prisão venha a ser abolida em breve, entende-se que a utopia de uma sociedade sem prisão tem valor extremamente importante e deve ser um ideal a ser seguido.

[169] Idem, p. 161 e ss.

[170] BRECHT, Bertold. Episches Theater, Entfremdung. In: Hauptmann, Elisabeth (org.). *Gesammelte Werde. Schriften zum Theater*. v. 15. Frankfurt am Main: Suhrkamp, 1967, p. 373.

[171] BRECHT, Bertold. *Das epische Theater*. Op. cit., p. 265.

eu possa fazer". Pelo contrário, Brecht sustenta que a crítica deve estimular mudanças na práxis.

Dessa forma, Zaffaroni sustenta que o Direito Penal e o sistema penal precisam estar ancorados em uma antropologia básica que fundamentaria uma relação entre Direitos Humanos e Direito Penal:

> É necessário esclarecer que não acreditamos que a coerência interna do discurso jurídico-penal esgote-se em sua não contradição ou complexidade lógica, mas, ao contrário, requer uma fundamentação antropológica básica com a qual deve permanecer em relação de não contradição, uma vez que, se o direito serve ao homem – e não o contrário –, a planificação do exercício de poder do sistema penal deve pressupor esta antropologia filosófica básica ou ontologia regional do homem.
> No momento atual, esta afirmação no plano jurídico não implica uma remissão livre ao pântano da metafísica e do opinativo, embora subsista um enorme campo aberto à discussão. Acima deste âmbito discutível, é inegável que existe uma positivação jurídica mínima dessa antropologia, materializada nos mais importantes documentos produzidos pela comunidade jurídica internacional em matéria de direitos humanos.
> A consagração de uma ontologia regional do homem (que bem pode chamar-se *antropologia jurídica jus-humanista*) impõe a *consideração do homem como pessoa*.
> (...)
> A fundamentação antropológica permite estabelecer um nível de crítica à coerência interna do discurso jurídico-penal.

Zaffaroni propugna, portanto, que o direito penal e o direito humanitário devam ser considerados "como prolongação recíprocas",[172] ou seja, o caminho para superação do problema da deslegitimação do sistema penal e da crise do discurso jurídico-penal vai no sentido de uma a reflexão sobre os direitos humanos, os direitos fundamentais e sua relação com o sistema penal e o direito penal. Nos próximos capítulos, pretende-se apresentar o caminho que parece frutífero para desenvolver essa temática.

---

[172] ZAFFARONI, Eugenio Raúl. *Em busca das penas perdidas. A perda de legitimidade do sistema penal*. Rio de Janeiro: Revan, 1991, p. 198.

8. A Teoria Tradicional dos Direitos Humanos e dos Direitos Fundamentais[173]

Para o enfrentamento do tema a que se propõe este capítulo, em primeiro lugar, deve-se delimitar a terminologia utilizada e o seu conteúdo semântico. Isso se faz necessário, principalmente, porque tanto na dou-

---

[173] Neste e no próximo capítulo, pretendo retomar o debate sobre a fundamentação do Estado Democrático de Direito, desenvolvendo as ideias preliminares apresentadas à comunidade acadêmica em meu livro: Saavedra, Giovani A. *Jurisdição e Democracia*. Porto Alegre: Livraria do Advogado, 2006. Neste livro, eu tentei reconstruir o conceito de Estado Democrático de Direito a partir da teoria de Jürgen Habermas. Em que pese ainda esteja convencido de que muitas ideias de Habermas continuam válidas e aplicáveis, parece-me, porém, que enquanto, por um lado, a teoria habermasiana avança no sentido de uma melhor compreensão do vínculo entre democracia e direito, por outro lado, ao centrar seus esforços nas condições de uma teoria procedimental comunicativa, essa teoria esvazia de tal forma sua compreensão material dos direitos humanos e dos direitos fundamentais que ela passa a não estar em condições de esclarecer de forma adequada como eles poderiam proteger a formação da personalidade e da autonomia dos cidadãos. Num segundo momento do desenvolvimento da minha pesquisa, parecia que a teoria de Axel Honneth seria suficiente para suprir este déficit, principalmente porque parecia levar a sério a crítica habermasiana sem ao mesmo tempo abdicar de um pano de fundo ético. Essa convicção me acompanhou quase até a metade do meu período de pesquisa de doutorado e se reflete em alguns artigos desenvolvido no período de 2004 e 2006, mas que foram publicados mais tarde: SAAVEDRA, Giovani A. Hermenêutica Constitucional, Democracia e Reconhecimento: desafios da teoria da constituição contemporânea. In: *Revista Brasileira de Direito Constitucional (RBDC)*. São Paulo: ESDC, 2006. n. 7, p. 265-290; ———. Interpretação e Reconhecimento. In: *Realismo – Revista Ibero-Americana de Filosofia Política e Filosofia de Direito*. v. 2. n. 2 (2007). Porto Alegre: Instituto Jacques Maritain do RS, 2007; Idem. The Constitution of Recognition. Towards a Critical Constitutional Theory. In: Ludovisi, Stefano Giacchetti. (Org.). *Nostalgia for a Redeemed Future: Critical Theory*. Roma/Chicago: John Cabot University Press, 2008, p. 129-145; SAAVEDRA, Giovani A. Traditional and Critical Theory of Constitution. In: Lazzeri, Christian; Nour, Soraya. *Reconnaissance, identité et integration sociale*. Paris: Quest, 2009. Porém, ao longo da minha pesquisa de doutorado restou logo claro que a teoria de Axel Honneth ainda permanece excessivamente vinculada a um paradigma individualista, o que dificulta uma releitura do Direito e do Estado a partir de sua Teoria do Reconhecimento. Os limites e possibilidades do desenvolvimento da Teoria do Reconhecimento foram desenvolvidos em minha tese de doutorado em filosofia: SAAVEDRA, Giovani A. *Der Geist der Anerkennung. Die*

trina, quanto no direito positivo (constitucional ou internacional) não há consenso em torno do tema e são utilizadas as mais variadas expressões para designar os mesmos termos abordados neste ensaio.[174]

Em primeiro lugar, é necessário esclarecer o uso do termo: "Teoria Tradicional", dado que com ele não se está aqui querendo dizer algo trivial. Pelo contrário, o termo "Teoria Tradicional" tal como será tratado neste capítulo guarda relação direta com a tradição da Escola de Frankfurt.[175] Ele designa uma teoria que não se percebe como parte do processo de reprodução social. Ela se apresenta como neutra, universal e dissociada da sua própria historicidade, bem como não considera "o Outro" em sua reflexão ética. A ela se contrapõe uma "Teoria Crítica", que é consciente de suas limitações e comprometida com a "Inclusão do Outro" em suas considerações éticas e jurídicas.[176]

Além disso, principalmente do ponto de vista da fundamentação do direito, a distinção entre direitos fundamentais e direitos humanos ad-

---

Reflexionsstufen der Anerkennungstheorie. Tese de Doutorado em Filosofia – Johann Wolfgang Goethe – Universität Frankfurt am Main. 2008. Aos poucos foi amadurecendo em mim a ideia de que, para superar os problemas diagnosticados, seria necessário o desenvolvimento de uma teoria original do Direito e do Estado. O primeiro esboço sistemático da minha teoria foi apresentado à comunidade acadêmica em minha tese de doutorado em direito: SAAVEDRA, Giovani A. *Traditionelle und kritische Rechtstheorie. Die Reflexionsstufen der Rechtsanalyse.* Tese de Doutorado em Direito – Johann Wolfgang Goethe – Universität Frankfurt am Main. 2008. No que segue, pretendo desenvolver as primeiras linhas de uma teoria crítica dos direitos humanos e dos direitos fundamentais a partir do arcabouço teórico desenvolvido em minha tese de doutorado em direito.

[174] "No que concerne à terminologia e ao conceito adotados [...] tanto na doutrina, quanto no direito positivo (constitucional ou internacional), são largamente utilizadas (e até com maior intensidade), outras expressões, tais como "direitos humanos", "direitos do homem", "direitos subjetivos públicos", "liberdades públicas", "direitos individuais", "liberdades fundamentais", e "direitos humanos fundamentais", apenas para referir algumas das mais importantes". SARLET, Ingo Wolfgang. *A eficácia dos direitos fundamentais.* 3. ed. rev. atual e ampl. Porto Alegre: Livraria do Advogado, 2003, p. 31. Para outros tipos de classificação terminológica utilizados pela doutrina, com remissões históricas, teóricas e identificação de origem dos termos, ver: CANOTILHO, J.J. Gomes. *Direito constitucional e teoria da constituição.* Coimbra: Livraria Almedina, 1998, p. 359 e ss. SILVA, José Afonso da. *Curso de direito constitucional positivo.* 22. ed. rev. atual. São Paulo: Malheiros Editores, 2003, p. 175 e ss. BONAVIDES, Paulo. *Curso de direito constitucional.* 13 ed. rev. atual. São Paulo: Malheiros, 2003, p. 560 e ss.

[175] HORKHEIMER, Max. Traditionelle und kritische Theorie. In: *Zeitschrift für Sozialforschung.* Jahrgang VI. 1937, p. 245-294; Horkheimer, Max; Marcuse, Herbert. *Philosophie und kritische Theorie.* In: *Zeitschrift für Sozialforschung.* Jahrgang VI. 1937, p. 625-647.

[176] Sobre minha concepção de Teoria Tradicional e Teoria Crítica do Direito, ver: SAAVEDRA, Giovani A. *Traditionelle und kritische Rechtstheorie. Die Reflexionsstufen der Rechtsanalyse.* Tese de Doutorado em Direito – Johann Wolfgang Goethe – Universität Frankfurt am Main. 2008.

quire importância.[177] As discussões atuais sobre os tratados internacionais de direitos humanos,[178] as grandes religiões e a globalização,[179] a ética e a globalização,[180] a tolerância,[181] as críticas religiosas e orientais dos direitos humanos,[182] as intervenções humanitárias,[183] o debate acerca da justiça de transição[184] e da relação entre Direitos Fundamentais e Direito Penal[185] e, por fim, a Teoria Crítica dos Direitos Humanos[186] têm demonstrado que a simples positivação dos direitos humanos na forma de tratados internacionais e em Constituições não tem sido suficiente para sanar os problemas que envolvem o argumento. Além disso, evidenciam o risco de

---

[177] "Assim [...] cumpre traçar uma distinção, ainda que de cunho predominantemente didático, entre as expressões 'direitos do homem' (no sentido de direitos naturais não, ou ainda não positivados), 'direitos humanos' (positivados na esfera do direito internacional) e 'direitos fundamentais' (direitos reconhecidos ou outorgados e protegidos pelo direito constitucional interno de cada Estado)". SARLET, *A eficácia dos direitos fundamentais*, p. 34.

[178] BOBBIO, Norberto. *A era dos direitos*. Rio de Janeiro: Campus, 1992. 217 p.

[179] KALLSCHEUER, Otto. Weltreligionen und Globalisierung. In: NICOLAI, Petersen; SOUZA, Draiton Gonzaga de. *Globalisierung und Gerechtigkeit/Globalização e Justiça*. Porto Alegre: EDIPUCRS, 2002, p. 83-108 (Coleção filosofia; 143). Versão traduzida para o português: Religiões universais e globalização. In: NICOLAI, Petersen; SOUZA, Draiton Gonzaga de. *Globalisierung und Gerechtigkeit/Globalização e Justiça*. Porto Alegre: EDIPUCRS, 2002, p. 109-136 (Coleção filosofia; 143).

[180] OLIVEIRA, Manfredo Araújo de. *Desafios éticos da globalização*. São Paulo: Paulinas, 2001. 333 p.

[181] WALZER, Michael. *Da Tolerância*. São Paulo: Martins Fontes, 1999. 153 p.

[182] BIELEFELDT, Heiner. *Filosofia dos direitos humanos*. São Leopoldo: Ed. Unisinos, 2000.

[183] HÖFFE, Otfried. Intervención Humanitária: reflexiones ético-jurídicas. In: *Derecho Intercultural*. Barcelona: Gedisa, 2000, p. 249-257.

[184] Sobre o debate, ver: RUIZ, Castor Bartolomé. *Justiça e Memória. Para uma crítica ética da violência*. São Leopoldo: Unisinos, 2009; ROMERO, Mauricio. *Verdad, memória e reconstrucción. Estudios de caso y análisis comparado*. Bogotá: ICTJ, 2008. e o Dossiê Justiça de Transição publicado pela revista *Sistema Penal & Violência*,Vol. 2, n. 2, julho/dezembro 2010: GREEN, Penny; WARD, Tony. *Violence and the State*, p. 1-14; BICKFORD, Louis. *Truth and Reconciliation*, p. 15-21; DA SILVA FILHO, José Carlos Moreira. *Crimes de Estado e Justiça de Transição*, p. 22-35; ALMEIDA, Eneá de Stutz e; TORELLY, Marcelo D. *Justiça de Transição, Estado de Direito e Democracia Constitucional: Estudo preliminar sobre o papel dos direitos decorrentes da transição política para a efetivação do estado democrático de direito*, p. 36-52; DIAS, João Paulo. *Arquitetura Judicial em Portugal: 5 momentos de transição para a democracia*, p. 53-65.

[185] FELDENS, Luciano. *A Constituição Penal. A Dupla Face da Proporcionalidade no Controle das Normas Penais*. Porto Alegre: Livraria do Advogado, 2005 e Idem. *Direitos Fundamentais e Direito Penal*. Porto Alegre: Livraria do Advogado, 2008.

[186] MARTÍNEZ, Alejandro Rosillo *et all* (Org.). *Teoria Crítica dos Direitos Humanos no Século XXI*. Porto Alegre: EDIPUCRS, 2008.

que as declarações dos direitos humanos se limitem exatamente a isso: a meras declarações.[187]

Visando a superar estas dificuldades, autores como Höffe sustentam que se deve tratar diferenciadamente direitos fundamentais e direitos humanos.[188] Para o autor, nos países em que os direitos humanos passam a fazer parte da constituição (antes faziam apenas parte da moral jurídica universalista) se convertem em elementos do direito positivo, ou melhor, em direitos fundamentais de uma comunidade jurídica particular.[189]

Portanto, o autor acentua a origem pré-estatal e supraestatal dos direitos humanos. Os direitos fundamentais são proclamados por um Estado concreto e dizem respeito aos valores de seus habitantes. Já os direitos humanos, ao contrário, pretendem ser identificados com o ser humano em si, ou seja, os direitos humanos têm pretensões universalistas e, por isso, qualquer ser humano pode advogar a titularidade desses direitos.

Höffe sustenta que os direitos humanos mantêm seu potencial crítico exatamente por que não podem ser limitados à sua positivação. Os direitos humanos gozam de um *status* jurídico-moral que se desconsiderado perde o seu potencial crítico. Höffe reconstrói de um lado os direitos fundamentais segundo sua perspectiva de justiça política[190] e de outro desenvolve um modelo de fundamentação e legitimação dos direitos humanos a partir do conceito que vem desenvolvendo atualmente: a república mundial.[191] Ao adotar esta postura, porém, ele acaba por dar pouca ênfase à questão da legitimação democrática dos direitos humanos e dos direitos fundamentais. Habermas critica este ponto aduzindo que Höffe concentra suas atenções na coerção, e não na autonomia pública dos cidadãos. Habermas, portanto, reconstrói os direitos fundamentais a partir de sua

---

[187] "Las primeras dificuldades de índole política comienzan con el hecho de que una declaración de derechos humanos puede quedar en eso: en mera declaración sin mayores consecuencias". HÖFFE, Otfried. Derechos humanos. In: *Derecho intercultural*. Barcelona: Gedisa, 2000, p. 166.

[188] HÖFFE, Otfried. Derechos humanos. In: *Derecho intercultural*. Barcelona: Gedisa, 2000.

[189] Idem, p. 167-168.

[190] HÖFFE, Otfried. *Justiça Política: fundamentação de uma filosofia crítica do direito e do Estado*. Rio de Janeiro: Vozes, 1991.

[191] Para uma perspectiva geral do desenvolvimento atual deste conceito ver principalmente: HÖFFE, Otfried. *Demokratie im Zeitalter der Globalisiereung*. München: Beck, 1999. Há um resumo desta obra apresentado pelo próprio autor em ocasião do seminário Justiça e Política: homenagem a OTFRIED HÖFFE. Sua palestra foi publicada em: HÖFFE, Otfried. Visão república mundial: democracia na era da Globalização. In: *Justiça e Política*: homenagem a Otfried Höffe. Porto Alegre: EDIPUCRS, 2003. 694 p. (Coleção Filosofia ; 156).

teoria discursiva, buscando sustentar uma relação de complementaridade entre autonomia pública e autonomia privada do direito.

Essa breve introdução do tema mostra que um dos desafios contemporâneos da Teoria dos Direitos Humanos consiste exatamente na elaboração de um arcabouço teórico que dê conta, ao mesmo tempo, do fenômeno da positivação dos Direitos Humanos, ou seja, dos Direitos Fundamentais, sem, por outro lado, perder o potencial crítico típico desses direitos e sua vinculação com a democracia. No que segue, pretende-se mostrar os limites da forma como a Teoria Tradicional tenta superar esse desafio, de forma a fundamentar *ex negativo* a necessidade de uma Teoria Crítica dos Direitos Humanos e dos Direitos Fundamentais.

8.1. Positivação dos Direitos Humanos

Desde a sua primeira positivação em documentos internacionais, os direitos humanos fazem parte da agenda de debates políticos e têm gerado discussões intermináveis quanto a sua (im)possibilidade de fundamentação. As formas de garantir a sua eficácia, o seu conteúdo valorativo, o seu grau de (in)disponibilidade (etc.) não atingiram um consenso ou uma legitimidade capazes de viabilizar a aplicação eficaz e universal a que estes direitos se propuseram. Apesar de todas as controvérsias, no decorrer da história, os direitos humanos foram introduzidos, quando não de forma integral, pelo menos em grande parte, nos constituições dos países ocidentais, ou seja, foram positivados.

Luhmann aborda esse fenômeno a partir de sua teoria dos sistemas. Ele entende por direito positivo: "as normas jurídicas que entraram em vigor por decisão e que, de acordo com isso, podem ser revogadas".[192] Porém, por decisão, Luhmann entende algo mais abrangente do que decisões legislativas: "Esta definição (...) não contém uma limitação a determinados *tipos* de decisão mais ou menos no sentido de que apenas os atos legislativos podem estabelecer o direito positivo. Também as sentenças judiciais, por exemplo, constituem decisões nesse sentido, na medida em que exercem uma ação normativa".[193] Portanto, para Luhmann, o fenômeno da positivação do direito está diretamente vinculado com a filtragem de valores sociais por meio de decisões: "A positivação do direito significa, portanto, que todos os valores sociais, normas e expectativas de com-

---

[192] LUHMANN, Niklas. *Legitimação pelo procedimento*. Brasília: Ed. Universidade de Brasília, 1980, p. 119.

[193] Idem, idem, p. 119.

portamento têm de ser filtrados através de processos de decisão antes de poderem conseguir validade legal".[194]

Para Luhmann, o fenômeno da positivação do direito está ligado a um desencantamento do direito, de uma sua trivialização.[195] Por muito tempo, o direito buscou fundamentação fora dos seus limites e sua ligação com a religião e com a política era evidente. As alterações jurídicas diziam respeito apenas a conceitos isolados, ou regras de exceção mediante um direito de soberania política de fundamento especial (como o *jus eminens*) uma manifestação atípica da vida política (como se pretendeu até o século XVIII). O direito era visto como o degrau mais baixo de uma hierarquia a que estava submetido, ou seja, haveria a instituição divina de normas jurídicas e o direito estava a ela subordinado.

Essas formas de pensamento são vistas por Luhmann como facilitadoras da introdução da positivação do direito no pensamento jurídico ocidental. Porém, elas não apresentariam uma teoria adequada da realidade atual.[196] Elas atribuem ao direito um caráter de indisponibilidade e invariabilidade. Essas formas conseguiram apenas subsistir enquanto a sociedade foi estruturada de forma estática, ou seja, com ambientes estáveis e seguros de processos naturais, psíquicos e sociais. Segundo Luhmann, essa estrutura rígida começou a tornar-se inadequada à medida que, no decurso do desenvolvimento civilizacional, houve um aumento de complexidade e variabilidade desses processos.

Com o surgimento da Modernidade, o direito passa a ser revogável e modificável. O novo da positividade do direito é, portanto, precisamente, a legalização de mudanças legislativas, com todos os riscos que isso acarreta. Essa "presentificação" da possibilidade de modificação pressuporia uma concepção abstrata de tempo. Isso implica que a positividade do direito muda a concepção de validade do direito. A questão passa a ser reduzida à vigência ou não de determinadas normas jurídicas: "O caráter estatuído significa contingência, significa que a vigência se baseia no próprio ato de estatuir-se, o qual bem poderia ter outro resultado".[197]

---

[194] LUHMANN, Niklas. *Legitimação pelo procedimento*. Brasília: Ed. Universidade de Brasília, 1980, p. 119.

[195] FERRAZ JR., Tércio Sampaio. A Trivialização dos Direitos Humanos. In: *Novos Estudos CEBRAP*. Out. 1990. n. 28, p. 99-115.

[196] Ibidem, 120. Ver, a esse respeito também: FERRAZ JR., Tércio Sampaio. *A Trivialização dos Direitos Humanos*. In: *Novos Estudos CEBRAP*. Out. 1990. n. 28, p. 99-115.

[197] LUHMANN, Niklas. *Sociologia do Direito*. v. II. Rio de Janeiro: Tempo Brasileiro, 1985, p. 10.

Essa contingência do direito positivo lhe confere também um caráter contraditório das estruturas com base na diferenciação dos sistemas. Dessa forma, adquiri-se a possibilidade de um direito diferenciado em termos temporais. Hoje pode estar em vigor um direito que ontem não existia e amanhã, possivelmente, não estará mais em vigor. Esta nova referência do direito à vigência em termos temporais aumenta, também, sua complexidade material, ou seja, o sistema jurídico passa a dispor de um detalhamento de normas jurídicas frente a circunstâncias rapidamente mutáveis e fortemente diferenciáveis.

Dessa forma, para dar conta da complexidade, a generalização do direito terá que ser levada a um nível mais alto de indiferença. Em termos temporais, isso significaria indiferença em relação ao direito divergente anterior e posterior. Em termos materiais, isso significaria indiferença em relação à incompatibilidade de sentido em outras áreas do direito, ou seja, redução de pretensão de consistência. Em termos sociais, isso significaria indiferença em relação às implicações simbólicas da opinião ou do comportamento divergentes, ou, em outros termos, tolerância. Essas indiferenças têm por consequência uma "trivialização moral do direito".[198]

Portanto, no sentir de Luhmann, o direito "fecha-se sobre si mesmo", criando um processo decisório que lhe é próprio. Luhmann considera as condições da estabilização de mecanismos reflexivos em sistemas sociais e passa a tratar a problemática da positivação do direito sociologicamente, e não moralmente. Segundo Luhmann, o crescimento de processos reflexivos só pode ser garantido na realidade social através da diferenciação e da especificação de sistemas sociais parciais correspondentes. Portanto, para Luhmann, a reflexividade correlaciona-se com a diferenciação funcional: por causa da diferenciação ela torna-se necessária, mas é a diferenciação que a possibilita.[199]

Assim, Luhmann entende que, com a positividade, o direito passa a sustentar a si mesmo. Porém, para ele, isso não significa que o direito surja a partir de si mesmo, sem um estímulo externo, mas apenas que, só se torna direito, aquilo que passa pelo filtro de um processo jurídico e através dele possa ser reconhecido. O direito passa, então, a cumprir a função de "generalização congruente de expectativas comportamentais normativas", aceitando de outros âmbitos apenas aquelas vinculações e aqueles estímulos que sejam essenciais para a realização dessa função.[200]

---

[198] LUHMANN, Niklas. *Sociologia do Direito*. v. II. Rio de Janeiro: Tempo Brasileiro, 1985, p. 13.

[199] Idem, p. 18.

[200] LUHMANN, Niklas. *Rechtssoziologie*. Opladen: Westdeutscher, 1987. Cap. II. 6.

A partir destas conclusões parciais, Luhmann introduz o princípio sistêmico da "autorreferência".²⁰¹ Segundo este princípio, próprio da teoria dos sistemas, todos os sistemas sociais são caracterizados a partir da autorreferência das suas operações e, portanto, estruturados circularmente. Eles decidem através da referência a outras decisões do próprio sistema e formam, portanto, uma gramática específica do sistema que servem para a busca de ulteriores decisões. Eles agem desta forma para adaptarem-se e estarem prontos para a variação, com o fim último de assegurar "continuidade e evolução".²⁰² A autorreferência é, portanto, princípio básico da teoria dos sistemas, que implica a necessidade de "assimetrias", ou seja, a exigência de interromper as a independência circular a partir dos respectivos "ambientes" dos respectivos sistemas. Para ilustrar o entendimento de Luhmann, passa-se à análise da relação entre sistema político e sistema jurídico:²⁰³

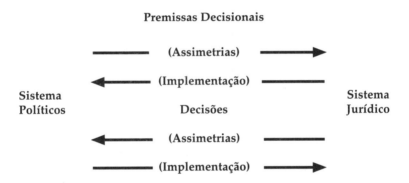

O esquema acima ilustra a concepção luhmanniana de relação entre sistemas: a autorreferência dos sistemas se rompe em dois sentidos (é o que Luhmann chama de *Double Interchanges*). De uma parte, o sistema político fornece "assimetrias" ao sistema do direito, isto é, premissas decisionais na forma de direito positivamente instituído. De outra parte, o sistema jurídico também fornece "assimetrias" ao sistema político na forma de condições para o emprego da força e, desta forma, para o sistema

---

²⁰¹ Para uma introdução neste conceito, ver: LUHMANN, Niklas. *Introducción a la teoría dos sistemas*. (Lecciones publicadas por Javier Torres Nafarrate). México/Barcelona: ITESO/Anthropo, 1995, p. 71 e ss. e CORSI, Giancarlo; ESPOSITO, Elena; BARALDI, Claudio. *Glosario sobre la teoría Social de Niklas Luhmann*. México/Barcelona: ITESO/Anthropo, 1995, p. 35 e ss.

²⁰² LUHMANN, Niklas. *Ausdifferenzierung des Rechts. Beiträge zur Rechtssoziologie und Rechtstheorie*. Frankfurt a. M: Suhrkamp, 1981, p. 163 e ss.

²⁰³ Esse esquema não foi criado pelo autor do presente texto, mas retirado de: Idem, p. 169.

político, isso significa uma interrupção no círculo de vontade e força. A forma jurídica se interpõe sem que com isso a autonomia e a forma democrática de formação da vontade política sejam colocadas em dúvida. Por outro lado, as decisões jurídicas, por sua vez, valem-se do emprego da força para valer suas decisões. Segundo Luhmann, é esse intercâmbio que viabiliza e regenera ambos os sistemas.

Outra diferenciação importante é aquela, fruto da separação entre direito e moral, imposta através de um processo histórico de secularização do direito desde a antiga Roma até o século XVIII, estabelecendo a diferenciação entre determinantes internos e externos da ação.[204] Segundo Luhmann, houve também um rompimento cognitivo normativo da verdade, que passou a ser definida no sentido da ciência contemporânea.[205] O último tipo de diferenciação identificável foi a separação do direito das funções socializadoras, educadoras e edificadoras.[206]

Portanto, a positivação do direito, para Luhmann, significa a sua especificação funcional, o seu fechamento sistêmico e sua autorreferência. Ao positivar-se o direito se torna indiferente de tal forma, que acaba por sofrer um processo de trivialização, ou seja, o direito despe-se de qualquer conteúdo que não seja eminentemente jurídico, sua fundamentação agora vem a partir de si mesmo, e não da moral, da política ou outro sistema social. Em outras palavras, a positivação de um direito tira dele qualquer vínculo de sentido ou necessidade com a moral, a política, a religião etc. Da mesma forma, a constitucionalização dos direitos humanos, no mundo contemporâneo, torna-os direitos autorreferentes, ou seja, leva-os a cortar raízes com seu fundamento anterior. Sob outro aspecto, também, esse fenômeno os torna triviais à medida que eles se proliferam, difundem-se e alteram-se:

> Tornam-se triviais, porém, na medida em que a jurisdicidade de seu sentido se torna trivial, isto é, em que o seu significado jurídico só pode ser obtido a partir de outros conteúdos significativos e de outras relações funcionais.[207]

O caráter contingente do direito positivo também mina o caráter indisponível e invariável dos direitos humanos, pois, à medida que o direito

---

[204] Sobre o processo de secularização e laicização, ver o excelente livro: CATROGA, Fernando. *Entre Deuses e Césares. Secularização, Laicidade e Religião Civil*. Coimbra: Almedina, 2006.

[205] LUHMANN, Niklas. *Sociologia do Direito*. v. II. Rio de Janeiro: Tempo Brasileiro, 1985, p. 24.

[206] Ibidem, p. 26-27.

[207] FERRAZ JR., Tércio Sampaio. A Trivialização dos Direitos Humanos. In: *Novos Estudos CEBRAP*. Out. 1990. n. 28, p. 112.

se torna contingente não há mais como invocá-lo como um direito absoluto, ou ainda, não se pode relacionar este direito a uma atitude necessária. Este caráter contingente limita a extensão e a vigência dos direitos humanos já que da mesma forma que um direito humano foi positivado, ele pode ser retirado do sistema jurídico. Os direitos passam a conviver com a contradição. Eles podem valer hoje e não valer amanhã, eles podem ser aplicados em determinados casos e não em outros, ou seja, a referência para a sua validade não é mais o ser humano e sim as decisões jurídicas que regem o sistema jurídico, autorreferente.[208]

Outro problema da positivação dos direitos humanos é a impessoalização da responsabilidade. Ao positivarem-se, os direitos humanos se desvinculam da moral, da individualidade, da política e dos critérios pessoais, levando a uma consequente despreocupação quanto aos efeitos de determinada decisão por parte do operador jurídico. O operador jurídico sistêmico é alheio, é cego às repercussões sociais de suas decisões. Devido ao fechamento operacional, o sistema jurídico não consegue entender senão através do seu código legal e não legal. As possíveis "assimetrias" deste fechamento sistêmico e autorreferencial só são feitas a partir de uma seletividade que também é determinada "por dentro". Se lembrarmos o exemplo da relação entre o sistema político e o sistema jurídico, veremos que ao fornecer critérios para o sistema jurídico, o sistema político não é influenciando diretamente na forma de decidir do sistema jurídico, pois, os critérios de seleção das premissas fornecidas pelo sistema político para uma implementação jurídica são definidos internamente no sistema jurídico.[209]

8.2. Legitimação Tradicional dos Direitos Humanos

Höffe[210] sustenta, por outro lado, que se deve tratar diferenciadamente direitos fundamentais e direitos humanos. Para o autor, nos países em que os direitos humanos passam a fazer parte da constituição, estes, que antes faziam apenas parte da moral jurídica universalista, se convertem em elementos do direito positivo, ou melhor, em direitos fundamentais de uma comunidade jurídica particular.[211]

---

[208] FERRAZ JR., Tércio Sampaio. A Trivialização dos Direitos Humanos. In: *Novos Estudos CEBRAP*. Out. 1990. n. 28, p. 114.

[209] Idem, p. 115.

[210] HÖFFE, Otfried. Derechos humanos. In: *Derecho intercultural*. Barcelona: Gedisa, 2000. 284 p.

[211] Idem, p. 167-168.

Portanto, o autor acentua a origem pré-estatal e supraestatal dos direitos humanos. Já os direitos fundamentais são proclamados por um Estado concreto e dizem respeito aos valores de seus habitantes. Os direitos humanos, ao contrário, pretendem ser identificados com o ser humano em si, ou seja, os direitos humanos estão vinculados ao ser humano enquanto tal.

Höffe sustenta que os direitos humanos mantêm seu potencial crítico exatamente por que não podem ser limitados à sua positivação. Os direitos humanos gozam de um *status* jurídico-moral que se desconsiderado perde o seu potencial crítico. Höffe reconstrói de um lado os direitos fundamentais segundo sua perspectiva de justiça política[212] e de outro desenvolve um modelo de fundamentação e legitimação dos direitos humanos a partir do conceito que vem desenvolvendo atualmente: a república mundial.[213]

Tendo em vista a forma como Höffe aborda o problema, a primeira dificuldade que a sua teoria deve enfrentar é a relação entre a ideia de universalidade dos princípios vinculados aos direitos humanos e a relatividade cultural.[214] Aqueles que defendem argumentos relativistas, ou aqueles que estão vinculados a culturas orientais, tendem a acusar os direitos humanos de uma forma nova de ideologia eurocêntrica, ou uma nova forma de imperialismo sutil do ocidente.[215] Chega-se a sustentar que os direitos humanos são a "Zivilreligion der Moderne" (religião civil dos modernos).[216] Höffe pretende fugir desta crítica, buscando nos direitos humanos características realmente universais:

---

[212] HÖFFE, Otfried. *Justiça Política: fundamentação de uma filosofia crítica do direito e do Estado.* Rio de Janeiro: Vozes, 1991. 404 p.

[213] Para uma perspectiva geral do desenvolvimento atual deste conceito ver principalmente: HÖFFE, Otfried. *Demokratie im Zeitalter der Globalisiereung.* München: Beck, 1999. 476 p. Há um resumo desta obra apresentado pelo próprio autor em ocasião do seminário Justiça e Política: homenagem a OTFRIED HÖFFE. Sua palestra foi publicada em: HÖFFE, Otfried. *Visão república mundial: democracia na era da Globalização.* In: *Justiça e Política:* homenagem a OTFRIED HÖFFE. Porto Alegre: EDIPUCRS, 2003, p. 205-224. (Coleção Filosofia; 156). Sobre o assunto ver também: HÖFFE, Otfried. *O que é justiça?* Porto Alegre: EDIPUCRS, 2003, p.115 e ss.

[214] HÖFFE, Otfried. Los principios universales del derecho y la relatividad cultural. In: *Revista Diálogo Científico: revista semestral de investigaciones alemanas sobre sociedad, derecho y economia.* Tübingen, 1993, vol. 2, n. 2, p. 11-26.

[215] HÖFFE, Derechos humanos, op. cit., p. 167 e ss.

[216] "Alguns críticos hablan con menosprecio de los derechos humanos como la religión civil de la Modernidad". HÖFFE, Otfried. Derechos humanos. Op. cit., p. 165. "Was die – wenigen – Kritiker abschätzig die 'Zivilreligion der Moderne' nennen, ist in Wahreit ein unverzichtbarer Bestandteil der neuzeitlichen Rechts – und Staatsmoral". HÖFFE,

> Mi interes no obstante se centra sobre el problema siguiente: existen condiciones en las que la institución de los derechos humanos merezca este nombre? Para mi, la pregunta debe plantearse como um problema de *legitimación*: qué es lo que nos permite afirmar que un derecho comprendido como una reivindicación subjetiva, le corresponde al hombre unicamente en virtud de su calidad humana?[217]

Höffe a princípio responde parcialmente a esta questão, sustentando que, ao menos formalmente, o reconhecimento dos direitos humanos por parte dos Estados é universal. Entretanto, sabe-se que em países como a China e os Estados islâmicos, por exemplo, parte das declarações de direitos humanos é rejeitada, pois é considerada como uma "afronta" à cultura local.

De um lado, se sabe que somente se pode falar de direitos humanos cuja validade supere os particularismos. Porém, Höffe afirma que a história tem demonstrado que mesmo em instituições que reconheciam os direitos humanos se convivia com contradições internas, ou melhor, com lesões flagrantes aos direitos humanos. Poderia-se citar aqui a Virgínia nos Estados Unidos, ou vários países europeus. Portanto, a pergunta: "como uma instituição de direito que se desenvolveu de maneira regional e que ademais não foi sempre levada a sério, pode aspirar à universalidade?".[218]

Höffe sustenta que isto somente será possível se for separada a legitimação dos direitos humanos do processo e da história de sua gênese. Dessa forma, deve-se buscar argumentos a favor de uma legitimação intercultural com uma justificação neutra ante as diferenças culturais. Para se conseguir tal legitimação é necessário, segundo Höffe, que sejam neutralizadas as imagens antropológicas do ocidente (individualismo, ateísmo, antihistoricismo...) e que seja proposto um *"logos tou anthropou*, um concepto cultural e historicamente neutro".[219]

Para Höffe, dois elementos dão origem a esta antropologia: um oriundo da filosofia transcendental (Kant) que se pode chamar de "elementos transcendentales de la antropologia o, más brevemente, de interesses relativamente transcendentales"[220] e outro da antropologia social

---

Otfried. Transzendentaler Tausch – eine Legitimatiosnfigur für Menschenrechte? In: GOSEPATH, Stefan; Lohmann, Geog. *Philosophie der Menschenrechte*. Frankfurt: Suhrkamp, 1999, p. 29-47.

[217] HÖFFE, Los principios universales del derecho y la relatividad cultural, op. cit., p. 11.

[218] Idem, p. 13. (tradução livre).

[219] Idem, ibidem.

[220] Idem, p. 17.

negativa (Hobbes).[221] Porém, Höffe tem o cuidado de tratar esta antropologia apenas como uma antropologia parcial, ou seja, "en un nuevo gesto de modestia, la antropologia social negativa no manifiesta ninguna pretensión hacia uma validez exclusiva, pero se considera uma antropologia parcial".[222] Dessa forma Höffe retoma argumentos clássicos da teoria do direito, ou seja, aqueles que evidenciam que a nossa instituição de direitos perde sentido ali onde as relações sociais são cooperativas, e não conflitivas.[223] Em outras palavras, ele entende que as instituições jurídicas são contrafáticas.

A partir dessa antropologia, Höffe chega aos seus conceitos de intercâmbio negativo e de troca transcendental, centrais na sua teoria.[224] A forma negativa de intercâmbio consiste no perigo mútuo. E este constitui no intercâmbio da própria capacidade para exercer a violência contra o interesse de não ser vítima da violência do outro. Neste ponto, Höffe rompe com a filosofia tradicional social, pois o interesse pessoal não pode realizar-se senão através de uma prestação negativa do outro, ou seja, através de uma renúncia universal da violência. À primeira vista, parece que a troca é simplesmente negativa, porém, se ao renunciar a violência contra seus semelhantes se reconhecem os deveres correspondentes, neste momento os direitos correspondentes estão garantidos. Portanto, da renúncia a matar, roubar ou impedir o exercício da religião, nasce o direito à integridade física e à vida, à propriedade e à liberdade religiosa.[225]

Para Höffe, o conceito de troca transcendental deve ser sustentado exatamente a partir deste fundamento antropológico. Thomas Kesselring dá a seguinte formulação: o conceito de troca transcendental é para Höffe "uma troca negativa no sentido de uma troca de renúncias parciais ao uso da própria liberdade".[226] Para Höffe, o conceito de troca transcendental (*Transzendentaler Tausch*) também pode ter a seguinte formulação: "a limitação de liberdade é, portanto, permutada por uma garantia de

---

[221] HÖFFE, Los principios universales del derecho y la relatividad cultural, op. cit., p. 19.

[222] Idem, ibidem.

[223] Idem, ibidem.

[224] HÖFFE, Otfried. Transzendentaler Tausch – eine Legitimatiosnfigur für Menschenrechte? In: GOSEPATH, Stefan; Lohmann, Geog. *Philosophie der Menschenrechte*. Frankfurt: Suhrkamp, 1999, p. 29-47. Sobre uma análise crítica deste conceito ver: KESSELRING, Thomas. A troca transcendental: análise de um conceito central na teoria de Otfried Höffe. In: *Justiça e Política: homenagem a Otfried Höffe*. Porto Alegre: EDIPUCRS, 2003, p. 257-262.

[225] HÖFFE, Los principios universales del derecho y la relatividad cultural, op. cit., p. 21.

[226] KESSELRING, A troca transcendental, op. cit., p. 259.

liberdade, a renúncia à liberdade é compensada com uma pretensão de liberdade".[227]

Segundo Höffe, desde os primórdios gregos, a antropologia filosófica sabe que a capacidade de agir está vinculada a três fatores, visíveis em três determinações fundamentais, válidas para toda pessoa de cada civilização: cada indivíduo é (1) um ser dotado de corpo e vida (*zôon*=animal), que (2) se distingue pela faculdade do pensamento e da fala (*zôon lógon échon*, ou seja, *animal rationale*) e (3) carece da comunidade e da sua ordem política (*zôon politikón*, respectivamente *animal sociale*). Höffe entende que, como as duas primeiras determinações estão vinculadas a pré-requisitos negativos e positivos, pode-se distinguir três grupos principais de direitos humanos: direitos negativos de liberdade, direitos positivos de liberdade, ou direitos sociais e culturais, e direitos (democráticos) de participação e de cogestão.[228]

Conforme a sua forma mais imediata, a troca (comutação) transcendental realiza-se também de três modos. Existe uma troca negativa, a troca de renúncias, que leva a direitos negativos de liberdade, ademais, aquela troca positiva, a troca de desempenhos, que fornece a base para direitos positivos de liberdade, respectivamente de direitos sociais, e, finalmente, uma troca de autorização política, que se concretiza nos direitos de participação democrática.[229]

Portanto, como já foi demonstrado, Höffe sustenta que os direitos negativos de liberdade podem ser fundamentados facilmente por meio da mencionada ideia de uma troca transcendental: como o ser humano tanto é vulnerável quanto capaz de violência, pode ser tanto autor como vítima da violência que ameaça a sua capacidade de ação.[230] A fim de, não obstante, preservar o seu interesse transcendental pela capacidade de ação, ele deve concordar com uma desistência recíproca, que corresponde a uma troca e fundamenta os pertinentes direitos humanos: se cada pessoa desiste de matar é concedida a cada uma o direito à vida. Dessa forma, os membros da comunidade jurídica concedem os direitos a si

---

[227] HÖFFE, Otfried. *Justiça Política:* fundamentação de uma filosofia crítica do direito e do Estado. Rio de Janeiro: Vozes, 1991, p. 309.

[228] HÖFFE, Otfried. *O que é justiça?* Porto Alegre: EDIPUCRS, 2003, p.87.

[229] HÖFFE, Otfried. Estados nacionais e direitos humanos na era da globalização. In: *Direito e legitimidade*. São Paulo: Landy editora, 2003, p. 314.

[230] HÖFFE, Otfried. Deberes y derechos de los hombres: un canje elemental. In: *Estúdios sobre teoría del derecho y la justicia*. Barcelona: Distribuiciones Fontamara, 1997, p. 65-84.

mesmos, ao passo que o Estado assume tão somente a tarefa subsidiária, embora também imprescindível da garantia.[231]

Segundo Höffe, os direitos positivos (aqui no sentido de direitos a prestações positivas), por outro lado, distinguem-se consideravelmente dessas liberdades. Devido ao problema da escassez, e contrariamente aos direitos negativos de liberdade, elas não podem ser cobradas em todas as circunstâncias. Por essa razão, cabe logo perguntar a quem cumpre pagar a dívida a ser saldada, por conta e risco próprio, com o credor. Ela pode ser respondida do seguinte modo: aos agentes naturais da prestação. Assim, para as crianças, a competência primacial está nas mãos dos pais, pois eles puseram-nas no mundo sem a sua anuência e como seres carentes de amparo. Apesar dessas e de outras diferenças, os direitos positivos, para Höffe, os direitos positivos concordam com os direitos negativos de liberdade no padrão de legitimação, na troca transcendental.

Por fim, Höffe sustenta que visto a dominação política somente se justificar a partir dos implicados, assiste-lhes o direito à participação no governo político, seja diretamente em eleições e votações, seja indiretamente por meio dos representantes eleitos. Consequentemente, existe um terceiro grupo de direitos humanos, os direitos (democráticos) de participação e cogestão. Höffe então dá exemplos vários de como funcionaria a troca transcendental nos mais variados contextos, serão citados apenas dois:

> De um direito social elementar, a saber, do direito à sobrevivência, resultam salários mínimos, cuja determinação mas precisa depende, entretanto, de fatores regionais, como custos de manutenção da vida, e do padrão habitual de vida, bem como dos respectivos recursos.[232]

> Enquanto o trabalho profissional continuar sendo o caso normal, para ganhar o sustento adequado para si e sua família, enquanto ele, ademais, oferecer oportunidades importantes para cultivar a autoestima e a de terceiros, bem como para promover a realização pessoal, mas a oportunidade para o trabalho profissional depender da formação, é necessário a assegurar a todas as pessoas oportunidades adequadas de formação profissionalizante. De mais isso, a política econômica e tributária deve ser comprometida com o objetivo da redução do desemprego.[233]

No âmbito dos direitos humanos, Höffe entende, suplementariamente, que se deve distinguir, no mínimo, três segmentos: (a) direitos humanos que são atuais para cada pessoa, em qualquer época da sua vida; (b) direitos humanos relativos a fases (da vida), como os direitos das crianças

---

[231] HÖFFE, Otfried. *O que é justiça?* Porto Alegre: EDIPUCRS, 2003, p. 87.

[232] Idem, p. 89.

[233] Idem, p. 90.

e dos idosos, relevantes apenas na respectiva quadra da vida; e (c) paradoxalmente até direitos dependentes da cultura. Dependente da cultura não é, porém, a base de legitimação, e sim apenas seu dimensionamento pormenorizado. Segundo Höffe, numa cultura, cuja consciência comunitária seria tão fortemente desenvolvida, como a de algumas regiões da África Negra, poderia ser considerado como violação dos direitos humanos o que no Ocidente se tem como punição legítima, a saber isolar alguém numa prisão por muitos anos. Em condições especiais, o direito pode até converter-se no seu oposto, isto é, em sem razão, em injustiça. Em virtude da igualdade de homens e mulheres, uma forma de vida como a poligamia se afiguria incondicionalmente proibida e, não obstante, poderia ter um lugar legítimo numa ética da solidariedade no âmbito do clã, por exemplo, para incluir as mulheres que, de outro modo, permaneceriam solteiras, o que, segundo parece, é dificilmente imaginável para uma mulher em algumas culturas da África Negra. Aqui os direitos humanos tem uma identidade na diversidade.

Do ponto de vista jurídico, Höffe, assim como Hobbes, não acha que seja possível a existência de direitos efetivos sem a garantia de um Estado que, através da coação, faça com que o direito seja cumprido. No caso dos direitos humanos o autor vem sustentando a necessidade de uma república mundial federativa[234] para que os direitos humanos possam encontrar efetividade em nível internacional. Em outra parte, ele defende também a existência de um tribunal penal internacional.[235] O autor entende que também em nível internacional deve ser respeitado o princípio da separação dos poderes, ou seja, também esta república deveria ter um Poder Legislativo, um Poder Executivo e um Poder Judiciário no qual estaria inserido o tribunal pena internacional. Esta república seria guiada pelo princípio da subsidiariedade:

> [...] os Estados individuais continuam sendo responsáveis pela primeira e fundamental garantia do direito. Cabe-lhes a posição de primeiros ou primários, ao passo que a república mundial é apenas um Estado secundário; e, no caso de graus intermediários, que cobrem grandes regiões, tem-se até mesmo apenas um Estado terciário.[236]

---

[234] Para uma perspectiva geral do desenvolvimento atual deste conceito ver principalmente: HÖFFE, Otfried. *Demokratie im Zeitalter der Globalisiereung*. München: Beck, 1999; HÖFFE. Visão república mundial: democracia na era da Globalização. Op. cit., p. 205-224. (Coleção Filosofia ; 156). Sobre o assunto ver também: HÖFFE. *O que é justiça?* Op. cit., p. 115 e ss.

[235] HÖFFE, Otrfried. Existe um derecho penal intercultural. In: *Derecho intercultural*. Barcelona: Gedisa, 2000, p. 15-161.

[236] HÖFFE, *Visão república mundial*: democracia na era da Globalização, op. cit., p. 213--214.

Vamos chamar isso de princípio da subsidiariedade do Estado mundial. Este princípio tem dois aspectos: por um lado, é mister contruir a república mundial, não de cima para baixo, mas democraticamente e de baixo para cima: a partir dos cidadãos e dos Estados individuais e, tão logo há uma pluralidade de Estados, torna-se necessário construir a república mundial a partir de uniões continentais (europeias, africanas, etc.). Não se trata de um Estado mundial central, mas de um Estado mundial federativo: uma república mundial federativa.[237]

A república federativa, portanto, não dissolve os Estados individuais, mas complementa-os; nesse sentido, ela é apenas um Estado complementar. Höffe entende que os Estados individuais devem-se manter fortes e efetivos, pois muitas tarefas ainda podem ser resolvidas e solucionadas de forma mais eficaz e mais próxima aos cidadãos no nível do Estado individual. Dessa forma, Höffe sustenta que os Estados individuais devem garantir a efetividade dos direitos fundamentais e a república mundial federativa deve garantir a efetividade dos direitos humanos no âmbito do direito internacional.

8.3. Crítica da Teoria Tradicional dos Direitos Humanos

Luhmann sustenta que a modernidade pode ser vista a partir do prisma da diferenciação de sistemas. Nessa perspectiva, os sistemas se transformam um no entorno do outro. O autor sustenta que nenhum âmbito da sociedade escapa dessa "sistematização". Portanto, é possível (sempre segundo a sua posição) observar a modernidade pelo prisma da "nova teoria dos sistemas". Por isso que, para Luhmann, também o chamado processo (ou a tendência) de "juridificação" das relações sociais nas sociedades modernas é um exemplo de autonomização de um sistema específico (o sistema jurídico) em relação ao entorno. Esse sistema para Luhmann não estaria aberto na forma de "inputs" ou "outputs" ao exterior. Nem ao menos poderia estar "ligado" a um mundo da vida solidariamente estruturado. O mundo da vida para Luhmann é subsumido, assim como para Parsons, sob as categorias próprias da teoria dos sistemas.[238] Como vimos, segundo Luhmann, os direitos humanos também

---

[237] HÖFFE, *Visão república mundial*: democracia na era da Globalização, op. cit., p. 214.

[238] LUHMANN, Niklas. *Introducción a la teoría de sistemas*. México: Universidad Iberoamericana, 1996; LUHMANN, Niklas. *Sistemas sociales:* lineamentos para uma teoría general. México: Universidad Iberoamericana, 1998. LUHMANN, Niklas. *Soziale Systeme*: Grundriß einer allgemeinen Theorie. Frankfurt: Suhrkamp, 1987. LUHMANN, Niklas. *Das Recht der Gesellschaft*. Frankfurt: Suhrkamp, 1997. LUHMANN. *O direito da sociedade*. [2000?]. LUHMANN, Niklas; DE GIORGI, Raffaele. *Teoria della società*. Milan: Franco Angeli, 1996.

seriam afetados por esse processo: eles sofreriam o que chamamos de um processo de trivialização.

Habermas interpreta o fenômeno da modernidade de forma diferente. Para ele a evolução social consiste num processo de "diferenciação de segunda ordem".[239] Portanto, a modernidade deve ser analisada a partir de duas perspectivas,[240] a do aumento: (1) de racionalidade do mundo da vida;[241] (2) de complexidade do sistema. Quando há crescimento de um lado, há crescimento do outro também. Assim, é posto em movimento um processo concomitante de diferenciação interna e externa (entre sistemas e mundo da vida).[242]

Habermas (assim como Luhmann) entende que há mais de uma perspectiva de observação da evolução da sociedade. Porém, enquanto para Luhmann a observação está sempre ligada a um sistema, Habermas entende que é possível observar a evolução social a partir do mundo da vida que não é orientado por um meio sistêmico. Portanto, pode-se afirmar que, do ponto de vista dos sistemas, o mundo da vida é um entorno (ou um sistema-no-entorno) e evolução significa diferenciar-se dele. Na perspectiva do mundo da vida, porém, os sistemas aparecem como "un

---

[239] HABERMAS, Jürgen. *Teoría de la acción comunicativa, II*: crítica de la razón funcionalista. Madrid: Grupo Santillana de Ediciones, 1999.

[240] "O conceito 'mundo da vida' (...) rompe com o modelo de uma totalidade que se compõe de partes (...) configura-se como uma rede ramificada de ações comunicativas que se difundem em espaços sociais e épocas históricas; e as ações comunicativas, não somente se alimentam das fontes das tradições culturais e das ordens legítimas, como também dependem das identidades de indivíduos socializados". HABERMAS, Jürgen. *Faktizität und Geltung*: Beiträge zur Diskurstheorie des Rechts und des demokratischen Rechtssaats. Frankfurt: Suhrkamp, 1998, p. 108 [HABERMAS, Jürgen. *Direito e democracia*: entre facticidade e validade. Rio de Janeiro: Tempo Brasileiro, 1997. V. 1, p. 111.

[241] Para maiores detalhes sobre a origem do conceito do mundo da vida e das características particulares da apropriação habermasiana deste conceito, ver: OLIVEIRA, Nythamar Fernandes. Mundo da vida: a apropriação habermasiana de Husserl e Wittgenstein. In: *Veritas*. Porto Alegre, v. 44, n. 1, março, 1999, p. 133-145.

[242] "Desde uno de estos puntos de vista la sociedad queda conceptuada como mundo de la vida de un grupo social, en que las acciones se coordinan a través de la armonización de las orientaciones de acción. Desde el outro punto de vista, la sociedad es conceptuada como un sistema que regula a si mismo, en que las acciones quedan coordinadas a través de interconexiones funcionales de las consecuencias de las acciones. Habermas considera que ambas estrategias conceptuales, cuando se las toma separadamente, resultan unilaterales. La teoría de la sociedad requiere uma combinación de ambas, de la perspectiva internalista del participante con la perspectiva externalista del observador, del análisis hermenéutico y estructural con el análisis funcionalista y sistêmico, del studio de la integración social con el estudio de la integración sistémica". McCARTHY, Thomas. *La teoría crítica de Jürgen Habermas*. Madrid: Editorial Tecnos, 1987, p. 467.

fragmento de sociedad reificado"²⁴³ e evolução significa um processo de "racionalização" que pode ser concebido "como uma progressiva liberação do potencial de racionalidade que a ação comunicativa leva com ela".²⁴⁴

Do ponto de vista do sistema, a sociedade moderna é caracterizada pelo "desacoplamento" (do mundo da vida) de dois sistemas específicos: o sistema político e o sistema econômico. O sistema econômico é visto principalmente como a evolução do sistema de intercâmbio característico das sociedades primitivas para o modo de produção capitalista. Já o sistema político está vinculado ao desligamento do poder político das formas de autoridade derivadas do sistema de parentesco, ao surgimento do Estado e ao monopólio que este passa a ter da sanção e do uso da força.²⁴⁵

A partir deste modelo teórico, Habermas reinterpreta a visão de Marx e Weber acerca do caráter contraditório e patológico de evolução da sociedade moderna.²⁴⁶ Por um lado, o aumento na racionalização do mundo da vida provoca um aumento de complexidade nos sistemas (político e econômico) e o seu posterior desacoplamento do mundo da vida. Por outro, este aumento de complexidade faz com que o sistema cresça de tal maneira que se volte para uma absorção do mundo da vida. A tendência neste caso é a de uma instrumentalização do mundo da vida pelos imperativos sistêmicos.²⁴⁷

Habermas chamou este fenômeno de "colonização do mundo da vida"²⁴⁸ que pode ser comparado à tese weberiana do processo de "empobrecimento cultural".²⁴⁹ À medida que as economias domésticas, os traba-

---

²⁴³ HABERMAS, *Teoría de la acción comunicativa*, II, op. cit., p. 218.

²⁴⁴ Idem, p. 219.

²⁴⁵ Idem, p. 215-243.

²⁴⁶ "Desde este punto de partida Habermas trata de reconstruir um enfoque marxista que hace derivar las formas patológicas de reproducción simbólica, no de la racionalización misma del mundo de la vida (...) sino de las coerciones dimanantes de los procesos de reproducción material. La clave de esta reconstrucción es la distinción entre 'munda da vida' y 'sistema', que Habermas apresenta como una distinción entre dos formas básicas de enfocar el estúdio de la sociedad". McCARTHY, *La teoría crítica de Jürgen Habermas*, p. 467.

²⁴⁷ McCARTHY, *La teoría crítica de Jürgen Habermas*, op. cit., p. 473.

²⁴⁸ HABERMAS, *Teoría de la acción comunicativa*, II, op. cit., p. 451 e ss.

²⁴⁹ "A companhia teórica da reinterpretação de Habermas da perda de liberdade de Weber como uma colonização do mundo da vida é uma reinterpretação da perda de significado como um processo de "empobrecimento cultural". Weber viu esta perda na modernidade como o resultado *inevitável* do processo de desencanto (...) Habermas, por outro lado, deseja construir a hipótese de que ao menos alguns dos efeitos patológicos que Weber enu-

lhadores e os consumidores são submetidos aos imperativos do sistema econômico,

> [...] el consumismo y el individualismo posesivo y las motivaciones relacionadas con el rendimiento y la competitividad adquieren una fuerza configuradora. La práctica comunicativa cotidiana experimenta um processo de racionalización unilateral que tiene como consecuencia um estilo de vida marcado por un utilitarismo centrado en torno a la especialización; y este cambio a orientaciones de acción racionales con arreglo a fines, que los medios de control sistémico inducen, provoca como reacción un hedonismo que descarga de esa presión que la racionalidad ejerce. Lo mismo que la esfera de la vida privada queda socavada por el sistema econômico, la esfera de la opinión pública se vê socavada por el sistema administrativo. La burocratización se apodera de los processos de formación de la opinión y de la voluntad colectivas y los vacía de contenido; amplia, por un lado, el espacio para la movilización planificada de la lealtad generalizada de la población y, por otro, facilita la desconexión de las decisiones políticas respecto a los aportes de legitimación procedentes de los contextos concretos del mundo de la vida formadores de identidad.[250]

O direito tem um papel importante em todo esse processo. A evolução dos sistemas e o seu desacoplamento do mundo da vida só podem acontecer se sobretudo a moral e o direito alcançarem um alto nível evolutivo que garanta a integração social.[251] O autor define este nível evolutivo a partir da análise dos estudos de Kohlberg. A separação total entre o direito e a moral somente se daria em um nível "pós-convencional" em que "se ajuician las normas a la luz de princípios".[252]

Essa evolução faz parte da estrutura do mundo da vida. Com a independência do direito surge um sistema institucional que faz com que a legitimidade dependa cada vez mais de procedimentos formais de criação e justificação de normas. Este nível de desenvolvimento que o direito proporciona ao mundo da vida atinge na sociedade moderna um grau importante de desenvolvimento e viabiliza o "desacoplamento" entre sistemas e mundo da vida.

---

mera podem ser interpretados diferentemente e de um modo que pode mostrá-los como não sendo inevitáveis".WHITE, Stephen K. *Razão, justiça e modernidade*: a obra recente de Jürgen Habermas. São Paulo: Ícone, 1995, p. 113. (Coleção elementos de direito).

[250] HABERMAS, *Teoría de la acción comunicativa*, II, op. cit., p. 461.

[251] McCARTHY, *La teoría crítica de Jürgen Habermas*, op. cit., p. 470-471.

[252] HABERMAS, *Teoría de la acción comunicativa*, II, p. 246. Sobre os desenvolvimentos ulteriores do estudo do autor sobre a concepção de Kohlberg ver: HABERMAS, Jürgen. *Consciência moral e agir comunicativo*. Rio de Janeiro: Tempo Brasileiro, 1989. 236 p. (Biblioteca Tempo Universitário, n. 84. Estudos alemães). HABERMAS, Jürgen. Justicia y solidaridad. (una toma de posición en la discusión sobre la etapa 6 de la teoría de la evolución del juicio moral de Kohlberg). In: *Ética comunicativa y democracia*. Barcelona: Editorial Crítica, 1991, p. 175-205.

Para Habermas, porém, esse desacoplamento não significa que os sistemas passam a atuar como um sistema fechado operacionalmente (Luhmann). Habermas não renuncia à racionalidade comunicativa, enquanto que Luhmann trata as integrações sociais e sistêmicas apenas como equivalentes funcionais. Para Habermas, esse desacoplamento somente significa que acontece uma "diferenciación entre diversos tipos de coordinación de la acción, coordinación que se cumple, o bien a través del consenso de los participantes, o bien a través de nexos funcionales da la acción".[253]

Habermas entende que os sistemas permanecem "ancorados" (ligados) ao mundo da vida através do direito formal. O "tipo de juricização" das relações sociais "é um bom indicador dos limites entre sistema e mundo da vida".[254] Os sistemas passam a representar âmbitos de ação social que estão neutralizados do ponto de vista da ética. Por isso que, na prática, os meios formalmente organizados (sistemas) atuam e são regenerados pelo direito enquanto que o mundo da vida está estruturado comunicativamente.

No caso da diferenciação do sistema econômico isso fica patente. Esse processo foi viabilizado pela "institucionalização do dinheiro" no direito civil burguês. A partir deste momento, não só as relações sociais no mundo da vida se "monetarizam", mas também as relações entre o sistema econômico e a esfera privada passam a se concretizar através das leis dos contratos, da propriedade, da regulamentação do contrato de trabalho... De forma que esta evolução específica da sociedade também deve ser vista sob ambas as perspectivas.[255]

A partir deste modelo, Habermas analisa também a tendência à "juridicizacão" da sociedade moderna. Para ele essa expressão se refere "à tendência que se observa nas sociedades modernas a um aumento do direito escrito".[256] Nesta tendência, pode-se observar a "extensão" e o "adensamento" do direito. Cada vez mais na sociedade moderna as rela-

---

[253] HABERMAS, *Teoría de la acción comunicativa*, II, op. cit., p. 263.

[254] Idem, p. 438.

[255] "Los fenômenos señalados por Weber en su visión del 'férreo stuche' y que los marxistas trataron en términos de 'cosificación' se hacen aqui derivar de las relaciones de intercambio entre sistema y mundo de la vida, que cristalizan en los roles de trabajador y consumidor, ciudadano y cliente de las burocracias estatales. A través de estos canales el mundo de la vida queda subordinado a los imperativos del sistema, los elementos práctico-morales quedan expulsados de las esferas de la vida privada y de la vida pública y la vida cotidiana se monetariza y burocratiza cada vez más". McCARTHY, *La teoría crítica de Jürgen Habermas*, op. cit., p. 473.

[256] HABERMAS, *Teoria da ação comunicativa*, II, op. cit., p. 504.

ções sociais passam a ser regulamentadas pelo direito. O direito, por sua vez, se especializa cada vez mais tentando atingir a todos os âmbitos da sociedade.[257]

Habermas assinala quatro fases deste processo:[258] (1) Estado Absolutista burguês; (2) Estado de direito como se dá na forma paradigmática da monarquia alemã do século XIX; (3) Estado democrático de direito, oriundo das revoluções do século XVIII na França e nos E.U.A.; (4) Estado social e democrático de direito que surge a partir dos movimentos sociais em busca direitos trabalhistas.

Como vimos, a forma de reprodução "simbólica" do mundo da vida não pode ceder à forma de integração sistêmica sob pena de que se produzam efeitos colaterais patológicos. Habermas também designa as formas de integração sistêmica como "âmbitos de ação formalmente organizados". Segundo o autor, estes âmbitos de ação somente se constituem a partir das formas do direito moderno. Portanto ele assinala que é de se esperar que "la sustitución de la integración social por la integración sistêmica adopte a forma de procesos de juridicización".[259] O direito, portanto, é o meio através do qual os sistemas podem se projetar sobre o mundo da vida para dominar suas formas de integração espontâneas.

Por outro lado, a partir das lutas dos movimentos sociais, o direito se mostrou como um instrumento de garantias de direitos. Assim, o direito se apresenta como a forma através da qual as demandas do mundo da vida se fazem perceptíveis aos sistemas político e econômico.[260] Principalmente na figura do Estado social e democrático de direitos, isto ficou claro. Habermas salienta que o direito, neste caso, passa a ter um papel ambíguo, pois, ao mesmo tempo em que pode ser instrumento de uma

---

[257] BOLADERAS, Margarita. *Comunicación, ética y política: Habermas y sus críticos*. Madrid: Editorial Tecnos, 1996, p. 87 e ss.

[258] HABERMAS, *Teoría de la acción comunicativa*, II, op. cit., p. 505-527. Ver também: BOLADERAS, *Comunicación, ética y política*, op. cit., p. 87 e ss.

[259] HABERMAS, *Teoría de la acción comunicativa*, II, op. cit., p. 504.

[260] "O direito é o *transformador* da linguagem coloquial do mundo da vida racionalizado na linguagem mediática dos sistemas autorregulados da economia e da política administrativa, permanecendo esses sistemas, desse modo, ancorados no mundo da vida". SOUZA, Jessé. A singularidade ocidental como aprendizado reflexivo: Jürgen Habermas e o conceito de esfera pública. In: *A modernização seletiva*: uma reinterpretação do dilema brasileiro. Brasília: Editora Universidade de Brasília, 2000, p. 89. "(...) a linguagem do direito pode funcionar como um transformador na circulação da comunicação entre sistema e mundo da vida, o que não é o caso da comunicação moral, limitada à esfera do mundo da vida". HABERMAS, *Direito e democracia*, I, op. cit., p. 112 [HABERMAS, *Faktizität und Geltung*, p. 108].

colonização do mundo da vida, ele também pode ser um meio de codificação de garantias.

Pelo prisma da análise da sociedade, a partir do mundo da vida, também a reconstrução da moral e da razão prática no marco da teoria do discurso demonstra fragilidades que evidenciam a necessidade de uma complementação do direito. O risco do dissenso e da desintegração social no campo das pretensões de validade sugere que "a figura pós-tradicional de uma moral orientada por princípios depende de uma complementação através do direito positivo".[261] As normas de direito positivo possibilitam "comunidades extremamente artificiais, mais precisamente, associações de membros livres e iguais, cuja coesão resulta simultaneamente da ameaça de sanções externas e da suposição de um acordo racionalmente motivado".[262]

Se analisarmos a função do direito segundo a perspectiva de Luhmann, será possível observar que para ele o direito não tem uma função integradora. Para Luhmann, o direito apenas estabiliza expectativas de comportamento. Habermas, ao contrário, entende que esses diversos papéis que o direito exerce na sociedade moderna são uma prova de que o conceito luhmaniano é demasiado restritivo. Habermas sustenta que uma das funções do direito é gerar integração social.[263]

Luhmann percebe a evolução social como um processo de diferenciação. Também a evolução do direito é percebida dessa forma. À diferença de Habermas, para Luhmann, a sociedade moderna tem como característica a diferenciação total do sistema do direito. Luhmann interpreta este momento como a positivação completa do direito. E isso significa para ele que o direito passa a valer em função de uma decisão. O fato de o Estado moderno funcionar com base no direito significa apenas que o sistema jurídico e o sistema político estão acoplados estruturalmente. Habermas, ao contrário, percebe no processo de diferenciação característico da sociedade moderna a necessidade de um tipo novo de integração.[264] O direito positivado reage a esta de três maneiras diferentes:

---

[261] HABERMAS, *Faktizität und Geltung*, op. cit., p. 21. [HABERMAS, *Direito e democracia*, I, op. cit., p. 23].

[262] Idem, p. 23. [Idem, p. 25].

[263] Idem, p. 97-98. [Idem, p. 100-101].

[264] "Em virtude da modernização social, surge uma necessidade organizacional de tipo *novo*, que só pode ser satisfeita de modo construtivo. O substrato institucional de áreas de interação tradicionais, tais como a família e a escola, é reformulado através do direito, o que torna possível a criação de sistemas de ação organizados formalmente, tais como mercados, empresas e administrações. A economia capitalista, orientada pelo dinheiro, e a burocracia estatal, organizada a partir de competência, surgem no *médium* de sua insti-

> Os meios de regulação – dinheiro e poder administrativo – são ancorados no mundo da vida através da institucionalização jurídica dos mercados e das organizações burocráticas. Simultaneamente são juridificados complexos interacionais, nos quais os conflitos antes eram resolvidos eticamente, na base do costume, da lealdade ou da confiança (...) agora (...) são reorganizados de tal maneira que os participantes em litígio podem apelar para pretensões de direito. E a universalização de um *status* de cidadão institucionalizado publica e juridicamente forma o complemento necessário para a juridificação potencial de todas as relações sociais. O núcleo dessa cidadania é formado pelos direitos de participação política, que são defendidos nas formas de intercâmbio da sociedade civil, na rede de associações espontâneas protegidas por direitos fundamentais, bem como nas formas de comunicação de uma esfera pública política produzida através da mídia.[265]

Para Habermas, o direito pode ser um sistema de saber (texto de preposições ou de interpretações normativas) e ao mesmo tempo um sistema de ação (uma instituição ou um complexo de reguladores da ação). À diferença da moral, o direito passa a ter eficácia direta para a ação. O sistema de ação "direito" enquanto reconstruído em termos do agir comunicativo "faz parte do componente social do mundo da vida".[266] O direito, portanto, executa sua função de integração a partir das seguintes ações: (1) regenera do código dos sistemas políticos e econômicos; (2) viabiliza da comunicação entre os sistemas e o mundo da vida; (3) na forma de um sistema de ação forma o meio pelo qual as instituições do direito se reproduzem junto com as: (3.1) tradições jurídicas compartilhadas intersubjetivamente; (3.2) capacidades subjetivas de interpretação do direito no âmbito do mundo da vida. Dessa forma, o direito realiza a integração social e dele participam todas as comunicações que por ele se orientam.

Habermas analisa o direito sob diversas perspectivas, procurando abarcar de forma abrangente a problemática de sua legitimidade. Os teóricos do direito normalmente se preocupam somente com a aplicação do direito. Entendem que se deve entender o melhor processo de interpretação. Os teóricos do direito agem dessa forma porque estão limitados pelo código do sistema jurídico (Luhmann), por isso limitam a questão da legitimidade à resolução de casos controversos. Habermas transcende esta postura apontando para as condições de uma produção legítima do direito.

---

tucionalização jurídica". HABERMAS, Faktizität und Geltung, op. cit., p. 150. [HABERMAS, Direito e democracia, I, op. cit., p. 153].

[265] Idem, p. 101. [Idem, p. 104-105].

[266] Idem, p. 108. [Idem, p. 112].

Uma das críticas de Habermas a Höffe está centrada neste ponto.[267] Segundo Habermas, falta a Höffe dizer como o poder político e o direito positivo se constituem fundamentados em compromissos morais (na justiça). Habermas identifica que Höffe somente se interessa pelo caráter coercitivo do direito e do Estado. Para Höffe, quando um poder público dotado de um mandato para o exercício da coerção impõe o direito (justo), a existência da coerção é legítima. Habermas, portanto, questiona se uma posição como esta tem algo a oferecer hoje em dia. Habermas conclui que a posição de Höffe compartilha com precursores do liberalismo clássico as deficiências de um ponto de partida individualista e de uma desconsideração pelo princípio da democracia e uma contraposição abstrata entre direito natural e processo histórico.[268]

Habermas ainda se volta contra a defesa que Höffe faz do caráter conflitivo do homem em detrimento do caráter intersubjetivo e cooperativista. Segundo Habermas, na teoria de Höffe desaparece a possibilidade de uma concepção intersubjetiva, porque ele reduz a cultura e a sociedade a um conjunto de restrições externas, sem levar em conta o caráter de formação democrática da opinião e da vontade. Segundo Habermas, a constituição social de sujeitos que coexistem deve acontecer antes que a coerção social incida sobre eles.[269]

Por fim, Habermas sustenta que também no âmbito dos direitos humanos deve-se sustentar uma legitimação democrática. A fundamentação dos direitos humanos deve ser construída intersubjetivamente. E somente o consenso do melhor argumento deve ser o objetivo das discussões internacionais. Para isso Habermas defende que, independentemente do pano de fundo cultural, haja relações simétricas entre os participantes da comunicação, relações de reconhecimento mútuo, de transposição recíproca das perspectivas, de disposição esperada de ambos para observar a própria tradição também com o olhar de um estrangeiro, de aprender um com o outro etc.[270]

Habermas entende que partindo desse princípio, pode-se criticar não apenas leituras parciais, interpretações tendenciosas e aplicações estreitas

---

[267] Para uma exposição geral sobre a discussão entre Höffe e Habermas ver: VIVAN, Claudir. *A legitimação dos direitos positivos*: Höffe e Habermas. 1999. 124 p. Dissertação (Mestrado em Direito) – Pontifícia Universidade Católica do Rio Grande do Sul, Faculdade de Filosofia e Ciências Humanas, Programa de Pós-Graduação em Filosofia. Porto Alegre, 1999.

[268] Idem, p. 103.

[269] Idem, p. 104.

[270] HABERMAS, Jürgen. Acerca da legitimação com base nos direitos humanos. In: ――. *A constelação pós-nacional*: ensaios políticos. São Paulo: Littera mundi, 2001, p. 143-163.

dos direito humanos, mas "também aquelas instrumentalizações inescrupulosas dos direitos humanos voltadas para um encobrimento universalizante de interesses particulares que induzem à falsa suposição de que o sentido dos direitos humanos se esgota no seu abuso".[271]

---

[271] HABERMAS, Jürgen. Acerca da legitimação com base nos direitos humanos. Op. cit., p. 163.

9. Memória, Reconhecimento e Justiça: fundamentos de uma Teoria Crítica dos Direitos Humanos e dos Direitos Fundamentais

No capítulo passado foi possível, através da crítica de Habermas a Höffe e Luhmann, desvelar a complexidade do fenômeno da legitimação dos direitos humanos e da tensão entre facticidade e validade a ele vinculado. Esse caminho mostrou a necessidade de compreensão dos direitos humanos a partir de uma noção de democracia. Na verdade, ficou claro que democracia, direitos fundamentais e direitos humanos são mutuamente dependentes. Porém, de que tipo de democracia se está tratando? É necessário um conceito normativo de democracia? Pode a teoria de Habermas dar conta do desafio?

No presente capítulo, pretende-se esboçar respostas a essas perguntas. Como ficará claro ao longo da argumentação, a teoria de Habermas lança as bases de uma fundamentação do Estado Democrático, mas, por não levar em conta as relações de poder e a violência em sua teoria, ela permanece incompleta e precisa ser superada, sem que, porém, os avanços por ela proporcionados sejam perdidos. Entende-se que o conceito de reconhecimento é o candidato ideal para a realização dessa tarefa. Portanto, num segundo momento, o fenômeno dos direitos humanos, da memória, da reificação e do esquecimento serão analisado a partir da teoria de Axel Honneth. A teoria de Axel Honneth dá um passo além daquela de Jürgen Habermas e procura integrar conceitualmente os fenômenos do poder e da violência. A partir da leitura comparada da teoria desses dois autores, deveria ficar claro quais são os fundamentos de uma Teoria Crítica dos Direitos Humanos.

9.1. A Dimensão Democrática da Teoria Crítica dos Direitos Humanos e dos Direitos Fundamentais

A história da legitimação do direito moderno é vista por Habermas como uma tensão entre autonomia privada (direitos humanos) e pública (princípio da soberania do povo). Habermas pretende reconstruir esses dois conceitos a partir de um modelo de autolegislação reelaborado no marco da teoria do discurso. Este modelo ensina que "os destinatários são ao mesmo tempo autores de seus direitos".²⁷² Autonomia privada e pública passa a ser entendida como co-originária.

Habermas entende que, em um nível pós-metafísico, a moral e o direito devem atuar de forma complementar (e não hierárquica, pois essa ideia faz parte do mundo pré-moderno) de forma que o conceito de autonomia precisa ser delineado abstratamente para que possa assumir, além da figura de um princípio moral, a do princípio da democracia. Assim os direitos humanos devem ser interpretados como jurídicos, não obstante o seu conteúdo moral.

Essa reconstrução se torna possível porque o princípio do discurso apenas aponta para as pretensões de justificação de uma fundamentação pós-convencional. Ele tem um aspecto normativo, pois aponta para a imparcialidade dos juízos práticos e atinge um nível de abstração em que se torna neutro em relação ao direito e à moral, pois se refere às normas de ação em geral:

> D: Gültig sind genau die Handlungsnormen, denen alle möglicherweise Betroffenen als Teilnehmer na rationalen Diskursen zustimmen könnten. [D: São válidas as normas de ação às quais todos os possíveis atingidos poderiam dar o seu assentimento, na qualidade de participantes de discursos racionais].²⁷³

Habermas utiliza conceitos nesta sua elaboração do princípio do discurso que têm um sentido específico para compreensão de sua teoria. Ele entende que: (1) o predicado "válidas" refere-se "a normas de ação e a proposições normativas gerais correspondentes". Este predicado ainda não diz respeito especificamente à moralidade e à legitimidade; (2) "normas de ação": são "expectativas de comportamento generalizadas temporal, social e objetivamente"; (3) "atingido": são as pessoas que terão os interesses "afetados pelas prováveis consequências provocadas pela regulamentação de uma prática geral através de normas"; (4) "discurso racional": é "*toda* a tentativa de entendimento sobre pretensões de validade problemáticas" que se realiza "sob condições da comunicação" e em um "espaço público constituído através de obrigações ilocucionárias".²⁷⁴

---

²⁷² HABERMAS, *Faktizität und Geltung*, op. cit., p. 135. [HABERMAS, *Direito e democracia*, I, op. cit., p. 139].

²⁷³ Idem, p. 138. [Idem, p. 142].

²⁷⁴ Idem, ibidem. [Idem, ibidem].

É necessário explicitar que o princípio do discurso se diferencia do princípio moral. O princípio do discurso explica o ponto de vista sob o qual é possível "fundamentar imparcialmente normas de ação", portanto, nele já está pressuposto que o seu objetivo seja realizável. Já nos discursos de fundamentação moral o princípio do discurso assume a forma de um princípio de universalização e o princípio moral se transforma em uma regra de argumentação. Nos discursos de aplicação, o princípio moral é complementado pelo princípio da adequação. Isso acontece principalmente porque em sociedades complexas a moral só pode obter efetividade em domínios vizinhos "quando é traduzida para o código do direito".[275]

Neste ponto, o princípio do discurso, inicialmente neutro em relação ao direito e à moral, deve ser traduzido em um princípio da democracia. O princípio da democracia precisa estar em um nível diferente do princípio moral e "amarrar um procedimento de normatização legítima do direito".[276] Ele se refere ao nível da institucionalização externa e eficaz "da participação simétrica numa formação discursiva da opinião e da vontade, a qual se realiza em formas de comunicação garantidas pelo direito".[277]

Ao reconstruir o princípio da moral a partir do princípio do discurso, Habermas colocou o conceito de autonomia num patamar mais geral e mais neutro. Ao ligar o princípio do discurso à forma jurídica, ele reconstruiu o princípio da democracia. Habermas entende que a reconstrução deste princípio atua na forma de uma "gênese lógica de direitos". Os direitos fundamentais assumem aqui um papel importantíssimo na teoria do autor.

Neste ponto, ainda não se considera o papel do Estado, do sistema econômico ou outras instituições tipicamente modernas. Habermas aqui está reconstruindo de forma abstrata a constituição da sociedade civil. Esta forma de argumentação tem seus traços de semelhança com a teoria de John Rawls.[278] Entretanto, Habermas não fala aqui de princípios da justiça, e sim, de direitos fundamentais necessários para que se garanta a autonomia privada e pública e consequentemente a legitimação do direito e do poder público. Trata-se de uma espécie de contratualismo aberto

---

[275] HABERMAS, *Faktizität und Geltung*, op. cit. p. 141. [HABERMAS, *Direito e democracia*, I, op. cit., p. 145].

[276] Idem, p. 141. [Idem, p. 145].

[277] Idem, p. 142. [Idem, p. 146].

[278] RAWLS, John. *Uma Teoria da Justiça*. São Paulo: Martins Fontes, 1997. 708 p.

reconstruído pelo princípio do discurso.²⁷⁹ Ou seja, de um contratualismo que lança as bases para que o seu conteúdo seja sempre (re)construído na esfera púbica.²⁸⁰

A partir desta ideia de "gênese lógica dos direitos", Habermas introduz um elenco de direitos fundamentais que geram o próprio código do direito. O sistema de direitos (no qual o princípio da democracia é o núcleo) deve conter direitos que os cidadãos são obrigados a se atribuir se quiserem regular legitimamente a sua convivência através do direito positivo. Os direitos fundamentais assumem este papel na teoria habermasiana e ainda são esses os direitos que determinam o *status* das pessoas do direito. Com este procedimento, Habermas pretende solucionar o "paradoxo da legitimidade que surge da legalidade" a partir da interpretação dos direitos fundamentais à luz da teoria do discurso. Além disso, ele também entende estar em condições de esclarecer o nexo interno entre direitos humanos e soberania do povo.

O direito se apresenta na teoria habermasiana como o "médium" através do qual as liberdades de um pode ser compatíveis com a do outro. Dessa forma, Habermas ordena como primeiro elemento na sua gênese lógica dos direitos a liberdade. Nesse passo, se está ainda apenas regulamentado a autonomia privada dos cidadãos, enquanto destinatários das normas (por isso ainda não podem ser considerados direitos de defesa):

> (1) Direitos fundamentais que resultam da configuração politicamente autônoma do *direito à maior medida possível de iguais liberdades subjetivas de ação.* ²⁸¹

O direito também "cria" a comunidade, ou seja, é necessário, em um segundo momento, que, através do direito, seja criada uma associação de membros livres e que estejam sujeitos igualmente às mesmas normas.²⁸² Assim será possível determinar quais são ou não os membros:

---

[279] Sobre o debate entre John Rawls e Jürgen Habermas ver: HABERMAS, Jürgen; RAWLS, John. *Debate sobre el liberalismo político*. Barcelona: Ediciones Paidós Ibérica, 1998. 181 p. HABERMAS, Jürgen. *Die Einbeziehung des Anderen*: Studien zur politischen Theorie. Frankfurt: Suhrkamp, 1999, p. 65-127. CHAMBERS, Simone. *Reasonable democracy*: Jürgen Habermas and the politics of discourse. New York: Cornell University Press, 1996, p. 59-105.

[280] CHAMBERS, *Reasonable democracy*, op. cit., p. 76.

[281] HABERMAS, *Faktizität und Geltung*, op. cit., p. 155. [HABERMAS, *Direito e democracia*, I, op. cit., p. 159].

[282] Agnes Heller trata de um conceito semelhante ao abordar o conceito de justiça formal. Ver: HELLER, Agnes. *Beyond Justice*. New York: Blackwell, 1987.

(2) Direitos fundamentais que resultam da configuração politicamente autônoma do *status de um membro* numa associação voluntária de parceiros do direito.[283]

A garantia de eficácia destes direitos (1 e 2) somente se fará manifesta à medida que forem institucionalizados procedimentos especiais de aplicação do direito. Além disso, deverá ser garantido a todos os membros da associação o livre acesso à instituição responsável pela garantia, defesa e aplicação dos direitos. As garantias de encaminhamento do direito são interpretadas através de garantias processuais fundamentais e de princípios do direito. Por um lado, as primeiras três categorias de direito orientam o legislador constitucional. Por outro, como ele se serve do "médium" do direito, deve seguir os princípios arrolados:

(3) Direitos fundamentais que resultam imediatamente da *possibilidade de postulação judicial* de direitos e da configuração politicamente autônoma da proteção jurídica individual.[284]

Os direitos fundamentais à participação nos processos de formação da opinião e da vontade do legislador garantem as condições sob as quais os cidadãos podem avaliar, à luz do princípio do discurso, se o direito que estão criando é legítimo. Ou seja, fornecem ao destinatário da norma a condição de autor, de sujeito da norma. É somente através do código do direito que é dado preliminarmente que os sujeitos do direito podem exprimir sua autonomia. Por isso que, para se fundamentar iguais direitos de participação e de comunicação, devemos adotar a postura da terceira pessoa do plural e não da primeira. Não podemos mais fundamentar esses direitos na nossa visão e sim somente no princípio do discurso:

(4) Direitos fundamentais à participação, em igualdade de chances, em processos de formação da opinião e da vontade, nos quais os civis exercitam sua *autonomia política* e através dos quais eles criam direito legítimo.[285]

Tendo em vista o objetivo de garantir a autonomia pública e privada, Habermas entende ser necessário ainda um último conjunto de direitos fundamentais:

---

[283] HABERMAS, *Faktizität und Geltung,* op. cit., p. 155. [HABERMAS, *Direito e democracia,* I, op. cit., p. 159].

[284] Idem, p. 156 [Idem, p. 159].

[285] Idem, ibidem. [Idem, ibidem].

(5) Direitos fundamentais a condições de vida garantidas social, técnica e ecologicamente, à medida que [sic.] isso for necessário para um aproveitamento, em igualdade de chances, dos direitos elencados de (1) até (4).[286]

A partir dessa posição acerca da legitimidade que surge da legalidade, Habermas consegue romper com a forma "paradoxal" de legitimação do direito sustentada por Niklas Luhmann. A espontaneidade de uma população "acostumada à liberdade" não pode ser forçada pelo direito. Porém a complementação da moral pelo direito garante, por um lado, a carga de legitimação das normas jurídicas desloca-se para "os procedimentos de formação discursiva da opinião e da vontade, institucionalizados juridicamente". Por outro lado, a liberdade comunicativa regulada pelo direito significa também que "o direto é levado a explorar fontes de legitimação das quais ele não pode dispor".

O processo de gênese lógica dos direitos estabele as bases de uma associação de seres humanos livres e igualmente submetidos às mesmas leis. Porém, para que o entrelaçamento entre autonomia privada e pública, que deram origem a esta associação, seja duradouro, ele deve ser institucionalizado através de um Estado de direito. Este processo é elaborado por Habermas como dois caminhos convergentes: (1) de um lado, temos "o poder social autorizado através de um direito sagrado" que se transforma em poder legítimo; (2) de outro, temos o "direito sagrado sancionado através de um poder social" que se transforma em direito faticamente vigente. Ambos os caminhos convergem para a criação de um direito estatal vinculado ao poder político.[287]

Luhmann intepreta este processo a partir de uma diferenciação completa do direito frente ao sistema político. Ainda que estes sistemas estejam, segundo sua opinião, acoplados estruturalmente, isto não significa que os dois tenham uma relação estrutural direta. Habermas chega a uma conclusão diferente. Para Habemas, o direito tem uma função instrumental que legitima a ação do Estado. A autoridade passa a ser normativa, isto é, que adquire "a competência de tomar decisões juridicamente obrigatórias". Graças a esta função instrumental do poder, os "tribunais transformam-se em órgãos de um Estado".[288]

---

[286] HABERMAS, *Faktizität und Geltung*, op. cit., p. 156. [HABERMAS, *Direito e democracia*, I, op. cit., p. 160].

[287] Idem, p. 178. [Idem, p. 181].

[288] Idem, ibidem. [Idem, ibidem].

O direito passa a ser o meio através do qual o poder ser organiza e se regenera. O poder e o direito passam a ter funções próprias e concorrentes:[289]

Funções Códigos	Função própria	Função recíproca
Poder	Realização de fins coletivos	Institucionalização do direito por parte do Estado
Direito	Estabilização de expectativas de comportamento	Meios de organização da dominação política

Ao fornecer ao poder político a sua forma, o direito atua como um meio de organização do poder do Estado. Dessa forma, "o direito serve para a constituição de um código de poder binário". O poder institucionaliza o direito e reforça as suas decisões e assim "serve para a constituição de um código jurídico binário".[290] O interessante deste modelo é que também Habermas (como Luhmann) sustenta que surge um código binário do direito, porém ele não sustenta que este se organiza na forma de um sistema jurídico autônomo. Outra diferença em relação à teoria de Niklas Luhmann é que para Habermas os tribunais estão localizados no sistema político, e não no sistema jurídico.

Como vimos, Habermas sustenta um conceito de autonomia política reconstruído a partir de uma teoria do discurso. Esta posição do autor abre toda uma nova perspectiva para a legitimidade do direito. O direito legítimo passa a depender da mobilização das liberdades comunicativas dos cidadãos. "Tal poder comunicativo só pode formar-se em esferas públicas, surgindo de estruturas da intersubjetividade intacta de uma comunicação não deformada".[291]

Entretanto, Habermas não defende uma espécie de democracia totalmente deliberativa, ou seja, as demandas tematizadas na esfera pública não podem se transformar diretamente em aplicação pelo sistema político. Nesse sentido, o sistema político age de acordo com os ditames de uma teoria dos sistemas de viés luhmaniano. Para Habermas, a constituição de um código do poder significa que "um sistema administrativo se orienta por autorizações que permitem decisões coletivamente obri-

---

[289] O quadro a seguir é uma reprodução daquele utilizado por Habermas em: HABERMAS, *Faktizität und Geltung*, op. cit., p. 179 [HABERMAS, *Direito e democracia*, I, op. cit., p. 182].

[290] Idem, ibidem. [Idem, ibidem].

[291] Idem, p. 184. [idem, p. 187].

gatórias (...) a transmutação do poder comunicativo em administrativo tem o sentido de uma *procuração* nos quadros de permissões legais".[292] Para Habermas, o código do poder ligado ao poder comunicativo deve se manter longe das pressões do poder social que significariam valorizar interesses privilegiados.

Ao contrário do sistema político elaborado no prisma da teoria de Luhmann, o sistema político para Habermas não deve "autorregenerar-se", e sim, regenerar-se a partir do poder comunicativo. Isso não significa que o sistema político deixe de orientar-se apenas a si mesmo, pelo contrário, a sua vinculação com o Estado de direito protege a sua auto-orientação. Ele regula a transferência das demandas da esfera pública para o sistema administrativo (político) sem tocar no seu código próprio. Na formação discursivamente estruturada da opinião e da vontade de um legislador político, há uma interligação entre normatização jurídica e formação do poder comunicativo. Habermas então desenvolve um modelo procedimental de formação política racional da vontade. Este se apresenta como uma "rede de discursos e negociações que pode [sic] ser retroligado [sic] entre si por várias sendas"[293] e que tem por objetivo regenerar o sistema político a partir do poder comunicativo. Ele parte de questionamentos pragmáticos, passa pela formação de compromissos e discursos éticos, atinge a clarificação de questões morais e é concluído com um controle jurídico de normas:[294]

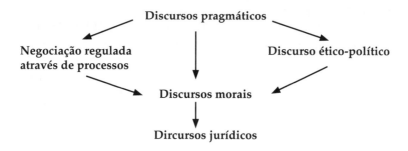

No nível pragmático, não há discussão sobre argumentos nem a formação racional da vontade. Há apenas sugestões de programas po-

---

[292] HABERMAS, *Faktizität und Geltung*, op. cit., p. 187 [HABERMAS, *Direito e democracia*, op. cit., p. 190].

[293] Idem, p. 206 [Idem, p. 209].

[294] Idem, p. 207. Na versão traduzida, o quadro aparece de forma incompleta, portanto, o quadro que apresento aqui é uma reprodução daquele apresentado no original. (tradução livre).

líticos que podem ser avaliados em relação às suas consequências. Portanto, o estágio seguinte necessariamente deverá tratar de argumentos. Quando o tema da problemática é relevante do ponto de vista moral (aborto, eutanásia, pena de morte...), os discursos devem acontecer no marco do direito constitucional. Se a problemática está centrada em argumentos éticos (meio ambiente, proteção de minorias étnicas...), então é o caso de se pensar "em discursos de autoentendimento, que passam pelos interesses e orientações valorativas conflitantes, e numa forma de vida comum que traz reflexivamente à consciência concordâncias mais profundas".[295]

Porém, em sociedades complexas, normalmente o único caminho que está aberto é o da negociação. O princípio do discurso nestes casos atua através de procedimentos que regulam as negociações sob pontos de vista da imparcialidade. Aqui não se trata do uso de argumentos, mas sim de distribuição de igualdade de chances. Essas condições procedimentais devem ser justificadas do ponto de vista moral e, portanto, são reconstruídas a partir do princípio do discurso. Os interesses em jogo normalmente se vinculam a preferências não generalizáveis o que remete o discurso novamente ao âmbito da moral. Portanto, mesmo que à primeira vista essa relação não apareça de forma direta, as negociações pressupõem o princípio do discurso.

O processo de formação política da vontade passa sempre pelos discursos morais. Estes precisam ser reformulados na linguagem do direito. Por razões de segurança jurídica, as decisões transformadas em leis devem passar por um exame de coerência. Elas devem estar de acordo com o sistema jurídico como um todo. Como esse processo de formação política da vontade é reconstruído a partir do princípio do discurso, ele deve ser guiado sempre pela seguinte regra: "*Todos* os membros têm que poder tomar parte no discurso, mesmo que de modos diferentes".[296] Por isso, que, ainda que a formação política da vontade legiferante tenha que, por razões técnicas, ser elaborada representativamente, o Parlamento não deve ser visto como o único lugar onde esse processo ocorre. Na verdade o parlamento constitui:

> [...] o foco ou ponto central organizado da circulação social comunicativa de uma esfera pública geral não organizável". A participação simétrica de todos os membros exige que os discursos conduzidos representativamente sejam porosos e sensíveis aos estímulos,

---

[295] HABERMAS, *Faktizität und Geltung*, op. cit., p. 204. [HABERMAS, *Direito e democracia*, op. cit., p. 207].

[296] Idem, p. 224 [Idem, p. 227].

temas e contribuições, informações e argumentos fornecidos por uma esfera pública pluralista, próxima à base, estruturada discursivamente, portanto diluída pelo poder.[297]

Neste ponto, adquire relevância central o conceito de esfera pública. Para Habermas, esta esfera não tem o sentido liberal clássico de oposição ao Estado. Ela tem um caráter não estatal e nasce a partir da transformação da função da imprensa de uma atividade manipulativa e informativa em um fórum apartado do Estado. É a partir desse fórum que se introduz a questão da legitimação discursiva do Estado. Esta esfera pública é regulamentada e protegida pelo Estado.[298]

O principal agente que atua em defesa desta esfera é o tribunal constitucional que atua como um "guardião da democracia". Os principais instrumentos utilizados por este tribunal são os direitos fundamentais. É a partir de discursos de aplicação destes direitos que este tribunal protege a esfera pública dos riscos de sua colonização pelos meios sistêmicos.[299]

A esfera pública surge intimamente ligada ao desenvolvimento da esfera privada. O homem burguês, dono de mercadorias e pai de família, completa-se a partir de uma compreensão que a burguesia faz do seu papel político.[300] Em um primeiro momento, a esfera pública se desenvolve com traços eminentemente literários. Ela se institucionaliza somente com o crescimento das grandes cidades e a partir da proliferação da cultura dos cafés...[301] A partir da literatura, a subjetividade e reflexividade tipicamente burguesas se desenvolvem de forma que a esfera pública acaba funcionando como um "alto-falante" das necessidades e experiências mais íntimas. A esfera pública deixa de ser um espaço de convencimento

---

[297] HABERMAS, *Faktizität und Geltung*, op. cit., p. 224. [HABERMAS, *Direito e democracia*, op. cit., p. 227].

[298] Para maiores detalhes sober a gênese e o desenvolvimento da esfera pública ver: HABERMAS, Jürgen. *Mudança estrutural da esfera pública*. Rio de Janeiro: Edições Tempo Brasileiro, 1984. Entretanto a sua posição mudou substancialmente desde a primeira edição desta obra, principalmente a partir de suas discussões com intelectuais dos Estados Unidos. Estas discussões foram concentradas em um volume coletivo: CALHOUN, Craig (org.). *Habermas and the public sphere*. Massachusetts: MIT Press, 1997. Os reparos que Habermas fez em sua posição se encontram no artigo *Further Reflexions on the Public Sphere* que é parte integrante deste volume e passou a fazer parte do livro original na forma de prefácio (na versão para língua espanhola já se pode encontrar a inserção deste prefácio). Para uma visão crítica tanto da postura de Habermas quanto da de Luhmann sobre a esfera pública ver: COHEN, Jean L.; ARATO, Andrew. *Sociedad civil y teoría política*. México: Fondo de Cultura Económica, 2000. 703 p.

[299] HABERMAS, *Faktizität und Geltung*, op. cit., p. 292 e ss. [HABERMAS, *Direito e democracia*, op. cit., p. I, 297 e ss.].

[300] HABERMAS, *Mudança estrutrural na esfera pública*, op. cit. p. 60 e ss.

[301] Idem, p. 68 e ss.

para se transformar em um espaço de pressão com o surgimento dos movimentos sociais dos trabalhadores.[302]

Com o surgimento do capitalismo organizado e do intervencionismo estatal, a relação entre esfera pública e esfera privada sofre uma mudança estrutural. Por um lado, o crescimento das redes assistenciais do estado refletem uma perda da função social da esfera pública. A família retira-se do processo de reprodução social e torna-se cada vez mais privada em suas relações.

A expansão do capitalismo organizado projeta o campo de ação do sistema econômico sobre aquele da esfera pública, limitando o seu campo de ação ao âmbito da esfera privada. As relações da esfera pública com o sistema econômico passam a ter apenas as feições da esfera privada na qual ocorre apenas a troca de salários. Segundo Habermas, o liberalismo e o socialismo de orientação marxista não foram capazes de perceber as consequências dessa mudança estrutural da esfera pública.

A imprensa que contribui para a institucionalização da esfera pública sofre mudanças significativas com o crescimento do capitalismo. A tese da colonização do mundo da vida adquire aqui toda a sua importância. De certa forma, a imprensa é colonizada pelo sistema econômico e, ao invés de ser uma instância mediadora da esfera pública, ela se transforma em uma indústria guiada pelo lucro e passa a expor interesses privados como se fossem públicos. Nesse âmbito, os papéis de cidadão e o de consumidor se confundem.

Essa análise negativa do sentido da esfera pública em um contexto de crise de legitimação do capitalismo tardio ainda faz parte das teses sustentadas pelo Habermas "jovem".[303] A partir do livro *Técnica e ciência como ideologia*, Habermas começa a desenvolver seu conceito dual de sociedade[304] com o qual irá "procurar separar analiticamente complexidade funcional sistêmica e espontaneidade social na produção de sentido, como possível, por meio de uma democratização institucional".[305] A partir desse conceito dual de sociedade, Habermas pretende renunciar a ideia de que a sociedade pode ser democratizada como um todo. Com o surgimento dos sistemas econômicos e políticos, o alcance da democra-

---

[302] A interpretação feita aqui da posição de Habermas sobre a esfera pública deve muitos de seus *insights* àquela de SOUZA, *A singularidade ocidental como aprendizado reflexivo*, op. cit., p. 63 e ss.

[303] HABERMAS, Jürgen. *A crise de legitimação no capitalismo tardio*. Rio de Janeiro: Edições Tempo Brasileiro, 1980.

[304] HABERMAS, Jürgen. *Técnica e ciência como "ideologia"*. Lisboa: edições 70, 1987.

[305] SOUZA, *A singularidade ocidental como aprendizado reflexivo*, op. cit., p. 67.

cia, sob certo aspecto, se limita. Esses sistemas, por outro lado, não se separam totalmente do mundo da vida solidariamente estruturado. Eles são regenerados pelas esferas públicas e privadas do mundo da vida.

Nesse sentido, o sistema político necessita de uma legitimação democrática que é produzida e ancorada na formação discursiva da esfera pública. No mundo da vida, as relações não podem ser estruturadas sistematicamente. Habermas então desenvolve o seu conceito de pragmática universal que tem por objetivo fornecer às ações comunicativas do mundo da vida um sistema de regras que expresse as condições universais que geram a possibilidade de um diálogo:[306]

> Com a coordenação de ações comunicativas temos a possibilidade de integração de uma sociedade. Já sob o ponto de vista do entendimento sobre o dito ou afirmado temos a produção e manutenção das tradições culturais, e sob o aspecto da socialização temos a produção de identidades culturais.
>
> Assim, percebe-se como a ação comunicativa permite a reprodução do mundo da vida. A tradição cultural é possibilitada pelo processo de entendimento; a produção de ordens legítimas pela coordenação de ações[...].[307]

Assim, o direito depende da formação não coercitiva de uma moral autônoma e procedural que surge no mundo da vida. Por outro lado, o direito é o meio pelo qual o poder comunicativo do mundo da vida se transforma em poder administrativo. Em função deste meio, a linguagem do mundo da vida pode circular por toda a sociedade e a soberania popular passa a ser ancorada em uma concepção de democracia procedimental sem sujeito que Habermas batizou de: "Política deliberativa".[308]

A relação entre sistema político e mundo da vida é percebida por Habermas como uma articulação entre centro e periferia. Há uma espécie de "sistema de comportas" no qual as comportas seriam basicamente os tribunais e o parlamento.[309] O centro do sistema político seria formado

---

[306] SOUZA, *A singularidade ocidental como aprendizado reflexivo*, op. cit., p. 76. Para maiores detalhes ver: HABERMAS, Jürgen. *Teoría de la acción comunicativa*: complementos y estudios prévios. Madrid: Ediciones Cátedra, 1989. 507 p. Especialmente o capítulo oitavo.

[307] SOUZA, *A singularidade ocidental como aprendizado reflexivo*, p. 81.

[308] HABERMAS, Jürgen. *Direito e democracia*: entre facticidade e validade. Rio de Janeiro: Tempo Brasileiro, 1997b. v. 2. p. 9 e ss.. Ver ainda: FARIA, Cláudia Feres. *Democracia deliberativa*: Habermas, Cohen e Bohmann. Lua Nova, n.. 49. São Paulo, 2000, p.47-68.

[309] "Neste modelo, os procedimentos democráticos legais, situados no nível dos complexos parlamentar e judiciário, funcionam como eclusas ('Schleusen') que regulam o acesso dos fluxos comunicativos provindos da periferia aos centros decisórios. Para que determinado ponto de vista, apoiado em consensos públicos, ganhe a forma de poder político, é necessário que ele percorra tal sistema de eclusas institucionais até assumir o caráter de persuasão sobre membros autorizados do sistema político, determinando mudanças no

pelos poderes do estado.[310] No núcleo do centro do sistema político está o Poder Executivo. O Legislativo seria mais sensível à tematização de questões advindas da periferia. Já o Poder Executivo teria maior capacidade de decisão.[311]

Ao largo do centro, teríamos uma periferia interna do sistema político e uma periferia externa. A periferia interna é composta por diversas instituições com funções políticas delegadas. A periferia externa é composta pela esfera pública dominada pelos meios de comunicação. Desta também fazem parte os "lobbistas" e os "grupos de pressão" que pretendem influenciar o poder político:

> Habermas distingue os atores que, no âmbito da esfera pública, representam os fluxos comunicativos transportados do mundo da vida daqueles agentes sociais que apenas se utilizam da esfera pública para, valendo-se de recursos materiais e poder organizacional, influenciar o poder político.[312]

O núcleo organizado institucionalmente da esfera pública é o que Habermas chama de sociedade civil, ou seja, "o conjunto de movimentos, organizações e associações que captam os ecos dos problemas sociais que refluem das esferas privadas e se condensam na esfera pública política".[313] A existência desta sociedade civil vitalizada é apontada:

> [...] como garantia contra deformações da esfera pública e pressuposto da legitimidade dos consensos públicos que sejam consolidados neste nível. A sociedade civil, com o seu conjunto de associações voluntárias, *independentes do sistema econômico e político-administrativo*, absorve, condensa e conduz de maneira amplificada para a esfera pública os problemas emergentes na esfera da vida privada, no mundo da vida. [...] Via esfera pública [...] e processos políticos horizontais, a sociedade civil procura permanentemente impedir que o sistema político restrinja o seu raio de ação às questões vinculadas aos interesses particularistas.[314]

---

comportamento destes". COSTA, Sérgio. Esfera pública, redescoberta da sociedade civil e movimentos sociais no Brasil: uma abordagem tentativa. In: *Novos Estudos Cebrap*. São Paulo, n. 38, p. 43, mar., 1994.

[310] "O modelo, no qual Habermas se apóia, descreve o núcleo do sistema político nas democracias contemporâneas como nível onde encontram-se alojados os complexos institucionais da administração, o aparato judiciário e o conjunto de processos ligados à formação da opinião e da vontade democrática, a saber, complexo parlamentar, eleições, concorrência partidária etc.". COSTA, Esfera pública, redescoberta da sociedade civil e movimentos sociais no Brasil, op. cit., p. 43.

[311] SOUZA, *A singularidade ocidental como aprendizado reflexivo*, op. cit., p. 88 e ss.

[312] COSTA, Esfera pública, redescoberta da sociedade civil e movimentos sociais no Brasil, op. cit., p. 43.

[313] SOUZA, *A singularidade ocidental como aprendizado reflexivo*, op. cit., p. 92.

[314] COSTA, Esfera pública, redescoberta da sociedade civil e movimentos sociais no Brasil, op. cit., p. 43.

A esfera pública é percebida por Habermas como uma "caixa de ressonância" em que os problemas politicamente relevantes "problematizados no mundo da vida encontram eco".[315] A sensibilidade da periferia interna de tematizar questões e problemas dependem de um processo espontâneo de formação da opinião pública. Este, por sua vez, depende da maior ou menor racionalidade do mundo da vida.[316] É a partir deste complexo processo que o direito adquire sua legitimidade. É neste sentido que Habermas quer que seja entendida a expressão: "não existe direito autônomo sem democracia real".

A tensão entre facticidade e validade é imanente ao direito e se manifesta no âmbito da jurisdição como tensão entre o princípio da segurança jurídica e o da pretensão de tomar decisões corretas. Ao princípio de segurança jurídica estão acoplados os problemas de justificação ou validade e aplicação da ordem jurídica. Se, de um lado, ele exige que as decisões jurídicas sejam tomadas de forma consistente no quadro da ordem jurídica estabelecida (aplicação), de outro, a pretensão à legitimidade da ordem jurídica implica decisões justificadas racionalmente (justificação ou validade). O problema está em como correlacionar esses dois momentos da decisão judicial, ou em outras palavras: garantir simultaneamente a segurança jurídica e a correção.

Segundo Habermas, a utilização dos princípios no processo de aplicação do direito só é possível, pois eles foram inseridos como critérios de decisão, a partir do processo democrático de formação da legislação. Ao se transformarem em jurídicos, esses critérios adquirem um caráter deontológico. A constitucionalização dos direitos humanos seria um exemplo deste fato. Portanto Habermas não aceita que surjam "novos" princípios extraídos unicamente da necessidade de um processo de aplicação.[317]

Dessa forma, deve-se diferenciar entre os discursos de fundamentação e discursos de aplicação. Enquanto que as regras têm uma adequação direta, ou seja, dado o fato se dá a regra. Os princípios passam a integrar um sistema de validade *prima facie* de tal modo que, num discurso de aplicação, é preciso examinar se eles podem encontrar aplicação numa situação concreta ainda não prevista no processo de fundamentação. O fato da norma valer *prima facie* significa que ela foi fundamentada de modo

---

[315] SOUZA, *A singularidade ocidental como aprendizado reflexivo*, p. 91.

[316] Ibidem, p. 90 e ss.

[317] "Mesmo assim, ela [teoria dworkinana] necessita de um esclarecimento, uma vez que os conteúdos morais, à medida que [sic.] são *traduzidos* para o código do direito, passam por uma transformação jurídica de seu significado". HABERMAS, *Faktizität und Geltung*, p. 250 [HABERMAS, *Direito e democracia*, I, p. 254. Ver também: HABERMAS, *Faktizität und Geltung*, op. cit., p. 256 e ss. [HABERMAS, *Direito e democracia*, I, op. cit., p. 260 e ss.].

imparcial. Para que se chegue a uma decisão válida, ela deve ser aplicada de modo imparcial.

O que passa a valer como fundamentação neste caso é a adequação de uma norma à determinada situação. Só sabemos qual a norma que é aplicável a determinado caso quando se consegue referir todas as características relevantes de uma descrição da sistuação a normas aplicáveis. Assim quando se fala de colisão de princípios, o que está em jogo não é a validade da norma, e sim a sua adequação a uma circunstância de fato.

Porém, aqui não se resolveu ainda o problema da segurança jurídica. Para solucionar este problema, Habermas entende que o intérprete deve fazer uso de um paradigma que será compartilhado pelos especialistas do direito e todos os demais parceiros do direito. O pano de fundo pode ser o Estado Liberal burguês, ou o Estado social, por exemplo. Estes paradigmas fogem do risco de transformarem-se em ideologias se mantiverem-se "abertos". Habermas sustenta que esta abertura pode ser garantida a partir de uma "compreensão procedimentalista do direito". Se esses paradigmas se fecham à história, à possibilidade de mudança, eles se coagulam em ideologias. Os paradigmas fechados se estabilizam através de "monopólios de interpretação, judicialmente institucionalizados, e que podem ser revistos internamente, somente de acordo com medidas próprias".[318]

A "correção" ou "a verdade" de argumentos para uma teoria procedimentalista de matriz discursiva significa "aceitabilidade racional". Esta teoria aceita os pressupostos do pensamento pós-metafísico e se guia pela ideia de que a única resposta correta não pode ser explicada com auxílio de uma teoria, por melhor que seja.[319] A prática da argumentação tem como característica principal a intenção de conseguir o consenso, o assentimento de todos os possíveis atingidos. Esta deve ocorrer em um ambiente livre de coerção que possibilite que venham à tona os melhores argumentos. Assim é preciso que se assuma a perspectiva intersubjetiva ampliada no nível da primeira pessoa do plural. Isso só é possível a partir de uma divisão de trabalho entre discursos de fundamentação e discursos de aplicação.

Nos discursos de aplicação, as normas "supostas como válidas, referem-se sempre aos interesses de todos os possíveis atingidos". Porém, as formas de argumentação que vão sustentar qual norma é aplicável ao caso dependem apenas das partes envolvidas no processo judicial. O pro-

---

[318] HABERMAS, *Faktizität und Geltung,* op. cit. p. 263. [HABERMS, *Direito e democracia,* I, op. cit., p. 266-267].

[319] Para maiores detalhes ver: HABERMAS, Jürgen. *Pensamento pós-metafísico.* Rio de Janeiro: Tempo Brasileiro, 1990.

cesso de argumentação está organizado de forma que "as interpretações de casos singulares, que são feitas à luz de um sistema coerente de normas, dependem da forma comunicativa de um discurso constituído de tal maneira (...) que as perspectivas dos participantes e as perspectivas dos parceiros do direito, representados através de um juiz imparcial, podem ser convertidas umas nas outras".[320] A legitimidade das normas jurídicas depende, portanto, da racionalidade do processo democrático:

> Quando nos apoiamos numa teoria procedimental, a legitimidade de normas jurídicas mede-se pela racionalidade do processo democrático da legislação política. [...] O sistema dos direitos [...] é interpretado e configurado no processo democrático da legislação e em processos de aplicação imparcial do direito. [...] O conteúdo da tensão entre a legitimidade e a positividade do direito é controlada na jurisdição como um problema da decisão correta e, ao mesmo tempo, consistente.[321]

Dessa forma Habermas fundamenta o fato que no âmbito da aplicação, os juízes devem se guiar apenas pelo direito positivado. Ao inserir sua teoria no âmbito processual de aplicação do direito a sua teoria dos discursos de aplicação adquire feições características luhmanianas. A aplicação do direito deve ser imparcial, a "autorreflexão institucionalizada do direito serve à proteção individual do direito sob o duplo ponto de vista da justiça no caso singular, bem como da uniformidade da aplicação do direito e do aperfeiçoamento do direito".[322] Portanto, à medida que o "discurso jurídico nasce do próprio processo, deve ficar isento de influências externas".[323]

A tese que Habermas desenvolveu até agora demonstra toda a sua força no nível de conflitos constitucionais. Para ele, o controle abstrato das normas ou as controvérsias judiciais acerca dos direitos fundamentais passa a ser considerado como mais uma operação dentre outras que fazem parte do sistema jurídico. O sistema jurídico é insensível ao sistema político, logo não há conflitos de competência. A legitimidade da produção de normas não está vinculada à racionalização do processo democrático de formação da legislação. Entretanto, se são aceitos os pressupostos de sua teoria discursiva, o controle abstrato de normas não poderia ser prerrogativa do sistema jurídico. Ele faz parte de um autocontrole do poder legislativo. O que estaria em jogo é a racionalidade do processo de

---

[320] HABERMAS, *Faktizität und Geltung*, op. cit., p. 280-281 [HABERMAS, *Direito e democracia*, I, op. cit., p. 285].

[321] Idem, p. 271-272. [Idem, p. 275].

[322] Idem, p. 290. [Idem, p. 294].

[323] Idem, p. 291. [Idem, p. 295].

autocompreensão democrático da legislação e, portanto o que está em jogo é a legitimidade do direito:

> A lógica da divisão dos poderes, fundamentada numa teoria da argumentação, sugere que se configure *autorreflexivamente* a legislação, de modo idêntico ao da justiça e que se a revista com a competência do autocontrole de sua própria atividade. O legislador não dispõe da competência de examinar se os tribunais, ao aplicarem o direito, se servem exatamente dos argumentos normativos que encontraram eco na fundamentação presumivelmente racional da lei. De outro lado, o controle abstrato de normas é função indiscutível do legislador. Por isso, não é inteiramente destituído de sentido reservar essa função, mesmo em segunda instância, a um autocontrole do legislador, o qual pode assumir as proporções de um processo judicial. A transmissão dessa competência para um tribunal constitucional implica uma fundamentação complexa.[324]

Retoma-se aqui uma das questões colocadas ao início do capítulo oito do presente livro. Luhmann se esforça para descrever como o sistema jurídico funciona na sociedade moderna. Habermas se preocupa em sustentar uma teoria adequada aos pressupostos da legitimação democrática do direito. Nesse sentido, sua teoria transcende os objetivos daquela de Luhmann. Essa distinção de pretensão se reflete na forma como Habermas analisa a jurisdição constitucional. De fato, para Habermas, se o controle de constitucionalidade se concentra no sistema jurídico há: "(...) um crescimento de poder para a justiça e uma ampliação do espaço de decisão judicial, que ameaça desiquilibrar a estrutura de normas do Estado clássico de direito, às custas da autonomia dos cidadãos".[325]

A partir de Luhmann se pode perceber que conceitos como o princípio da proporcionalidade, a reserva do possível e tantos outros são produtos do fato de que o sistema jurídico deve decidir todos os casos que lhe são apresentados. Raciocínios teleológicos são inseridos na forma como o sistema trata as normas e em função das normas. O sistema jurídico pressionado cria uma programação que lhe dá mobilidade para decidir. Habermas vê este diagnóstico como um elemento negativo do desenvolvimento do direito. Este desenvolvimento do direito solapa os pressupostos de legitimação democrática do direito.

Entretanto pode-se perceber um movimento histórico que comprova que esta transmissão de competências do Parlamento para o sistema jurídico já aconteceu em ordens jurídicas concretas. Há uma tendência que se pode verificar no sentido de uma centralização do controle de constitucionalidade no sistema jurídico. Logo Habermas tenta reconstruir a função deste Tribunal Constitucional a partir da sua teoria. Um primeiro

---

[324] HABERMAS, Faktizität und Geltung, p. 296 e Direito e democracia, I, p. 301.

[325] Idem, p. 301 e Idem, p. 306.

passo consiste em rever a forma metodológica com que esses tribunais tratam o controle de constitucionalidade. Habermas entende que os tribunais agem com base em uma "autocompreensão falsa do controle de constitucionalidade". Os tribunais não percebem que, no âmbito do sistema jurídico, somente está disponível uma dimensão de adequação das normas e não de justificação. Da mesma forma, sustenta que a compreensão correta de uma interpretação construtiva de matriz discursiva pressupõe que os direitos não podem ser assimilados a valores, o pensamento em contrário:

> [...] vem ao encontro do discurso da "ponderação de valores" corrente entre os juristas, o qual, no entanto, é frouxo. Quando princípios colocam um valor, que deve ser realizado de modo otimizado e quando a medida de preenchimento desse mandamento de otimização não pode ser extraído da própria norma, a aplicação de tais princípios no quadro do que é faticamente possível impõe uma ponderação orientada por um fim. E, uma vez que nenhum valor pode pretender uma primazia incondicional perante outros valores, a interpretação ponderada do direito vigente se transforma numa *realização* concretizada *de valores* referidas a casos.[326]

Habermas diferencia normas e valores com base nos seguintes critérios: (1) a norma tem um sentido deontológico e refere-se a uma agir deontológico obrigatório. Os valores se referem a um agir teleológico; (2) as normas preenchem expectativas generalizadas ao "passo que os valores devem ser entendidos como preferências compartilhadas intersubjetivamente". Os valores determinam relações de preferência; (3) normas têm codificação binária enquanto que os valores têm gradual pretensão de validade; (4) normas têm obrigatoriedade absoluta e valores têm obrigatoriedade relativa; (5) o conjunto de sistemas de normas satisfaz a critérios diferentes dos valores.[327] A forma de aplicação de normas ou de valores com certeza não é a mesma. "No caso das normas, "correto" é quando partimos de um sistema de normas válidas, e a ação é igualmente boa *para todos*; (...) numa constelação de valores (...) é "correto" o comportamento que, em sua totalidade e a longo prazo, é bom para *nós*".[328]

Habermas entende que certos conteúdos teleológicos entram no direito, mas o direito definido através do sistema de direitos é capaz de domesticar as orientações axiológicas e colocações de objetivos do legislador através da *primazia* estrita conferida a pontos de vista normativos. Aqueles que "pretendem diluir a Constituição numa ordem concreta de

---

[326] HABERMAS, *Faktizität und Geltung*, op. cir., p. 310. [HABERMAS, *Direito e democracia*, I, op. cit., p. 315].

[327] Idem, p. 310-311. [Idem, p. 316].

[328] Idem, p. 311. [Idem, p. 317].

valores desconhecem seu caráter jurídico específico". Enquanto normas do direito, os direitos fundamentais "são formados segundo o modelo de normas de ação obrigatórias – e não segundo o modelo de bens atraentes".[329]

Deve-se interpretar a opinião de Habermas no marco do pensamento pós-metafísico a partir do qual as éticas clássicas de valores não podem mais ser sustentadas. O rompimento com a tradição metafísica e religiosa fez com que os valores somente possam ser fundamentados a partir de princípios neutros. Habermas entende que, se nos deixarmos conduzir pela ideia da realização de valores materiais, "o tribunal contitucional transforma-se numa instância autoritária". No caso de uma colisão, "todas as razões podem assumir o caráter de argumentos de colocação de objetivos, o que faz ruir a viga mestra introduzida no discurso jurídico pela compreensão deontológica de normas e princípios de direito".[330]

A teoria discursiva, ao dividir as tarefas em discursos de aplicação e fundamentação, relega ao sistema jurídico somente a possibilidade de atuar com base em discursos de aplicação. Neste âmbito, as argumentações possíveis giram em torno da norma mais adequada ao caso concreto. Dessa forma, a teoria discursiva leva a sério o conteúdo deontológico dos direitos fundamentais:

> À medida que [sic.] um tribunal constitucional adota a doutrina da ordem de valores e a toma como base de sua prática de decisão cresce o perigo dos juízos irracionais. [...] Os direitos fundamentais, ao contrário, ao serem levados a sério em seu sentido deontológico, não caem sob uma análise dos custos e vantagens. [...] No caso de colidirem com outras prescrições jurídicas [...] a tarefa consiste, ao invés disso, em encontrar entre as normas aplicáveis *prima facie* aquela que se adapta melhor à situação de aplicação descrita de modo possivelmente exaustivo e sob todos os pontos de vista relevantes. As normas pertinentes e as retroativas [...] se relacionam [...] como normas "adequadas" ou não "adequadas". Ora adequação significa a validade de um juízo deduzido de um norma válida, através do qual uma norma subjacente é satisfeita.[331]

Habermas, a partir dessas observações, esclarece a forma e a metodologia "correta" com base na qual um tribunal constitucional deve atuar. Se um tribunal constitucional quiser levar a sério o caráter deontológico das normas de direito, deverá atuar nos limites impostos pelos discursos de aplicação.

---

[329] HABERMAS, *Faktizität und Geltung*, op. cit., p. 312 [HABERMAS, *Direito e democracia*, I, op. cit., p. 318].

[330] Idem, p. 315. [Idem, p. 321].

[331] Idem, p. 317. [Idem, p. 323].

O tribunal constitucional, sob o ponto de vista de uma compreensão constitucional procedimental se movimenta no interior das competências da aplicação do direito quando o processo democrático que ele deve proteger não for descrito como um regime de exceção. Nesses regimes, "o soberano se desvia para o privado, ao invés de assumir e preencher adequadamente o lugar que lhe compete na esfera pública política".[332] Emancipado de uma autocompreensão metodológica falsa, o tribunal está livre agora para cumprir com sua função de "guardião da democracia deliberativa".[333]

9.2. Teoria Crítica da Constituição

Um dos objetivos principais de Axel Honneth em seu livro *Kritik der Macht* é criticar a concepção dualista da sociedade de Habermas. Em *Theorie des kommunikativen Handelns*, Habermas desenvolve dois conceitos concorrentes de organização social: uma interpretação teórico-comunicacional da realidade social (*eine kommunikationstheoretische Deutung der sozialen Realität*) e uma versão sistêmica de teoria da sociedade (*eine systemtheoretisch ausgerichtete Version der Gesellschaftstheorie*). A estratégia de Honneth é desenvolver uma crítica interna à teoria habermasiana, mais especificamente, usar a primeira versão para criticar a segunda. Honneth sustenta que a teoria habermasiana perde o seu potencial crítico com a inserção do conceito de sistema.[334] A versão sistêmica de teoria da sociedade deve ser compreendida como propensa à indução a erro (*irreführend*), pois ela parte do princípio de que duas esferas da ação social (*Verwaltungs – und Wirtschaftssystem*) se tornam totalmente independentes das relações intersubjetivas e sociais do Mundo da Vida (*Lebenswelt*). Segundo Honneth, quando as sociedades capitalistas são concebidas desta forma, pressupõem-se duas ficções que se complementam mutuamente: "nós supomos, então, a existência de (1) esferas de organizações sociais desprovidas de normatividade e (2) esferas de ação comunicativa privadas de relações de poder".[335]

Honneth sustenta que a teoria habermasiana da sociedade precisa ser criticada do ponto de vista do horizonte da dimensão de intersujeti-

---

[332] HABERMAS, *Faktizität und Geltung*, op. cit., p. 338 [HABERMAS, *Direito e democracia*, I, op. cit., p. 345].

[333] Idem, p. 335 [Idem, p. 341].

[334] HONNETH, Axel. *Kritik der Macht*. Frankfurt am Main: Suhrkamp, 1988, p. 278 ss.

[335] "(...) wir unterstellen dann die Existenz von (1) normfreien Handlungsorganisationen und von (2) machtfreien Kommunikationssphären" (Ibidem, p. 328).

vidade social, na qual as instituições estão inseridas. Mais precisamente, Honneth esclarece no posfácio de *Kritik der Macht* que a primeira versão da teoria habermasiana da sociedade poderia ser melhor desenvolvida a partir do conceito Hegeliano de *Luta por Reconhecimento*.[336] Nesse sentido, poder-se-ia concluir que Honneth, em *Kritik der Macht*, procura mostrar, principalmente, que uma teoria crítica da sociedade deveria estar preocupada em interpretar a sociedade a partir de uma única categoria, isto é, do Reconhecimento.

Em *Kampf um Anerkennung*, Honneth desenvolve essa conclusão de forma consequente. Neste livro, ele expõe o que se poderia definir como uma concepção negativa de Reconhecimento. *Negativa* significa aqui que Honneth não procura definir o que é Reconhecimento, mas que ele concentra seus esforços na interpretação das causas de experiências de desrespeito (*Mißachtung*) ou de violência contra a dignidade da pessoa humana. Honneth conecta essas experiências negativas em um processo de aprendizagem histórico, cujo *fim* (*Zweck*) é a ampliação horizontal das relações de Reconhecimento. À medida que ele diferencia três esferas do Reconhecimento (Amor/*Liebe*, Direito/*Recht* e valorização social/*soziale Wertschätzung*) e três formas práticas de *Relação-Positiva-Consigo* (*drei praktische positive Formen der Selbstbeziehung*: Autoconfiança/*Selbstvertrauen*, Respeito Próprio/*Selbstachtung* e Autoestima/*Selbstschätzung*), ele define três *Formas-de-Desrespeito* (*drei Mißachtungsformen*) como fontes de conflito social:

(1) maus tratos (*Mißhandlung*), violação e constrangimento (*Vergewaltigung*);

(2) privação de direitos (*Entrechtung*) e exclusão (*Ausschließung*);

(3) degradação (*Entwürdigung*) e ofensa (*Beleidigung*).

Segundo Honneth, o Reconhecimento jurídico em sociedades tradicionais era baseado na noção social de *status*. O processo de aprendizado gradual orientado para a ampliação das relações de Reconhecimento, que desembocou no que hoje nós denominamos sociedade moderna, é responsável também por uma mudança fundamental nas relações sociais de Reconhecimento: o direito se diferencia do *status*. De fato, o direito em sociedades modernas precisa ser suficientemente geral e abstrato para estar em condições de considerar todos os cidadãos de forma isonômica.[337] Conforme Honneth, essa mudança social deve ser interpretada como uma diferenciação de duas esferas de Reconhecimento: na modernidade,

---

[336] Ver, a esse respeito, o Posfácio (1988) em: HONNETH, Axel. *Kritik der Macht*, op. cit., p. 386 e o Prefácio do livro: HONNETH, Axel. *Luta por Reconhecimento. A gramática moral dos conflitos sociais*. São Paulo: Ed. 34, 2003.

[337] HONNETH, Axel. *Kampf um Anerkennung*. Frankfurt a.M.: Suhrkamp, 2003, p. 178 ss.

a esfera jurídica do Reconhecimento diferencia-se daquela da valorização social (*soziale Wertschätzung*). Honneth, porém, não se mantém no nível puramente descritivo. Essa mudança ocorrida na modernidade representa, também, uma forma de evolução qualitativa social e moral:

> A partir de aquí, parece justificado entender el avance decisivo hacia el moderno orden social capitalista liberal como progreso moral, dado que la diferenciación de las tres esferas del reconocimiento, del amor, la igualdade jurídica y el principio del éxito iba acompañada por el incremento de las posibilidades sociales de individualización, así como el aumento de la inclusión social. Esencial para esta mejora cualitativa es, sobre todo, el hecho de que, con la separación del reconocimiento jurídico de la estima social, en el nivel más básico, pasara a primer plano la idea de que, de ahora en adelante, todos los sujetos deben tener la misma oportunidad de autorrealización individual mediante la participación en las relaciones de reconocimiento.[338]

A luta por Reconhecimento (*Kampf um Anerkennung*) é compreendida como uma espécie de pressão social, a partir da qual novas condições de participação social na formação racional da vontade pública devem ser, permanentemente, pensadas e repensadas. Seguindo esse raciocínio, Honneth intepreta também a história do direito moderno como um processo de evolução orientado para a ampliação horizontal dos direitos fundamentais. Para tanto, Honneth reinterpreta o famoso estudo de Thomas Marshall, a partir de sua teoria do Reconhecimento: alguém só pode chegar ao ponto de compreender a si próprio como titular de direitos e, sobretudo, a agir de acordo, quando experienciar a proteção jurídica da sua esfera de liberdade contra intervenções opressivas, da sua participação na formação racional da vontade pública e de uma mínima medida de condições sociais de vida.[339] Daí resulta que a diferenciação histórica das esferas dos direitos fundamentais explicita os fundamentos da nova forma jurídica do Reconhecimento:

> Reconhecer-se mutuamente como pessoa de direito significa hoje, nesse aspecto, mais do que podia significar no começo do desenvolvimento do direito moderno: entrementes, um sujeito é respeitado se encontra reconhecimento jurídico não só na capacidade abstrata de

---

[338] HONNETH, Axel. Redistribución como reconocimiento. Respuesta a Nancy Fraser. In: FRASER, Nancy; HONNETH, Axel. *¿Redistribuición o reconocimiento?* Un debate político-filosófico. Madrid: Paideia, 2006, p. 145. [HONNETH, Axel. Umverteilung als Anerkennung. Eine Erwiderung auf Nancy Fraser. In: Fraser, Nancy; HONNETH, Axel. *Umverteilung oder Anerkennung. Eine politisch-philosophische Kontroverse*. Frankfurt am Main: Suhrkamp, 2003, p. 219].

[339] A esse respeito, ver: HONNETH, Axel. *Kampf um Anerkennung*. Frankfurt a. M.: Suhrkamp, 2003, p. 190.

poder orientar-se por normas morais, mas também na propriedade concreta de merecer o nível de vida necessário para isso.[340]

Porque Honneth intepreta o surgimento de pelo menos duas das três esferas do reconhecimento a partir de um determinado processo histórico,[341] isto é, da transição da sociedade tradicional para a moderna, tal como aconteceu na Europa ocidental – e talvez nos U.S.A. – permanecem duas perguntas em aberto, para todo aquele que pretenda desenvolver uma teoria da Constituição a partir da sua teoria do Reconhecimento: (1) se o modelo do Reconhecimento também contém o potencial para esclarecer as realidades de sociedades que não experienciaram processos históricos e sociais semelhantes;[342] (2) de que forma e a partir de quais critérios podem ser avaliados os progressos morais no interior de todas as sociedades – modernas ou não.

(1) A necessidade de se encontrar uma solução para este problema parece clara: se o modelo do Reconhecimento somente fosse capaz de explicar alguns fenômenos de luta social, desenvolvidos na Europa, a sua teoria teria se tornado tão específica, que ela teria perdido toda a utilidade e capacidade explicativa ou, pelo menos, teria se tornado muito restrita e desinteressante. Porém, entende-se que esse problema não passa de uma aparência de problema, porque, na verdade, a teoria antropológica implícita na obra de Axel Honneth oferece uma solução satisfatória para o problema. Reforça o nosso argumento o fato de que Honneth tem procurado, desde os primeiros escritos, como por exemplo em *Soziales Handeln und menschliche Natur*[343] e *Geschichte und Interaktionsver-*

---

[340] HONNETH, Axel. *Luta por Reconhecimento*. São Paulo: Ed. 34, 2003, p. 193 [HONNETH, Axel. *Kampf um Anerkennung*. Frankfurt a.M.: Suhrkamp, 2003, p. 190].

[341] HONNETH, Axel. Redistribución como reconocimiento. Respuesta a Nancy Fraser. In: FRASER, Nancy; HONNETH, Axel. *¿Redistribuición o reconocimiento? Un debate político-filosófico*. Madrid: Paideia, 2006. Nota de rodapé 35, p. 114 [=HONNETH, Axel. Umverteilung als Anerkennung. Eine Erwiderung auf Nancy Fraser. In: FRASER, Nancy; HONNETH, Axel. *Umverteilung oder Anerkennung. Eine politisch-philosophische Kontroverse*, Frankfurt am Main: Suhrkamp, 2003. Nota de rodapé 35, p. 170].

[342] Ver, por exemplo, a respeito do exemplo brasileiro: NEVES, Marcelo. *Verfassung und Positivität des Rechts in der peripheren Moderne*: eine theoretische Betrachtung und eine Interpretation des Falls Brasillien. Berlin 1992. SOUZA, Jessé. *Die soziale Konstruktion der peripheren Ungleichheit*. Habilitationsschrift. In: SOUZA, Jessé. *A Modernização Seletiva. Uma reinterpretação do dilema brasileiro*. Brasília 2000. SOUZA, Jessé. *A Construção Social da Subcidadania. Para uma Sociologia Política da Modernidade Periférica*. Belo Horizonte e Rio de Janeiro 2003.

[343] HONNETH, Axel; JOAS, Hans. *Soziales Handeln und menschliche Natur. Anthropologische Grundlagen der Sozialwissenschaft*, Frankfurt am Main 1980.

hältnisse,³⁴⁴ atualizar o materialismo histórico, a partir de uma nova antropologia filosófica.³⁴⁵ O nosso argumento pode, portanto, ser resumido da seguinte forma: aquilo que Honneth denomina no livro *Verdinglichung* como o *modo existencial do Reconhecimento* (*existentieller Modus der Anerkennung*)³⁴⁶ é independente de processos históricos, porque está ancorado no *modo de ser humano* (antropologia).³⁴⁷ Esse, porém, não é o caso das três esferas do Reconhecimento, dado que elas estão necessariamente vinculadas a processos sociais e históricos de aprendizagem. Exatamente por isso, elas não precisam ser três. Elas podem ser duas, três, quatro e assim por diante. A quantidade de esferas de Reconhecimento dependerá do processo de aprendizagem de uma determinada sociedade. Quanto mais intesivo for o aprendizado multilateral internacional, maior será a importância e a influência deste nos processos de aprendizagem particulares ou nacionais. Os limites deste capítulo impedem, porém, que este argumento seja desenvolvido de forma mais aprofundada.

(2) A teoria de Axel Honneth está aliada à tradição de Hegel e G. H. Mead e demonstra que as condutas comunicativas e as formas de vida estão entrelaçadas com suposições recíprocas, com relações recíprocas de Reconhecimento e que elas apresentam, portanto, um conteúdo normativo. Depreende-se de sua análise que a moral extrai, da forma e da estrutura perspéctica da socialização intersubjetiva intocada, um sentido genuíno e dependente do que é individualmente bom. As condições concretas de Reconhecimento, seladas por uma ordem jurídica legítima, resultam sempre de uma luta por Reconhecimento. Essa luta é motivada pelo sofrimento e pela indignação contra um desprezo concreto. Axel Honneth mostra que é necessário articular experiências que resultam de

---

³⁴⁴ HONNETH, Axel, *Geschichte und Interaktionsverhältnisse. Zur strukturalistischen Deutung des Historischen Materialismus*, in: Jaeggi, Urs/Ders. (Hg.) *Theorien des Historischen Materialismus*, Frankfurt am Main: Suhrkamp, 1977, p. 405-449.

³⁴⁵ Ver, também, a esse respeito: Heidegren, Carl-Gorän, Honneth, Antropology, Social Theory, and Politics: Axel Honneth´s Theory of Recognition. In: *Inquiry* 2002, Vol. 45, n. 4, p. 443-446. Honneth responde a esse texto em Honneth, Axel, *Der Grund der Anerkennung. Eine Erwiderung auf kritische Rückfragen*, in: ——. *Kampf um Anerkennung*, p. 307 ss. Ver, também, HONNETH, Axel; JOAS, Hans, *Soziales Handeln und menschliche Natur*. Op. cit., 1980.

³⁴⁶ HONNETH, Axel. *Verdinglichung*, Frankfurt am Main 2005, citação 19, p. 60.

³⁴⁷ A um resultado parecido com o desenvolvido neste ponto, chega Fábio D'Avila a partir de outra matriz teórica, o conceito Heideggeriano de *Sorge*. A esse respeito, ver: D'AVILA, Fabio R. Ontologismo e ilícito penal. Algumas linhas para uma fundamentação onto-antropológica do direito penal. In: Andrei Schmidt (Org.). *Novos Rumos do Direito Penal Contemporâneo*: homenagem ao Prof. Dr. Cezar Roberto Bitencourt. Rio de Janeiro: Lumen Juris, 2006.

atentados à dignidade humana para conferir credibilidade aos aspectos sobre os quais, no respectivo contexto, aquilo que é igual deve ser tratado de modo igual e aquilo que é diferente tem que ser tratado como diferente. Essa disputa pela interpretação de direitos não pode ser legada, unicamente, a juízes e funcionários públicos ou somente ao legislador político.

Daí a consequência a ser ressaltada em nosso contexto: nenhuma regulamentação, por mais sensível que seja ao contexto, poderá concretizar adequadamente o direito igual a uma configuração autônoma de vida privada, se ela não fortalecer, ao mesmo tempo, a posição dos atingidos (excluídos) na esfera pública política e as relações socias positivas de Reconhecimento, promovendo a sua participação em comunicações políticas, nas quais é possível esclarecer os aspectos relevantes para uma posição de igualdade. Segundo esta compreensão, a concretização de direitos fundamentais constitui um processo que garante a autonomia privada dos sujeitos privados iguais em direitos, porém, em harmonia com a ativação de sua autonomia como cidadãos e com a proteção das relações de Reconhecimento.

Em seu recente artigo, *Amizade e Justiça*, Luis Fernando Barzotto defende uma tese complementar à que se apresenta aqui. Ele defende a tese de que a deliberação jurídica constitui-se de duas dimensões: proposicional e não proposicional. O autor propõe, a partir desta distinção, uma fenomenologia dos direitos humanos em que a amizade aparece como conceito central da dimensão não proposicional: a amizade possibilita o reconhecimento do sujeito dos direitos humanos e determina o conteúdo desses direitos a partir de uma atitude de reciprocidade.[348] Ao contrário da Teoria Tradicional do Direito, o autor não trata as duas dimensões como dimensões separadas de forma irreconciliável, mas sim, procura tornar evidente que há uma relação interna entre a dimensão proposicional e não proposicional da deliberação jurídica. Nesse sentido, a sua proposta representa um avanço importante na superação (*Aufhebung*) do dualismo típico da Teoria Tradicional do Direito.

Para ilustrar essa vinculação interna entre o conceito de amizade e a interpretação jurídica, o autor cita dois exemplos. O primeiro consiste em um exemplo de liberdade profissional narrado por Perelman: em 1889, pela primeira vez, uma mulher belga tentou inscrever-se na Ordem dos Advogados. Em decisão de 11 de novembro de 1889, a corte de cassação negou o pedido da autora afirmando que, apesar de haver uma disposição formal na Constituição que não excluía as mulheres do exercício da

---

[348] BARZOTTO, Luis Fernando, Amizade e Justiça. In: *Anais do II Colóquio Sul-Americano de Filosofia do Direito*, Porto Alegre, 16/17, novembro, 2006.

advocacia, o juiz tinha por dever considerar como axioma evidente que o serviço da justiça era reservado única e exclusivamente para os homens. Perelman afirma que, trinta anos depois, a proposição contrária, ou seja, de que as mulheres têm direito a advogar, se converteu em evidente.[349] O segundo exemplo citado por Barzotto consiste na interpretação dos juristas do departamento de Estado dos E.U.A. das Convenções de Genebra a respeito da tortura: depois de examinar cuidadosamente os textos dessas convenções, esses juristas chegaram à conclusão que privação de sono e comida, manutenção dos interrogados em situações de *stress* e a inserção de agulhas desinfetadas embaixo das unhas dos interrogados não consistiriam em casos de tortura.[350] A partir destes dois exemplos, Barzotto desenvolve e fundamenta o argumento central de seu artigo, ou seja, que *a Percepção* forma o núcleo cognoscitivo do que se chama Reconhecimento na filosofia prática contemporânea. O Reconhecimento seria, portanto, na visão do autor, a percepção do outro como sujeito igual a si mesmo.[351]

Se reinterpretamos esse modelo a partir do conceito de Reconhecimento tal como desenvolvido no presente capítulo, ele ganha em complexidade e em capacidade explicativa. Por exemplo, uma das consequências que se pode extrair, então, é que toda a teoria constitucional que não pressupuser o fortalecimento da autonomia política e das relações sociais de Reconhecimento (dimensão não proposicional da deliberação jurídica) estará fadada a não atingir uma concretização adequada. Haverá uma dissociação entre realidade e texto constitucional. A hermenêutica constitucional e a argumentação jurídica (dimensão proposicional da deliberação jurídica) deverão, portanto, levar em conta que a interpretação correta depende do fortalecimento das relações sociais de Reconhecimento e da participação democrática dos setores e grupos sociais na esfera pública, ou seja, elas deverão romper com o princípio monológico de interpretação (Dworkin e Alexy) para então adotar o princípio dialógico de interpretação (Habermas e Honneth), apontando assim para uma "sociedade aberta dos intérpretes da Constituição" (P. Häberle) ou para um controle democrático da Constituição (J.H. Ely, F.I. Michelman).

Com essa opção surgem, porém, à primeira vista, dois problemas. O primeiro corresponde ao fato de Honneth nunca ter escrito um livro sistemático sobre direito ou teoria da Constituição. Para ser preciso, apesar do incrível e rápido desenvolvimento da teoria do Reconhecimento em

---

[349] BARZOTTO, Luis Fernando, Amizade e Justiça. op. cit., p. 2.

[350] Idem, p. 3.

[351] Idem, p. 2.

várias direções: psicologia social, sociologia, filosofia etc., não há registro de nenhuma tentativa de aplicação desta teoria no direito.

Honneth apresenta pela primeira vez sua teoria da sociedade no livro *Kampf um Anekennung*. É também neste livro que ele esboça suas primeiras ideias sobre o direito. Uma versão mais elaborada de suas intuições iniciais podem ser encontradas nos seus livros *Leiden an Unbestimmtheit* e *Umverteilung und Anerkennung*. Em nenhum desses livros, entretanto, Honneth chega a desenvolver um conceito de direito que faça jus à complexidade do fenômeno jurídico. Faz-se necessária, portanto, uma nova nomenclatura e uma reinterpretação teórica das categorias honnethianas, a fim de que sua teoria possa contribuir diretamente para o desenvolvimento da teoria e da práxis jurídicas. No que segue, pretende-se dar um primeiro passo nesse sentido: o que Honneth chama de direito em *Kampf uma Anerkennung* será denominado *Direito-por-ser-Reconhecido* (*anzuerkennende Rechte*), ou seja, reivindicações sociais ou morais pela concretização de direitos. Essas reivindicações importam nas condições sociais do surgimento de direitos fundamentais, cuja função principal é a proteção da integridade pessoal dos seres humanos, a fim de que todos estejam em condições de alcançar a concretização de seu projeto de vida boa.

Além disso, o fenômeno jurídico tem, pelo menos, duas dimensões: uma institucional ou estática e uma histórica ou dinâmica. O método de estudo da primeira, a dimensão estática, será denominada, no que segue, *Análise Sincrônica* ou *Sincronia*, já a segunda, a dimensão dinâmica, será aqui designada *Análise Diacrônica* ou *Diacronia*. O objeto de estudo da Sincronia é o *Direito Reconhecido* (*das anerkannte Recht*) e da Diacronia é o *Direito-por-ser-reconhecido* (*das anzuerkennende Recht*). A *Teoria Crítica da Constituição* consiste na conjunção de ambas as análises. A alusão aos diferentes usos do verbo *reconhecer* (*anerkennen*) tem a função de expressar linguisticamente a principal intenção que move o desenvolvimento da teoria da constituição apresentada neste capítulo, ou seja, mostrar que todas as teorias que pressupõem que o direito e os procedimentos jurídicos não têm nenhuma relação interna com as relações sociais de Reconhecimento estão erradas ou, no mínimo, induzem todos aqueles que queiram compreender o fenômeno jurídico a erro.

No seu livro *Law's Empire*, Dworkin analisa o caso *Brown vs. Board of Education* no mesmo capítulo em que ele procura definir o conceito de direito.[352] A forma como Dworkin examina o caso é um bom exemplo de uma típica Teoria Tradicional da Constituição, porque ele analisa o caso sem levar em conta o processo de aprendizagem do Reconhecimento nos

---

[352] DWORKIN, Ronald. *Law's Empire*, Cambridge 1986, p. 29 ss.

U.S.A. Do ponto de vista desta Teoria Tradicional, o direito é compreendido, apenas a partir de decisões judiciais: no caso *Plessy vs. Ferguson* "(...) o defensor sustenta, em última instância perante a Suprema Corte, que essas práticas de segregação violam automaticamente a cláusula de proteção igual (...). A Corte rejeitou o seu pleito", já no caso *Brown vs. Board of Education* "(...) a Corte decidiu pelo pleito dos negros". De acordo com essa versão da Teoria Tradicional da Constituição, não existe nenhuma explicação para o fato de a *Suprema Corte* ter mudado de opinião: "Essa decisão foi inesperadamente unânime".[353]

Um exemplo de análise crítica do caso *Brown vs. Board of Education* pode ser encontrado no livro *Talking to Strangers*,[354] de Danielle S. Allen, porque ela analisa esse caso, ao contrário de Dworkin, levando em conta o processo de aprendizagem dos U.S.A. Na sua investigação não se encontra nenhum vestígio de separação entre relações de Reconhecimento e a Constituição. Pelo contrário, exatamente quando ela analisa o efeito e a repercusão *epifânicas* (*epiphanic*), na opinião pública dos E.U.A., das fotos publicadas na imprensa, que mostram a menina negra Elizabeth Eckford sendo atacada e quase sendo linchada por Hazel Bryan e uma multidão de brancos em frente da *Central High School Little Rock, Arkansas*, em 4 de setembro de 1957,[355] ela desenvolve um novo conceito de Constituição a fim de dar conta da complexidade do fenômeno constitucional:

> Chegou o tempo para novas concepções de vida democrática. Com o seu poder epifânico, as fotos adquiriram força psíquica suficientemente significante para fazer com que a demanda por este tipo de novas concepções se tornassem inescapáveis. Um exagero? Não me parece. A Constituição é mais do que um papel; ela é um plano para direitos políticos constitutivos e cidadania organizativa [*it is a plan for constituting political rights and organizing citizenship*], para determinar quem tem acesso ao poder de elaborar decisões coletivas que são usados para negociar a economia comunitária e as relações sociais (...) Alguém não pode pretender entender a Constituição dos Estados Unidos sem olhar para além do documento, que carrega esse título, para as leis estatais e os hábitos costumeiros dos cidadãos – normas não faladas de interação [*unspoken norms of interaction*] que constrangem quem pode falar quando em público e como – que ajudaram a guiar o circuito básico do poder político. Se alguém compreende "constituição" nesse sentido mais amplo, então os Estados Unidos tiveram várias fundações.[356]

---

[353] DWORKIN, Ronald. *Law's Empire*, op. cit., p. 29 ss.

[354] ALLEN, Danielle S. *Talking to Strangers. Anxieties of Citizenship since Brown v. Board of Education*. Chicago and London: The University of Chicago Press 2004.

[355] A foto pode ser encontrada na página 4 do livro citado.

[356] Idem, p. 6 (tradução livre). Sanford Levinson procura, com outros argumentos, mostrar os problemas de um conceito excessivamente formal de Constituição: LEVINSON, Sanford 1991. 'A Multiple Choice Test: How Many Times Has the U.S. Constitution Been

O conceito de Constituição, que Allen utiliza para analisar o caso *Brown*, ajuda-nos a compreender o conceito de *Teoria Crítica da Constituição*. Afinal, o caso *Brown vs. Board of Education* não pode ser adequadamente compreendido desvinculado das lutas por Reconhecimento nos U.S.A. No pano de fundo da decisão competiam, pelo menos, duas forças concorrentes: *the National Association for the Advancement of Colored People* (NAACP) e os cidadãos norte-americanos que faziam pressão contra essa associação. De fato, esse acontecimento foi denominado pela imprensa: "the Battle of Little Rock".[357] O caso em tela pode ser compreendido como um exemplo de mudança nas relações de Reconhecimento nos U.S.A.: a crescente pressão da NAACP foi capaz de mudar a opinião pública em seu favor e colocar, novamente, o processo de aprendizagem do Reconhecimento nos U.S.A em movimento. Esse novo e ampliado estágio do processo de aprendizagem do Reconhecimento foi capaz de influenciar não só a opinião pública norte-americana, mas, também, a forma como os juízes interpretavam a Constituição. A análise de Allen do caso *Brown vs. Board of Education* explicita aquilo que já deveria ter ficado claro no decorrer da nossa exposição, ou seja, que o processo de aprendizagem do Reconhecimento tem, no mínimo, 4 estágios:

(1) Luta por reconhecimento;
(2) Gradual mudança ou ampliação das relações de Reconhecimento;
(3) Gradual cristalização das novas formas de Reconhecimento em instituições;
(4) Novo estágio do processo de aprendizagem do Reconhecimento.

Parece ser também o caso que as instituições, como a *Supreme Court* norte-americana, tornam (e devem tornar) possível que lutas por Reconhecimento sejam mais que simples lutas por Reconhecimento: elas possibilitam (e devem possibilitar) que lutas por reconhecimento se tornem processos de aprendizagem. A fim de que elas possam, porém, cumprir esse objetivo, faz-se necessário que elas cumpram, também, as seguintes funções:

(1) Proteger as relações sociais do Reconhecimento;
(2) Proteger o último estágio do processo de aprendizagem do Reconhecimento que a sociedade atingiu;
(3) Precisam ser flexíveis o suficiente para participar ativamente no processo de aprendizagem do Reconhecimento e para perceber se a sociedade atingiu um novo nível do seu processo de aprendizagem do Reconhecimento;

Amended? (A) 14; (B) 26; (C) 420+-100; (D) All of the Above'. In: Brint, Michael; Weaver, William (ed.), *Pragmatism in Law and Society*, Oxford: Westview Press, 1991, p. 295-310.

[357] Idem, p. 24.

Como aprendemos com a análise dworkiana do caso *Brown vs. Board of Education*, a *Supreme Court* decidiu no primeiro caso contra o requerimento dos negros e, no segundo caso, a seu favor. Esse exemplo ajudou a tornar plausível a ideia de que as instituições jurídicas e a interpretação da Constituição em uma dada sociedade dependem do último estágio do processo de aprendizagem do Reconhecimento desta sociedade: depois de uma fase de transição, há primeiro uma mudança nas relações de Reconhecimento para que, então, essa ampliação horizontal das relações de Reconhecimento possa ser cristalizada em instituições por meio de juízes. A Constituição deve ser, portanto, compreendida, como o resultado de um processo de aprendizagem, e, ao mesmo tempo, como a expressão formal de um novo estágio deste processo de aprendizagem.

A comparação entre Dworkin e Allen deveria ter-nos ajudado a compreender que *Teoria Crítica* compreende a Constituição como um complexo de três dimensões, ou seja, as dimensões: (1) interpretativa; (2) institucional; (3) social. A Teoria Crítica não quer, porém, ser uma teoria descritiva do direito, ou seja, ela quer e precisa ser muito mais do que uma simples sociologia do direito. Ela precisa desenvolver a sua análise da Constituição a partir de uma normatividade imanente, a fim de que a dimensão social da Constituição não se reduza a uma simples e pura dimensão empírica. A metodologia adequada para a execução deste desenvolvimento teórico é aquela que Honneth desenvolve em *Umverteilung und Anerkennung* e que é denominada dialética moral do geral e do particular (*moralische Dialektik von Allgemeinem und Besonderem*):

> Como he dicho, el progreso en las condiciones del reconocimiento social tiene lugar en las dos dimensiones de la individualización y la inclusión social: o bien se abren al reconocimiento mutuo nuevas partes de la personalidad, de manera que aumente el grado de individualidad socialmente confirmada; o se incluyen más personas en las relaciones de reconocimiento existentes, de manera que aumente el círculo de sujetos que se reconozcan (...) Dentro de cada esfera, siempre es posible establecer una dialéctica moral de lo general y lo particular en movimiento: se han hecho reivindicaciones a favor de una determinada perspectiva (necesidad, situación vital, contribución) que aún no ha encontrado [na sua aplicação prática até o respectivo momento atual, acrescentado pelo autor] una consideración adecuada al apelar a un principio general de reconocimiento (amor, derecho, éxito).[358]

Os atores sociais que apreendem na sua atividade a dimensão intepretativa e/ou a dimensão institucional da Constituição precisam, portanto, compreender a si mesmos como participantes de um processo de

---

[358] HONNETH, Axel, *Redistribución como reconocimiento*, p. 145-146 [HONNETH, Axel, *Umverteilung als Anerkennung*, p. 220. Ver a esse respeito também: p. 170]. A passagem acrescentada à citação faz parte da versão original do texto e, por algum motivo desconhecido, não foi considerada na tradução em espanhol.

aprendizagem do Reconhecimento, a fim de que estejam em condições de compreender e trazer à tona a normatividade da Constituição. Se eles, porém, não atuarem dessa forma, se eles, por conseguinte, se renderem ao chamado do canto da Teoria Tradicional, não lhes restará senão que atuar de forma *voluntarista*. Isso significa, infelizmente, em última análise, que eles estarão optando por atuar de forma *arbitrária*. Que a arbitrariedade, porém, não pode mais ser tolerada, em hipótese alguma, no âmbito de um Estado Democrático de Direito, já é lição clara! Aliás, é uma das primeiras lições que aprendemos no processo de aprendizagem social do Reconhecimento.

9.3. Além do Esquecimento: por uma crítica ética da violência

Schmitt define o soberano como aquele que tem o poder de decidir quando se está diante de um estado de exceção[359] e que, além disso, tem o poder de decidir quem é o amigo e o inimigo da democracia e do Estado.[360] Para Schimtt, o real sentido da política é, portanto, compreender quem em uma determinada sociedade tem o poder de decidir quem é o amigo e quem é o inimigo e quando se está diante de um estado de exceção. Além disso, o sentido da definição de quem é amigo e inimigo está, segundo Schmitt, diretamente vinculada com a eventualidade real de uma luta.[361] Os conceitos de amigo, inimigo e luta adquirem, portanto, na teoria schmittiana, uma espécie de sentido existencial, pois estão vinculados com a possibilidade real da morte.[362]

Para Schmitt, o soberano é, portanto, aquele que se apresenta como o protetor da segurança e da ordem. Ele se apresenta como aquele que é encarregado de criar uma situação desejada de paz, segurança e normalidade[363]. Nessa linha, o soberano deveria apresentar essa situação de normalidade como um pressuposto da validade das normas jurídicas.[364] O problema aqui é que o soberano, pelo simples fato de ser soberano, é

---

[359] SCHMITT, Carl. *Politische Theologie. Vier Kapitel zur Lehre von der Souveränität*. Berlin: Duncker & Humboldt, 1922, p. 13.

[360] SCHMITT, Carl. *Der Begriff des Politischen*. Berlin: Duncker & Humboldt, 1929/1932, p. 33 e ss..

[361] Idem, p. 33.

[362] Idem, p. 45 e ss..

[363] Idem, p. 46. Ver, a esse respeito: SCHMITT, Carl. *Über die drei Arten des rechtswissenschaftlichen Denkens*. Berlin: Duncker & Humboldt, 1934, p. 9 e ss..

[364] SCHMITT, *Der Begriff des Politischen*, S. 46. Ver, a esse respeito também: Schmitt, *Über die drei Arten des rechtswissenschaftlichen Denkens*, p. 9 e ss..

aquele que tem o poder de decidir o que é situação de normalidade. Em tempos de "normalidade", ele precisa "encobrir" sua força letal, para que ele possa utilizá-la "somente" em momentos de "exceção". Daí resulta, infelizmente, o fato de que nada nem ninguém tem o poder de impedir o soberano e/ou o Estado de definir inimigos internos e os excluir da proteção das garantias típicas de um Estado Democrático do Direito como a proteção da dignidade da pessoa humana.[365]

Como bem observou Günter Frankenberg, "não por acaso, a dignidade da pessoa humana adquire seu perfil normativo diante do pano de fundo de crimes bárbaros contra a humanidade",[366] pois:

> Somente com o terror inconcebível de violação em massa da dignidade, com a humilhação e degradação, a tortura sistemática e morte de pessoas, os autores da Constituição e de catálogos dos direitos humanos tiveram o ensejo de colocar em proteção a dignidade. Quanto mais drasticamente ela é violada, mais contornos precisos ela assume. Não existe dignidade "como tal", seja lá como os filósofos a concebam, e, sim, somente como violação. A dignidade não aparece com a pessoa em si, mas por intermédio de torturadores, polícia secreta e tirano (...) Campos de concentração fundamentam, de forma calada, a necessidade de sua proteção e respondem a questão sobre a expansão de seu âmbito de proteção, desde que garantia da dignidade se volte contra o Estado como seu primeiro violador perigoso. Da necessidade de se ter que decifrar o conteúdo da dignidade humana, a partir de atos de violação, contrói-se uma virtude, ou seja, a concretização de caso *ex-negativo*".[367]

Isso é assim, porque o *Ser-Humano* adquire a consciência do seu *Ser*-Humano a partir de um *Modo-de-Ser-Humano*: o *Modo do Reconhecer* (*der Modus des Anerkennens*). Esse modo do *Reconhecer* precede *o Modo do Conhecer* (*der Modus des Erkennens*), típico de processos de instrumentalização, coisificação e reificação. Essa primazia do *Modo do Reconhecer* (*der Modus des Anerkennens*) caracteriza o que Honneth passa a chamar de *Modo Existencial do Reconhecimento* (*Der existentielle Modus der Anerkennung*). Ele entende que esse *Modo Existencial do Reconhecimento* (*Der existentielle Modus der Anerkennung*) deve ser compreendido como uma forma mais fundamental do reconhecimento recíproco dos seres humanos como seres dignos de respeito e igual tratamento jurídico (dimensão antropológica do reconhecimento).[368] O fenômeno da coisificação, da reificação e da

---

[365] Ver, a esse respeito: AGAMBEN, Giogio. *Ausnahmezustand (Homo Sacer II.i)*. Frankfurt am Main: Suhrkamp, 2003. (Aus dem Italienischen von Ulrich Müller-Schöll), p. 9 ss..

[366] FRANKENBERG, Günter. *A Gramática da Constituição e do Direito*, Belo Horizonte: Del Rey, 2007, p. 310.

[367] Idem, p. 312.

[368] "Inzwischen gehe ich daher davon aus, daß dieser existentielle der Anerkennung allen anderen, gehaltvolleren Formen der Anerkennung zugrunde liegt, in denen es um die Bejahung von bestimmten Eigenschaften oder Fähigkeiten anderer Personen geht"

instrumentalização de seres humanos para fins políticos é compreendido, portanto, por uma criminologia do reconhecimento, como uma forma perversa e perniciosa do *Esquecimento-do-Reconhecimento (Anerkennungsvergessenheit)*.[369]

Em geral, pode-se identificar três dimensões do fenômeno da reificação ou do Esquecimento-do-Reconhecimento (*Anerkennungsvergessenheit*): as dimensões da Autorrelação (*Selbstbeziehung*), da Intersubjetividade (*Intersubjektivität*) e da Relação-com-o-Mundo-Objetivo (*Beziehung zur objektiven Welt*). Na dimensão da intersubjetividade sempre há uma primazia do reconhecimento. Na relação do indivíduo com o mundo objetivo esta primazia nem sempre está presente, já que o mundo objetivo pode ser apreendido, ainda que o indivíduo o compreenda como um objeto.[370] Esse não parece ser o caso nas relações intersubjetivas, porque nós perdemos a capacidade de reconhecer um outro ser humano "assim que o reconhecimento prévio caiu em esquecimento" ("sobald uns ihre vorgängige Anerkennung in Vergessenheit geraten ist").[371] Em ambos os casos, a utilização do conceito de reificação deve ser, portanto, assimétrica.[372]

Honneth salienta que na análise de Lukács do fenômeno da reificação já podia ser encontrada uma terceira dimensão deste fenômeno. Ao lado da reificação das relações intersubjetivas e das relações com o mundo objetivo, Lukács cita também a possibilidade da reificação nas relações dos indivíduos consigo mesmos. Neste caso o mundo dos atos mentais é apreendido como um espaço fenomênico, no qual, ao invés do indivíduo desenvolver uma sadia *simpatia* (*Anteilnahme*) positiva consigo mesmo, o indivíduo compreende a si mesmo como um objeto a ser analisado do

---

(HONNETH, Axel. *Verdinglichung. Eine anerkennungstheoretische Studie*. Frankfurt am Main: Suhrkamp, 2005, p. 60, nota de rodapé 19).

[369] "Es kann nicht darum gehen, daß jenes Faktum einfach dem Bewusstsein entzogen wird und insofern gewissermaßen 'verschwindet', sondern es muß sich um eine Art von Aufmerksamkeitsminderung handeln, die jenes Faktum bewußtseinsmäßig in den Hintergrund treten und daher aus dem Blick geraten läßt. Verdinglichung im Sinne der 'Anerkennungsvergessenheit' bedeutet also, im Vollzug des Erkennens die Aufmerksamkeit dafür zu verlieren, daß sich dieses Erkennen einer vorgängigen Anerkennung verdankt" (Idem, p. 71).

[370] Idem, p. 78.

[371] Idem, ibidem.

[372] "Gegenüber anderen Menschen meint Verdinglichung, deren vorgängige Anerkennung aus dem Blick zu verlieren, gegenüber der objektiven Welt bedeutet Verdinglichung hingegen, die Vielfalt ihrer Bedeutsamkeiten für jene vorgängig anerkannten Anderen aus dem Blick zu verlieren" (Idem, ibidem).

ponto de vista do observador.[373] Lukács salientou a possibilidade de que um fenômeno como este possa acontecer, mas não desenvolveu-a teoricamente. Honneth procura, portanto, preencher este vazio na teoria da reificação de Lukács. Ele descreve o fenômeno da autorreificação como um dos casos de *Esquecimento-do-Reconhecimento* (*Anerkennungsvergessenheit*). Pode-se observar um fenômeno desse tipo, portanto, quando a *autoafirmação* (*Selbstbejahung*) cai em esquecimento.[374]

Dessas três formas do *Esquecimento-do-Reconhecimento* (*Anerkennungsvergessenheit*), aquelas que nos interessa aqui é a forma do *Esquecimento-do-Reconhecimento* (*Anerkennungsvergessenheit*) em relações intersubjetivas. As consequências negativas dessa forma *Esquecimento-do-Reconhecimento* (*Anerkennungsvergessenheit*) podem ser explicitadas com o exemplo da tortura. Sabe-se hoje, a partir de estudos empíricos, que os torturadores que fazem parte de um sistema de repressão, normalmente, frequentam "aulas", nas quais eles aprendem o "método científico" da tortura:

> De abuso cometido pelos interrogadores sobre o preso, a tortura passou, com o Regime Militar, à condição de "método científico", incluído em currículos de formação de militares. O ensino deste método de arrancar confissões e informações não era puramente teórico. Era prático, com pessoas realmente torturadas, servindo de cobaiais neste macabro aprendizado. Sabe-se que um dos primeiros a introduzir tal pragmatismo no Brasil, foi o policial norte-americano Dan Mitrione, posteriormente transferido para Montevidéu, onde acabou sequestrado e morto. Quando instrutor em Belo Horizonte, nos primeiros anos do Regime Militar, ele utilizou mendigos recolhidos nas ruas para adestrar a polícia local. Seviciados em salas de aula, aqueles pobres homens permitiam que os alunos aprendessem as várias modalidades de criar, no preso, a suprema condição entre o corpo e o espírito, atingindo-lhes os pontos vulneráveis.[375]

A capacidade de sofrer com o sofrimento alheio é uma capacidade humana normal. Infligir dor em corpo alheio, portanto, não pertence ao comportamento normal dos seres *humanos*. Isso acontece, porque nos reconhecemos mutamente como membros da mesma raça, a raça humana. Aprender a ver-se no outro é, portanto, parte do *Ser-humano*. Exatamente por isso, para que alguém se torne um torturador, é necessário que ele primeiro passe por um processso de aprendizagem negativo. Ele precisa aprender a perder essa capacidade, essa percepção do sofrimento do ou-

---

[373] HONNETH, Axel. *Verdinglichung. Eine anerkennungstheoretische Studie.* op. cit., p. 80.

[374] "Gerät diese vorgängige Selbstbejahung in Vergessenheit, wird sie ignoriert oder vernachlässigt, so entsteht Raum für Formen der Selbstbeziehung, die sich als Verdinglichung seiner selbst beschreiben lassen; denn die eigenen Wünsche und Empfindungen werden dann wie dingliche Objekte erfahren, die passiv beobachtet oder aktiv erzeugt werden können" (Idem, p. 93).

[375] ARQUIDIOCESE DE SÃO PAULO, *Brasil: nunca mais.* Petrópolis: Vozes, 1985, p. 32.

tro, de *sofrer-com*, de *com*paixão. Ele precisa aprender a não se ver mais no outro. Ele precisa aprender a não *ser* mais *humano*. Nós podemos, portanto, traduzir o que acontecia nesses cursos de tortura com os termos de uma criminologia do reconhecimento: esses cursos de tortura tinham o condão de ensinar os alunos a esquecer o Modo-do-Reconhecimento típico das relações normais entre seres humanos.

Outra forma de se aprender a esquecer o Modo-do-Reconhecimento é a criação da figura do Inimigo. Depois do 11 de setembro, o governo norte-americano se valeu da situação para aprovar o *USA Patriot Act*, que permite, dentre outras coisas, que os policiais se valham de métodos de tortura para obtenção de provas.[376] Além disso, o uso de tortura não é uma prática exclusiva dos U.S.A. Como mostra uma série de estudos empíricos, a prática de tortura no Brasil não é somente parte do nosso passado, mas também do dia a dia "do combate à criminalidade":

> A tortura e os maus tratos não são exclusividades das instituições voltadas para adolescentes em conflito com a lei. A relação com a polícia também é marcada pela extrema violência e corrupção. Como demonstram estudos desenvolvidos nos últimos anos no Brasil, as prisões arbitrárias sem fundamento legal, as execuções sumárias e as práticas de tortura não são externalidades do trabalho policial ou práticas isoladas de policiais violentos. São ações sistemáticas, expressões de procedimentos de combate à criminalidade, avaliadas como legítimos por agentes das corporações policiais.[377]

Esse processo de aprendizado negativo tem consequências tão reais quanto perniciosas e precisa, portanto, ser analisado mais de perto. A filosofia de Hegel parece fornecer o arcabouço adequado para explicitar os estágios fenomenológicos tanto desse processo de aprendizagem negativo de desenvolvimento dessa consciência reificante ou coisificante, quanto do processo de aprendizagem positivo de desenvolvimento de uma *consciência-que-reconhece*. No primeiro estágio de sua análise fenomenológica da *Autoconsciência* (*Selbstbewusstsein*), Hegel descreve um tipo de *Consciência* (*Bewusstsein*) que possui atividades mentais, porém ainda não está em condições de compreendê-las como uma diferença, isto é, neste estágio da análise fenomenológica não é possível que uma noção de *Autoconsciência* (*Selbstbewusstsein*) venha à tona. Para que o sujeito se torne consciente dessa diferença, ele precisa aprender a apreender a sua atividade corporal. Ele precisa, portanto, primeiro aprender, a partir da

---

[376] Ver, a esse respeito: NAUMANN, Michael; SPENGLER, Tilman (Org.). *Die Zeit. Kursbuch. Folter und Feste*. Hamburg: Zeitverlag Gerd Bucerius, 2006.

[377] FRAGA, Paulo Cesar Pontes. Tortura contra pessoas acusadas de crimes no Rio de Janeiro: A funcionalidade da violência institucional e policial contra os ilegalismos. In: *Teoria e Cultura, Revista do Mestrado em Ciências Sociais da UFJF*, Juiz de Fora, v. 1, n. 2, jul./dez. 2006, p. 67.

relação consigo mesmo, a apreender a realidade de tal forma que a realidade passe a lhe aparecer como uma realidade intencional, cujo objetivo é a satifação de necessidades elementares.[378] O sujeito aprende que ele não pode apreender a realidade apenas do ponto de vista epistemológico, mas também como uma ser vivo que se reproduz naturalmente.[379]

O sujeito faz, dessa forma, nessa primeira passagem, uma experiência transcendental: ele experiencia retrospectivamente que ele só pode desenvolver as condições necessárias para a apreensão do conceito de vida, porque ele já desenvolveu uma relação prática e ativa com um objeto, com um mundo exterior.[380] Honneth interpreta essa passagem a partir da teoria de McDowell: ele procura mostrar que também Hegel compreende essa passagem como um *continuum* entre "primeira" e "segunda natureza humana". Somente depois dessa passagem, o sujeito desenvolve uma consciência da sua dupla natureza.[381]

A passagem do segundo para o terceiro estágio é interpretada por Honneth a partir da teoria de Winnicott. No início deste segundo estágio, o sujeito compreende a totalidade da realidade como um produto da sua capacidade mental e age de acordo. Somente a experiência de que a realidade possui exigências próprias, isto é, de que ela é independente da sua capacidade mental, leva o sujeita a compreender a si mesmo como um ser autocosciente.[382] Segundo Honneth, Hegel pretenderia descrever aqui, portanto, um processo similar ao que Winnicott descreve em seus estudos: assim como a criança, na análise de Winnicott, teve que aprender a perceber a mãe como um sujeito "com exigências pessoais independentes da criança", também o sujeito hegeliano precisa compreender que a realidade à sua frente, diferentemente de um objeto, tem exigências pessoais, é um *ser humano*. Somente essa experiência vai levar o sujeito a compreender-se como um ser humano autoconsciente diferente dos outros. Com

---

[378] HONNETH, Axel. *Von der Begierde zur Anerkennung. Hegels Begründung von Selbstbewusstsein*. Manuscrito. 2007, p. 6.

[379] Idem, p. 8.

[380] Idem, ibidem.

[381] "Die Bestätigung der Begierde, also die Befriedigung elementarer, organischer Bedürfnisse, leistet für Hegel mithin etwas Doppeltes in Bezug auf das Selbstbewusstsein: Das Subjekt erfährt sich sowohl als Teil der Natur, weil es in die bestimmende, heteronome "Bewegung des Lebens" einbezogen ist, wie auch als ihr aktiv-organisierendes Zentrum, weil es an ihr kraft seines Bewusstseins wesentliche Diskriminierungen vornehmen kann (…) Solange er sich als bedürfnisbefriedigendes Wesen versteht, im Rahmen seiner Begierde tätig ist, besitzt er ein unmittelbares Wissen von seiner Doppelnatur, die hin zugleich innerhalb wie außerhalb der Natur stehen lässt" (Idem, p. 11).

[382] Idem, p. 16.

essa passagem, o sujeito aprende a apreender os outros sujeitos como sujeitos com intencionalidade, ou seja, que não agem necessariamente conforme a sua vontade e que não são, portanto, seus instrumentos.[383] Com esse passo, está completamente realizada a passagem fenomenológica para a dimensão do reconhecimento. Reconhecimento e *Autoconsciência* (*Selbstbewusstsein*) estão, portanto, diretamente vinculados. O fenômeno da Reificação nada mais é do que uma falha nesse processo de aprendizagem.

A teoria da Reificação de Honneth esclarece outra dimensão digna de crítica do *Direito Penal do Inimigo* (*Feindstrafrecht*): a aceitação de uma compreensão do direito penal a partir dos conceitos amigo e inimigo abre as portas, que já tinham sido fechadas pela introdução da garantia da dignidade da pessoa humana nas constituições contemporâneas, para a institucionalização de processos de *Reificação* ou de *Coisifição* de seres humanos. O Estado passa a ter o direito de definir quem são seres humanos dignos de proteção estatal e quais são os seres não humanos que poderão ser tratados como coisas, que poderão ser reificados e, portanto, instrumentalizados para fins políticos de proteção da segurança e da ordem. Dado então que o fenômeno da surgimento do *Direito Penal do Inimigo* (*Feindstrafrecht*) nada mais é do que uma forma de *Esquecimento-do-Reconhecimento* (*Anerkennungsvergessenheit*),[384] proteger a garantia constitucional da dignidade da pessoa humana hoje significa nada mais do que lembrar os juristas e políticos da importância do reconhecimento para a compreensão da garantia constitucional da dignidade da pessoa humana.

---

[383] HONNETH, Axel. *Von der Begierde zur Anerkennung*, op. cit., p. 16.

[384] "Es kann nicht darum gehen, daß jenes Faktum einfach dem Bewusstsein entzogen wird und insofern gewissermaßen 'verschwindet', sondern es muß sich um eine Art von Aufmerksamkeitsminderung handeln, die jenes Faktum bewußtseinsmäßig in den Hintergrund treten und daher aus dem Blick geraten läßt. Verdinglichung im Sinne der 'Anerkennungsvergessenheit' bedeutet also, im Vollzug des Erkennens die Aufmerksamkeit dafür zu verlieren, daß sich dieses Erkennen einer vorgängigen Anerkennung verdankt" (HONNETH, Axel. *Verdinglichung. Eine anerkennungstheoretische Studie*. Frankfurt am Main: Suhrkamp, 2005, p. 71).

Bibliografia

AGAMBEN, Giogio. *Ausnahmezustand (Homo Sacer II.i)*. Frankfurt am Main: Suhrkamp, 2003. (Aus dem Italienischen von Ulrich Müller-Schöll).

ALEXY, Robert. *Theorie der juristischen Argumentation. Die Theorie des rationalen Diskurses als Theorie der juristischen Begründung*. Frankfurt: Suhrkamp, 1991.

——. *Theorie der Grundrechte*. Frankfurt: Suhrkamp, 1996.

——. *Begriff und Geltung des Rechts*. Freiburg/München: Karl Alber, 1994.

——. *Recht, Vernunft, Diskurs*: Studien zur Rechtsphilosophie. Frankfurt am Main: Suhrkamp, 1995.

——; KRAWIETZ, Werner. *Metatheorie juristischer Argumentation*. Berlin: Duncker & Humboldt, 1983. (Schriften zur Rechtstheorie. Heft 108).

ALLEN, Danielle S. *Talking to Strangers. Anxieties of Citizenship since Brown v. Board of Education*. Chicago and London: The University of Chicago Press, 2004.

ALMEIDA, Eneá de Stutz; TORELLY, Marcelo D. Justiça de Transição, Estado de Direito e Democracia Constitucional: Estudo preliminar sobre o papel dos direitos decorrentes da transição política para a efetivação do estado democrático de direito. In: *Sistema Penal & Violência*,Vol. 2, n. 2, julho/dezembro 2010. p. 36-52. (Disponível em: http://revistaseletronicas.pucrs.br/ojs/index.php/sistemapenaleviolencia/index).

ANITUA, Gabriel Inacio, *Histórias dos pensamentos criminológicos*, Rio de Janeiro: Revan, 2008 (Coleção Pensamento Criminológico, vol. 15).

ARQUIDIOCESE DE SÃO PAULO, *Brasil: Nunca mais*. Petrópolis: Vozes, 1985.

ARRIS, Marvin. *El desarollo de la teoría antropológica*. México: Siglo Veintiuno, 1985.

ÁVILA, Humberto. *Teoria dos Princípios. Da definição à aplicação dos princípios jurídicos*. São Paulo: Ed. Forense, 2004.

BACHELARD, Gaston. *A poética do devaneio*. São Paulo: Martins Fontes, 1996.

——. *A intuição do instante*. Campinas: Verus, 1999

BARZOTTO, Luis Fernando, Amizade e Justiça. In: *Anais do II Colóquio Sul-Americano de Filosofia do Direito*, Porto Alegre, 16/17, novembro, 2006.

BAUDRILLARD, Jean. *A ilusão do fim ou a greve dos acontecimentos*. Lisboa: Terramar, 1992.

BAUMER, Franklin L. *O Pensamento Europeu Moderno*. volume I e II. Vila Nova de Gaia: Edições 70, 1990.

BERGSON, Henri (1859-1941). *Matéria e Memória*. 2. ed. São Paulo: Martins Fontes, 1999.

——. A consciência e a vida. In: *Os Pensadores*. V. XXXVIII. São Paulo: Abril Cultural, 1974.

BHABHA, Homi K. *O Local da cultura*. Belo Horizonte: Editora da UFMG, 1998.

BICKFORD, Louis. Truth and Reconciliation. In: *Sistema Penal & Violência*,Vol. 2, n. 2, julho/dezembro 2010. p. 15-21. (Disponível em: http://revistaseletronicas.pucrs.br/ojs/index.php/sistemapenaleviolencia/index).

BIELEFELDT, Heiner. *Filosofia dos direitos humanos*. São Leopoldo: Ed. Unisinos, 2000. 271 p.

BITENCOURT, Cezar Roberto. *Falência da Pena de Prisão – causas e alternativas*. São Paulo: Revista dos Tribunais, 1993.

BOBBIO, Norberto. *A Era dos Direitos*. Rio de Janeiro: Campus, 1992. 217 p.

BOLADERAS, Margarita. *Comunicación, ética y política: Habermas y sus críticos*. Madrid: Editorial Tecnos, 1996.

BONAVIDES, Paulo. *Curso de direito constitucional*. 13 ed. rev. atual. São Paulo: Malheiros, 2003.

BONSS, Wolfgang, Psychoanalyse als Wissenschaft und Kritik. Zur Freudrezeption der Kritischen Theorie. In: ——; Honneth, Axel, (Orgs.), *Sozialforschung als Kritik. Zum sozialwissenschaftlichen Potential der Kritischen Theorie*, Frankfurt am Main: Suhrkamp, 1982, p. 367-425.

BRECHT, Bertold. Episches Theater, Entfremdung. In: Hauptmann, Elisabeth (org.). *Gesammelte Werde. Schriften zum Theater*. Vol. 15. Frankfurt am Main: Suhrkamp, 1967, p. 372-373.

——. Das epische Theater. In: Hauptmann, Elisabeth (org.). *Gesammelte Werde. Schriften zum Theater*. Vol. 15. Frankfurt am Main: Suhrkamp, 1967, p. 263-265.

BROWER, M.C.; PRICE, B.H. Neuropsychiatry of frontal lobe dysfunction in violent and criminal behaviour:a critical review. In: *J Neurol Neurosurg Psychiatry*, 71(6):720-6, 2001.

BUCKEL, Sonja; Christensen, Ralph; FISCHER-LESCANO, Andreas (Orgs.). *Neue Theorien des Rechts*, Stuttgart: Lucius & Lucius, 2006.

BUNDESKRIMINALAMT (Hg.). *Neue Allianzen gegen Kriminalität und Gewalt. Ganzheitlicher Ansatz zur Kriminalitätsbekämpfung – national und international – Vorträge anlässlich der Herbsttagung des Bundeskriminalamtes von 2. bis 3. November 2005.* Müncher: Luchterhand, 2006.

CALHOUN, Craig (org.). *Habermas and the public sphere*. Massachussetts: MIT Press, 1997. 500 p.

CALVINO, Italo. *A cidade dos invisíveis*. São Paulo: Schwarz, 1998.

CANOTILHO, J. J. Gomes. *Direito constitucional e teoria da constituição*. Coimbra: Livraria Almedina, 1998.

CARVALHO, Salo de, *Antimanual de Criminologia*, Rio de Janeiro: Lumen Juris, 2008.

CATROGA, Fernando. *Entre Deuses e Césares. Secularização, Laicidade e Religião Civil*. Coimbra: Almedina, 2006.

CAVELL, Stanley. Knowing and Acknowledging. In: *Must We Mean What We Say*. Cambridge 1976, p. 238-266.

——. The Uncannines of the Ordinary. In: Sterling M. McMurrin (Org.), *The Tanner Lectures of Human Values*. Bd. VIII. Salt Lake City. 1988.

CHAMBERS, Simone. *Reasonable democracy: Jürgen Habermas and the politics of discourse*. New York: Cornell University Press, 1996.

COHEN, Jean L.; ARATO, Andrew. *Sociedad civil y teoría política*. México: Fondo de Cultura Económica, 2000.

CORSI, Giancarlo; Esposito, Elena; Baraldi, Claudio. *Glosario sobre la teoría Social de Niklas Luhmann*. México/Barcelona: ITESO/Anthropo, 1995.

COSTA, Sérgio. Esfera pública, redescoberta da sociedade civil e movimentos sociais no Brasil: uma abordagem tentativa. In: *Novos Estudos Cebrap*. São Paulo. n. 38. Mar/1994., p. 38-52.

DAHMER, Helmut, *Libido und Gesellschaft. Studien über Freud und die Freudsche Linke*. Frankfurt am Main: Suhrkamp, 1973.

DAMÁSIO, Antônio R. *O Erro de Descartes: Emoção, Razão e Cérebro Humano*. Portugal: Publicações Europa-América, 2000.

DA SILVA FILHO, José Carlos Moreira. Crimes de Estado e Justiça de Transição. In: *Sistema Penal & Violência*,Vol. 2, n. 2, julho/dezembro 2010, p. 1-14. (Disponível em: http://revistaseletronicas.pucrs.br/ojs/index.php/sistemapenaleviolencia/index).

D'AVILA, Fabio R. Ontologismo e ilícito penal. Algumas linhas para uma fundamentação onto-antropológica do direito penal. In: Andrei Schmidt (Org.), *Novos Rumos do Direito Penal Contemporâneo*: homenagem ao Prof. Dr. Cezar Roberto Bitencourt. Rio de Janeiro: Lumen Juris, 2006.

——. O inimigo em direito penal contemporâneo. Algumas reflexões sobre o contributo crítico de um direito penal de base onto-antropológica. In: Ruth Maria Chittó Gauer (Org.). *Sistema penal e violência*. Rio de Janeiro: Lumen Juris, 2006, p. 95-108.

DELUMEAU, Jean. *História do medo no Ocidente*. São Paulo: Companhia das Letras, 1989.

——. *O pecado e o medo. A culpabilização no Ocidente*. Volumes I e II. Bauru: Editora da Universidade Sagrado Coração, (EDUSC), 2003.

DIAS, João Paulo. Arquitetura Judicial em Portugal: 5 momentos de transição para a democracia. In: *Sistema Penal & Violência*,Vol. 2. n. 2. Jul./Dez. 2010, p. 22-35. (Disponível em: http://revistaseletronicas.pucrs.br/ojs/index.php/sistemapenaleviolencia/index).

DIAS, Jorge Figueiredo Dias; ANDRADE, Manoel da Costa. *Criminologia, o Homem Delinquente e a Sociedade Criminógena*. Coimbra: Coimbra Ed., 1997.

DÖBERT, Rainer; HABERMAS, Jürgen; NUNNER-WINKLER, Gertrud (Org.). *Entwicklung des Ichs*. Köln: Athenaeum *et. all*, 1980.

DWORKIN, Ronald. *Is Democracy Possible Here? Principles for a new political debate*. Princeton und Oxford: Princeton University Press, 2006.
——. *Taking rights seriously*. Cambridge: Harvard University Press, 1978.
——. *Law's Empire*. Cambridge: Harvard University Press, 1986.
——. *Freedom's law : the moral reading of the American constitution*. Cambridge: Harvard University Press, 1996.
——. *Sovereign Virtue: The Theorie and Practice of Equality*. Cambridge: Harvard University Press, 2000.
DUMONT, Louis. *O individualismo: uma perspectiva antropológica da ideologia moderna*. Rio de Janeiro: Rocco, 1985.
DURAND, Gilbert. *A Imaginação Simbólica*. São Paulo: Cultrix, 1988.
——. *As estruturas antropológicas do imaginário*. Lisboa: Presença, 1989.
——. *O Imaginário*. Ensaio acerca das ciências e da filosofia da imagem. Rio de Janeiro: Difel, 2001.
FARIA, Cláudia Feres. Democracia deliberativa: Habermas, Cohen e Bohmann. In: *Lua Nova*, no. 49. São Paulo, 2000, p. 47-68.
FARIA COSTA, José de. Um olhar doloroso sobre o Direito Penal (ou o encontro inescapável do homo dolens, enquanto corpo-próprio, com o direito penal). In: ——. *Linhas de Direito Penal e de Filosofia. Alguns Cruzamentos Reflexivos*. Coimbra: Coimbra, 2005.
FELDENS, Luciano. *A Constituição Penal. A Dupla Face da Proporcionalidade no Controle das Normas Penais*. Porto Alegre: Livraria do Advogado, 2005.
——. *Direitos Fundamentais e Direito Penal*. Porto Alegre: Livraria do Advogado, 2008.
FERRAZ JR., Tércio Sampaio. A Trivialização dos Direitos Humanos. In: *Novos Estudos CEBRAP*. Out. 1990. n. 28, p. 99-115.
FOUCAULT, Michel. *Vigiar e punir*. Petrópolis: Vozes, 1986.
FRAGA, Paulo Cesar Pontes. Tortura contra pessoas acusadas de crimes no Rio de Janeiro: A funcionalidade da violência institucional e policial contra os ilegalismos. In: *Teoria e Cultura, Revista do Mestrado em Ciências Sociais da UFJF*, Juiz de Fora, v. 1, n. 2, jul./dez. 2006, p. 61-82.
FRANKENBERG, Günter. Feindes Wiederkehr? Zur Verfassung des unbequemen Verhältnisses von Recht und Politik. In: ——. *Autorität und Integration. Zur Grammatik von Recht und Verfassung*. Frankfurt am Main: Suhrkamp, 2003. S. 13-45.
——. Und ewig brechen sie das Tabu. Hinter dem Schirm rechtsstaatlichen Anstands ist die politisch-militärische Folter zurückgeht. In: Naumann, Michael/Spengler, Tilman (Org.). *Die Zeit. Kursbuch. Folter und Feste*. Hamburg: Zeitverlag Gerd Bucerius, 2006, p. 6-13.
——. *A Gramática da Constituição e do Direito*, Belo Horizonte: Del Rey, 2007.
FREUD, S. *O mal estar da civilização*. Rio de Janeiro: Imago, 1976.
FROMM, Erich. *A arte de amar*. Belo Horizonte: Ed. Itatiaia LTDA., 1960.
——. *O medo à liberdade*. Rio de Janeiro: Zahar, 1981.
GARLAND, David. *Punishment and Modern Society. A Study in Social Theory*, Chicago: The University of Chicago Press, 1990. [Tradução: Garland, David. *Castigo y Sociedad Moderna. Un Studio de teoría social*. Madrid: Siglo XXI, 1990].
——. *The Culture of Control. Crime and Social Order in Contemporary Society*. Chicago: The University of Chicago Press, 2001. [Tradução: Garland, David. *A Cultura do Controle. Crime e Ordem Social na sociedade contemporânea*. Rio de Janeiro: Revan, 2008].
GAUER GJC; RUMJANEK, V. Psiconeuroimunologia. In: Cataldo Neto A, Gauer GJC, Furtado NR. *Psiquiatria Para o Estudante de Medicina*. Porto Alegre: EDIPUCRS, 2003.
GOFFMAN, Erving. *A representação do eu na vida cotidiana*. Petrópolis: Vozes, 1974.
——. *Estigma*. Rio de Janeiro: Zahar, 1982.
——. *Manicômios, prisões e conventos*. São Paulo: Perspectiva, 1974.
——. *Ritual de la interacción*. Buenos Aires: Viltera, 1974.
GREEN, Penny; Ward, Tony. Violence and the State. In: *Sistema Penal & Violência*,Vol. 2, n. 2, julho/dezembro 2010, p. 1-14. (Disponível em: http://revistaseletronicas.pucrs.br/ojs/index.php/sistemapenaleviolencia/index).
GUTMANN, Amy (Org.). *Multiculturalism and The Politics of Recognition*. New Princeton/Jersey: Princeton University Press, 1992.
HABERMAS, Jürgen. Die klassische Lehre von der Politik in ihrem Verhältnis zur Sozialphilosophie. In: ——. *Theorie und Praxis. Sozialphilosophische Studien*, Frankfurt a.M.: Suhrkamp, 1963, p. 48-88.

——. *Der philosophische Diskurs der Moderne*. Zwölf Vorlesungen. Frankfurt a.M.: Suhrkamp, 1988 [Tradução: Habermas, Jürgen. *O Discurso Filosófico da Modernidade*. Lisboa: Publicações Dom Quixote, 1990].

——. *Faktizität und Geltung: Beiträge zur Diskurstheorie des Rechts und des demokratischen Rechtssaats*. Frankfurt: Suhrkamp, 1998 [Tradução: Habermas, Jürgen. *Direito e democracia: entre facticidade e validade*. Rio de Janeiro: Tempo Brasileiro, 1997. (Biblioteca Tempo Universitário, Volumes 101 e 102)].

——. *O discurso filosófico da modernidade*. Lisboa: Publicações Dom Quixote, 1990. 350 p.

——. *Teoría de la acción comunicativa, II: crítica de la razón funcionalista*. Madrid: Grupo Santillana de Ediciones, 1999. 619 p.

——. *Consciência moral e agir comunicativo*. Rio de Janeiro: Tempo Brasileiro, 1989. 236 p. (Biblioteca Tempo Universitário, no. 84. Estudos alemães).

——. Justicia y solidariedad. (una toma de posición en la discusión sobre la etapa 6 de la teoría de la evolución del juicio moral de Kohlberg). In: *Ética comunicativa y democracia*. Barcelona: Editorial Crítica, 1991, p. 175-205.

——. Arquitetura moderna e pós-moderna. In: *Novos Estudos CEBRAP*, São Paulo, n. 18, p.115-124, set., 1987.

——. *Die Einbeziehung des Anderen: Studien zur politischen Theorie*. Frankfurt: Suhrkamp, 1999a. 404 p.

——. *A inclusão do outro: estudos de teoria política*. São Paulo: Loyola, 2002. 390 p.

——. *La inclusión del outro: estudios de teoría política*. Barcelona: Ediciones Paidós Ibérica, 1999b. 258 p.

——. *Mudança estrutural da esfera pública*. Rio de Janeiro: Edições Tempo Brasileiro, 1984. 397 p.

——. *Historia y crítica de la opinión pública: la transformación estructural de la vida pública*. Barcelona: Editorial Gustavo Gili, S.A, 1999. 352 p.

——. Further Reflexions on the Public Sphere. In: *Habermas and the public sphere*. Massachusetts: MIT Press, 1997. 500 p.

——. *Pensamento pós-metafísico*. Rio de Janeiro: Tempo Brasileiro, 1990. 271 p.

——. *Técnica e ciência como "ideologia"*. Lisboa: edições 70, 1987. 149 p. (Biblioteca de filosofia contemporânea).

——. *A crise de legitimação no capitalismo tardio*. Rio de Janeiro: edições Tempo Brasileiro, 1980. 179 p. (Biblioteca Tempo Universitário: Séries Estudos alemães, 60).

——. *Teoría de la acción comunicativa: complementos y estudios prévios*. Madrid: Cátedra, 1989. 507 p.

——. Acerca da legitimação com base nos direitos humanos. In: *A constelação pós-nacional: ensaios políticos*. São Paulo: Littera Mundi, 2001, p. 143-163.

HABERMAS, Jürgen; RAWLS, John. *Debate sobre el liberalismo político*. Barcelona: Ediciones Paidós Ibérica, 1998. 181 p.

HARRIS, Marvin. *El desarollo de la teoría antropológica*. México: Siglo Veintiuno, 1985.

HAVERKAMP, Anselm (org.) *Gewalt und Gerechtigkeit. Derrida-Benjamin*, Frankfurt a.M.: Suhrkamp, 1994.

HEGEL, G.W.F. Grundlinien der Philosophie des Rechts oder Naturrecht und Staatswissenschaft im Grundrisse. In: *Werke in 20 Bänden*, Org. Karl Markus, Frankfurt am Main: Suhrkamp, 1976.

HEIDEGGER, Martin. *Sein und Zeit*. Tübingen: Max Niemeyer, 1953. 18. Aufl., unveränd. Nachdr. der 15, an Hand der Gesamtausg. durchges. Aufl. mit den Randbemerkungen aus dem Handex. des Autors im Anh. 2001.

HEIDEGREN, Carl-Gorän. Honneth, Antropology, Social Theory, and Politics: Axel Honneth´s Theory of Recognition. In: *Inquiry* 2002, Vol. 45, n. 4, p. 433-446.

HELLER, Ágnes. *Beyond Justice*. New York: Blackwell, 1987.

——. *Más allá de la justicia*. Barcelona: Editorial Crítica, 1990. 420 p.

——. *Além da justiça*. Rio de Janeiro: Civilização Brasileira, 1998. 461 p.

HÖFFE, Otfried. Intervención Humanitária: reflexiones ético-jurídicas. In: *Derecho Intercultural*. Barcelona: Gedisa, 2000, p. 249-257.

——. Derechos humanos. In: *Derecho intercultural*. Barcelona: Gedisa, 2000, p. 163-215.

——. Deberes y derechos de los hombres: un canje elemental. In: *Estúdios sobre teoría del derecho y la justicia*. Barcelona: Distribuiciones Fontamara, 1997, p. 65-84.

——. *Derecho intercultural*. Barcelona: Gedisa, 2000. 284 p.

——. *Justiça Política: fundamentação de uma filosofia crítica do direito e do Estado*. Rio de Janeiro: Vozes, 1991. 404 p.

——. *Demokratie im Zeitalter der Globalisiereung*. München: Beck, 1999. 476 p.

——. Visão república mundial: democracia na era da Globalização. In: *Justiça e Política: homenagem a OTFRIED HÖFFE*. Porto Alegre: EDIPUCRS, 2003, p. 205-224. (Coleção Filosofia ; 156).

——. Los principios universales del derecho y la relatividad cultural. In: *Revista Diálogo Científico: revista semestral de investigaciones alemanas sobre sociedad, derecho y economia*. Tübingen, 1993, vol. 2, no. 2, p. 11-26.

——. Transzendentaler Tausch – eine Legitimatiosnfigur für Menschenrechte? In: Gosepath, Stefan; Lohmann, Georg (Org.). *Philosophie der Menschenrechte*. Frankfurt a.M.: Suhrkamp, 1999, p. 29-47.

——. *O que é justiça?* Porto Alegre: EDIPUCRS, 2003. 152 p.

——. *Estúdios sobre teoría del derecho y la justicia*. Barcelona: Distribuiciones Fontamara, 1997. 209 p.

——. Estados nacionais e direitos humanos na era da globalização. In: *Direito e legitimidade*. São Paulo: Landy, 2003, p. 309-321.

——. Existe um derecho penal intercultural. In: *Derecho intercultural*. Barcelona: Gedisa, 2000, p. 15-161.

HOLANDA, Sérgio Buarque de. *Raízes do Brasil*. São Paulo: Compania das Letras, 2006 (Edição Comemorativa – 70 anos).

HONNETH, Axel. *Kritik der Macht. Reflexionsstufen einer kritischen Gesellschaftheorie*, Frankfurt am Main: Suhrkamp, 1986. [Tradução: Honneth, Axel. *The Critique of Power. Reflective Stages in a Critical Social Theory*. Cambridge: MIT Press, 1991].

——. Geschichte und Interaktionsverhältnisse. Zur strukturalistischen Deutung des Historischen Materialismus. In: Jaeggi, Urs/Ders. (Hg.) *Theorien des Historischen Materialismus*, Frankfurt am Main: Suhrkamp, 1977, p. 405-449.

——. Nachwort (1988). In: Ders. (1986) *Kritik der Macht. Reflexionsstufen einer kritischen Gesellschafttheorie*, Frankfurt am Main, 1988.

——. Facetten des vorsozialen Selbst. Eine Erwiderung auf Joel Whitebook. In: *Phyche*, 55, Jahrgang, Heft 8, August 2001.

——. Das Werk der Negativität. Eine psychoanalytische Revision der Anerkennungstheorie. In: Bohleber, Werner; Drews, Sibylle. *Die Gegenwart der Psychoanalyse – die Psychoanalyse der Gegenwart*, Stuttgart: Klett-Cotta 2001, p. 238 e ss.

——. *Kampf um Anerkennung. Zur moralischen Grammatik sozialer Konflikte*, Frankfurt a.M: Suhrkamp, 2003 (erweiterte Ausgabe). [Tradução: ——. *Luta por Reconhecimento. A gramática moral dos conflitos sociais*, São Paulo: Ed. 34, 2003].

——. Der Grund der Anerkennung. Eine Erwiderung auf kritische Rückfragen. In: ——. *Kampf um Anerkennung. Zur moralischen Grammatik sozialer Konflikte*. Frankfurt am Main, 2003, p. 306-340.

——. Umverteilung als Anerkennung. Eine Erwiderung auf Nancy Fraser. In: Fraser, Nancy; ——. *Umverteilung oder Anerkennung. Eine politisch-philosophische Kontroverse*, Frankfurt am Main: Suhrkamp, 2003 [Tradução espanhola: ——. Redistribución como reconocimiento. Respuesta a Nancy Fraser. In: Fraser, Nancy; ——. *¿Redistribuición o reconocimiento? Un debate político-filosófico*, Madrid 2006, p. 89-148].

——. *Verdinglichung. Eine anerkennungstheoretische Studie*. Frankfurt am Main: Suhrkamp, 2005.

——. *Von der Begierde zur Anerkennung. Hegels Begründung von Selbstbewusstsein*. Manuscrito. 2007.

——; JOAS, Hans. *Soziales Handeln und menschliche Natur. Anthropologische Grundlagen der Sozialwissenschaft*. Frankfurt am Main: Suhrkamp, 1980.

HORKHEIMER, Max. Traditionelle und kritische Theorie. In: *Zeitschrift für Sozialforschung*. Jahrgang VI. 1937, p. 245-294;

HORKHEIMER, Max; Marcuse, Herbert. Philosophie und kritische Theorie. In: *Zeitschrift für Sozialforschung*. Jahrgang VI. 1937, p. 625-647.

INWOOD, Michael. *Dicionário Hegel*. Rio de Janeiro: Jorge Zahar Editor, 1997.

JAKOBS, Günther. Terroristen als Personen im Recht. In: *ZStW*, 117 (2006), p. 851.

KAFKA, Franz. Zur Frage der Gesetze. In: Born, Jürgen; Neumann, Gerhard/u.A. (Org.). *Die Erzählungen und andere ausgewählte Prosa. Schriften Tagebücher Briefe. Kritische Ausgabe*. Frankfurt am Main: S. Fischer, 2004. S. 365-367.

KALLSCHEUER, Otto. Weltreligionen und Globalisierung. In: NICOLAI, Petersen; SOUZA, Draiton Gonzaga de. *Globalisierung und Gerechtigkeit/Globalização e Justiça*. Porto Alegre: EDIPUCRS, 2002, p. 83-108 (Coleção filosofia ; 143).

——. Religiões universais e globalização. In: NICOLAI, Petersen; SOUZA, Draiton Gonzaga de. *Globalisierung und Gerechtigkeit/Globalização e Justiça*. Porto Alegre: EDIPUCRS, 2002, p. 109-136 (Coleção filosofia; 143).

KANT, E. *A Paz Perpétua e outros opúsculos*. Lisboa: Edições 70, 1988.

KAPCZINSKI, F; QUEVEDO, J; IZQUIERDO, I. *Bases Biológicas dos Transtornos Psiquiátricos.* Porto Alegre: ARTMED, 2004.

KAUFMANN, Arthur; et all (Orgs.), *Einführung in Rechtsphilosophie und Rechtstheorie der Gegenwart,* Heidelberg: C. F. Müller, 2004.

KESSELRING, Thomas. A troca transcendental: análise de um conceito central na teoria de Otfried Höffe. In: *Justiça e Política: homenagem a OTFRIED HÖFFE.* Porto Alegre: EDIPUCRS, 2003, p. 257--262. (Coleção Filosofia; 156).

KLOSSOWSKI, Pierre. *Nietzsche e o circulo vicioso.* Rio de Janeiro, Pazulin, 2000.

KRAUSE, Detlef. *Luhmann-Lexicon.* Stuttgart: Enke, 1999.

KUNZ, Karl-Ludwig. *Kriminologie. Eine Grundlegung.* Bern/Stuttgart/Wien: Haupt, 2004.

LEITER, Brian, *Naturalizing Jurisprudence. Essays on American Legal Realism and Naturalism in Legal Philosophy,* Oxford: Oxford University Press.

LÉVINAS, Emanuel. *Entre nós: ensaios sobre alteridade.* Petrópolis: Vozes, 1997.

LEVINSON, Sanford. A Multiple Choice Test: How Many Times Has the U.S. Constitution Been Amended? (A) 14; (B) 26; (C) 420+-100; (D) All of the Above. In: Brint, Michael; Weaver, William (org.). *Pragmatism in Law and Society,* Oxford: Westview Press, 1991.

LITOWITZ, Douglas E, *Postmodern Philosophy and Law,* Lawrence: University Press of Kansas, 1997.

LOPEZ, Emilio Mira Y. *Quatro gigantes da alma. O medo, o amor, a ira o dever.* Rio de Janeiro: José Olympio, 1960. 6ª edição.

LOVEJOY, Arthur, O. *A grande cadeia do ser.* São Paulo: Palíndromo, 2005.

LUHMANN, Niklas. *Legitimation durch Verfahren.* Frankfurt a.M.: Suhrkamp, 1969. [Tradução: Luhmann, Niklas. *Legitimação pelo procedimento.* Brasília: Ed. Universidade de Brasília, 1980].

——. *Rechtssoziologie.* Opladen: Westdeutscher, 1987. [Tradução: *Sociologia do Direito.* Vols. I e II. Rio de Janeiro: Tempo Brasileiro, 1985].

——. *Ausdifferenzierung des Rechts. Beiträge zur Rechtssoziologie und Rechtstheorie.* Frankfurt a.M: Suhrkamp, 1981. [Tradução: Luhmann, Niklas. *La Differenziazione del diritto.* Bologna: Mulino, 1990].

——. Gibt es in unserer Gesellschaft noch unverzichtbare Normen? In: *Heidelberger Universitätsreden IV.* 1993, p. 1-25.

——. *Introducción a la teoría de sistemas: lecciones publicadas por Javier Torres Nafarrate.* México: Universidad Iberoamericana; Biblioteca Francisco Xavier Clavigero; Centro de Informacion Acadêmica, 1996.

——. *Soziale Systeme: Grundriß einer allgemeinen Theorie.* Frankfurt: Suhrkamp, 1987 [Tradução: Luhmann, Niklas. *Sistemas sociales: lineamentos para uma teoría general.* México: Universidad Iberoamericana; Biblioteca Francisco Xavier Clavigero; Centro de Informacion Acadêmica, 1998].

——. *Das Recht der Gesellschaft.* Frankfurt: Suhrkamp, 1997. [Tradução: LUHMANN, Niklas. *O Direito da sociedade.* Tradução provisória para o espanhol de Javier Torres Nafarrate. [2000?]. 497 p.].

LUHMANN, Niklas; DE GIORGI, Raffaele. *Teoria della società.* Milan: Franco Angeli, 1996. 400 p.

LYOTARD, Jean-François. *O inumano.* Lisboa: Editorial Estampa, 1990.

MAFFESOLI, Michel. *Dinâmica da violência.* São Paulo: Revista dos Tribunais/Vértice, 1987.

MANNHEIM, Karl. *Structures of thinking.* London: Routledge and Kegan Paulo, 1982.

MARTINS, Rui Cunha. Portugal e Brasil: modernidade e fronteiras. In: *Anais Congresso.* PUCRS, Porto Alegre : EDIPUCRS, 2000.

MARTÍNEZ, Alejandro Rosillo et all (Org.). *Teoria Crítica dos Direitos Humanos no Século XXI.* Porto Alegre: EDIPUCRS, 2008.

McCARTHY, Thomas. *La teoría crítica de Jürgen Habermas.* Madrid: Editorial Tecnos,1987.

MILLER, Arthur, I. *Intuitions de genie. Images et creativite dans les sciences et les art.* Paris Flamarion, 2000, p. 369- 376

——. *Eu, Pierre Riviére, que degolei minha mãe, minha irmã e meu irmão.* Rio de Janeiro: Graal, 1984.

MINDA, Gary, *Postmodern Legal Movements. Law and Jurisprudence at Century's End,* New York: New York University Press, 1995.

MORGAN, M. A. et al. (1993). Extinction of emotional learning: Contribution of prefrontal cortex. In: *Neuroscience Letters,* v. 163.

NAUMANN, Michael; SPENGLER, Tilman (Org.). *Die Zeit. Kursbuch. Folter und Feste.* Hamburg: Zeitverlag Gerd Bucerius, 2006.

NEVES, Marcelo. Luhmann, Habermas e o Estado de direito. In: *Lua Nova*, São Paulo. n. 37. 1996, p. 93-106.

——. *Verfassung und Positivität des Rechts in der peripheren Moderne: eine theoretische Betrachtung und eine Interpretation des Falls Brasillien*. Berlin: Duncker & Humboldt, 1992.

NIEHOFF, D. *The Biology of Violence*. New York: The Free Press, 1999.

OLIVEIRA, Manfredo Araújo de. *Desafios éticos da globalização*. São Paulo: Paulinas, 2001.

OLIVEIRA, Nythamar Fernandes. Mundo da vida: a apropriação habermasiana de Husserl e Wittgenstein. In: *Veritas*. Porto Alegre, v. 44, n. 1, março, 1999, p. 133-145.

——; SOUZA, Draiton Gonzaga (org.). *Justiça e Política*: homenagem a Otfried Höffe. Porto Alegre: EDIPUCRS, 2003. 694 p. (Coleção Filosofia ; 156).

PAVIANI, Jaime. A reflexão dialética e a fé perceptiva em Merleau-Ponty. In: *Fenomenologia Hoje*. SOUZA, Ricardo T. OLIVEIRA, Nythamar. (orgs). Porto Alegre: EDIPUCRS, 2001, p. 269.

PRATT, John et all. *The New Punitiveness. Trends, theories, perspectives*. Portland: Willan, 2005.

RAWLS, John. *Uma teoria da justiça*. São Paulo: Martins Fontes, 1997. 708 p.

RICOUER, Paul. *Lectures on Ideology and Utopia*. New York: Columbia University Press, 1986.

——. *Parcours de la reconnaissance*. Paris: Stock, 2004 [Tradução: RICOEUR, Paul. Percurso do reconhecimento. São Paulo: Loyola, 2006].

ROMERO, Mauricio. *Verdad, memória e reconstrucción. Estudios de caso y análisis comparado*. Bogotá: ICTJ, 2008.

ROUSSEAU, Jean-Jacques, *Discurso sobre a origem e os fundamentos da desigualdade entre os homens* (1754), São Paulo: Nova Cultural, 1988.

——. *Do Contrato Social ou Princípios do Direito Político*, São Paulo: Nova Cultural, 1987.

RUIZ, Castor Bartolomé. *Justiça e Memória. Para uma crítica ética da violência*. São Leopoldo: Unisinos, 2009.

SAAR, Martin. *Genealogie als Kritik. Geschichte und Theorie des Subjekts nach Nietzsche und Foucault*. Frankfurt a.M.: Campus, 2007.

SAAVEDRA, Giovani Agostini. *Jurisdição e Democracia. Uma análise a partir das teorias de Luhmann, Dworkin, Alexy e Habermas*. Porto Alegre: Livraria do Advogado Ed., 2006.

——. Hermenêutica Constitucional, Democracia e Reconhecimento: desafios da teoria da constituição contemporânea. In: *Revista Brasileira de Direito Constitucional (RBDC). Revista do Programa de Pós-Graduação Latu Sensu em Direito Constitucional. Escola Superior de Direito Constitucional (ESDC)*. São Paulo: ESDC, 2006. n. 7, p. 265-290.

——. Interpretação e Reconhecimento. In: *Realismo – Revista Ibero-Americana de Filosofia Política e Filosofia de Direito*. Vol. 2. n. 2 (2007). Porto Alegre: Instituto Jacques Maritain do Rio Grande do Sul, 2007.

——. A Teoria Crítica de Axel Honneth. In: Souza, Jessé; Mattos, Patrícia, *Teoria Crítica do Século XXI*, São Paulo: Annablume, 2007, p. 95-112.

——. The Constitution of Recognition. Towards a Critical Constitutional Theory. In: Ludovisi, Stefano Giacchetti. (Org.). *Nostalgia for a Redeemed Future: Critical Theory*. Roma/Chicago: John Cabot University Press, 2008, p. 129-145.

——. *Der Geist der Anerkennung. Die Reflexionsstufen der Anerkennungstheorie*. Tese de Doutorado em Filosofia – Johann Wolfgang Goethe – Universität Frankfurt am Main. 2008.

——. *Traditionelle und kritische Rechtstheorie. Die Reflexionsstufen der Rechtsanalyse*. Tese de Doutorado em Direito – Johann Wolfgang Goethe – Universität Frankfurt am Main. 2008.

——. Dignidade vs. Segurança. O problema da tortura revisitado pela Criminologia do Reconhecimento. In: *Veritas*, v. 53, n. 2, abr./jun. 2008, Porto Alegre, p. 90-106.

——. Traditional and Critical Theory of Constitution. In: Lazzeri, Christian; Nour, Soraya. *reconnaissance, identité et integration sociale*. Paris: Quest, 2009.

——. Violência e Reificação – linhas fundamentais da criminologia do reconhecimento. In: *Boletim do IBCCRIM*, 198, São Paulo, Maio de 2009, p. 16-17.

——. Criminologia do Reconhecimento: linhas fundamentais de um novo paradigma criminológico. In: Gauer, Ruth Maria Chittó. (Org.). *Criminologia e Sistemas Jurídico-Penais Contemporâneos II*. Vol. II. Porto Alegre: EDIPUCRS, 2010, p. 91-106.

SÁNCHEZ, Jesús Maria Silva. *La Expansión del Derecho Penal. Aspectos de la Política Criminal en las sociedades postindustriales*. Montevideo/Buenos Aires: Julio César Faira, 2008.

SARLET, Ingo Wolfgang. *A eficácia dos direitos fundamentais*. 3. ed. rev. atual e ampl. Porto Alegre: Livraria do Advogado, 2003. 416 p.

SARTRE, J. P. *O testamento de Sartre*. Porto Alegre: L&PM, 1980, p. 11.
SCHMIDT, Andrei Zenkner. Considerações sobre um modelo teleológico-garantista a partir do viés funcional-normativista. In: Wunderlich, Alexandre. *Política Criminal Contemporânea, Criminologia, Direito Penal e Direito Processual Penal*. Homenagem do Departamento de Direito Penal e Processual Penal pelos 60 anos da Faculdade de Direito da PUCRS. Porto Alegre: Livraria do Advogado, 2008, p. 87-118.
SCHMITT, Carl. *Politische Theologie. Vier Kapitel zur Lehre von der Souveränität*. Berlin: Duncker & Humboldt, 1922.
SCHMITT, Carl. *Der Begriff des Politischen*. Berlin: Duncker & Humboldt, 1929/1932.
——. *Über die drei Arten des rechtswissenschaftlichen Denkens*. Berlin: Duncker & Humboldt, 1934.
SCHOPENHAUER, Arthur. *Os Pensadores*. São Paulo, Abril Cultural, 1974, V. XXXI.
SILVA, José Afonso da. *Curso de direito constitucional positivo*. 22. ed. São Paulo: Malheiros, 2003.
SOUZA, Jessé. Souza, Jessé. *Die soziale Konstruktion der peripheren Ungleichheit*. Habilitationsschrift.
——. *Patologias da modernidade: um diálogo entre Habermas e Weber*. São Paulo: Annablume, 1997.
——. *A modernização seletiva: uma reinterpretação do dilema brasileiro*. Brasília: Editora Universidade de Brasília, 2000. 276 p.
——. A singularidade ocidental como aprendizado reflexivo: Jürgen Habermas e o conceito de esfera pública. In: ——. *A modernização seletiva: uma reinterpretação do dilema brasileiro*. Brasília: Editora Universidade de Brasília, 2000, p. 59-93.
——. *A Construção Social da Subcidadania. Para uma Sociologia Política da Modernidade Periférica*. Belo Horizonte e Rio de Janeiro: IUPERJ, 2003.
STRAUSS, Claude Lévi. (org.) *La Identidad*. Paris: Grasset. 1977.
STRECK, Lenio Luiz. A Atualidade do Debate da Crise Paradigmática do Direito e a Resistência Positivista ao Neoconstitucionalismo. In: *Revista do Instituto de Hermenêutica Jurídica*. Vol. 1. n. 4. 2006, p. 223-263.
TEIXEIRA, Anderson Vichinkeski; OLIVEIRA, Elton Somensi de. *Correntes Contemporâneas do Pensamento Jurídico*, Barueri: Manole, 2010.
THEUNISSEN, Michael. *Sein und Schein. Die kritische Funktion der Hegelschen Logik*. Frankfurt am Main: Suhrkamp, 1980.
VECCHIOTTI, Icilio. *Schopenhauer*. Lisboa: Edições 70, 1990.
VELHO, Gilberto. O cotidiano da violência: identidade e sobrevivência. In: *Boletim do Museu Nacional*. n. 56, Rio de Janeiro, abril, 1987.
VIVAN, Claudir. *A legitimação dos direitos positivos: Höffe e Habermas*. 1999. 124 p. Dissertação (Mestrado em Direito) – Pontifícia Universidade Católica do Rio Grande do Sul, Faculdade de Filosofia e Ciências Humanas, Programa de Pós-Graduação em Filosofia. Porto Alegre, 1999.
WACQUANT, Löic. *As Prisões da Miséria*. Rio de Janeiro: Zahar, 1999.
WALZER, Michael. *Da Tolerância*. São Paulo: Martins Fontes, 1999. 153 p.
WHITE, Stephen K. *Razão, justiça e modernidade:* a obra recente de Jürgen Habermas. São Paulo: Ícone, 1995. 184 p. (Coleção elementos de direito).
WHITEBOOK, Joel, Wechselseitige Anerkennung und die Arbeit des Negativen. In: *Phyche*, 55, Jahrgang, Heft 8, August 2001.
WINDOM, C. S.; MAXFIELD, A. *A prospective examination of risk for violence among abused and neglected children*. In: *Annals of the New York Academy of Sciences*, v.794, 1996, p. 224-237.
ZAFFARONI, Eugenio Raúl. *Em busca das penas perdidas. A perda de legitimidade do sistema penal*. Rio de Janeiro: Revan, 1989.
ZACCARIA, Giuseppe (Hrsg.). Übersetzung im Recht. Translation in Law. In: *Ars Interpretandi, Yearbook of Legal Hermeneutics* 5, 2000.